W0194236

Dr. Zhi Gang Sha

Seelenweisheit

Dr. Zhi Gang Sha

Seelenweisheit

Kostbarkeiten zur Transformation deines Lebens

Wichtiger Hinweis

Die im Buch veröffentlichten Ratschläge wurden von Verfasser und Verlag sorgfältig erarbeitet und geprüft. Eine Garantie kann dennoch nicht übernommen werden. Ebenso ist die Haftung des Verfassers bzw. des Verlages und seiner Beauftragten für Personen-, Sach- und Vermögensschäden ausgeschlossen.

Titel der amerikanischen Originalausgabe:
SOUL WISDOM 1 by Zhi Gang Sha
Copyright © 2007, Zhi Gang Sha
All rights reserved.
This German edition was published by Koha Verlag GmbH in 2008 by arrangement with Heaven's Library/Elite Books,
Santa Rosa, California, USA

Deutsche Ausgabe: © KOHA-Verlag GmbH Burgrain
Alle Rechte vorbehalten – 1. Auflage: Februar 2008
Aus dem Englischen von Nayoma de Haën
Lektorat: Peter Herrmann
und Birgit-Inga Weber
Umschlag: HildenDesign
Umschlagfoto: © getty images/Daisuke Morita
Gesamtherstellung: Karin Schnellbach
Druck: Bercker, Kevelaer
ISBN 978-86728-041-9

Inhalt

Vorwort

Dieses Buch ist für die Zeit, in der wir leben, ein wirkliches Kleinod. In meinen Lehren nenne ich diese Periode das *»Zeitalter des Seelenlichts«*. In dieser Ära, deren Morgendämmerung mit dem Jahrtausendwechsel zusammenfiel, wird die Seele eine zentrale Rolle spielen. Der wesentliche Übergang ereignete sich am 8. August 2003, als all jene, die in der Seelenwelt ihren Dienst versehen, große Veränderungen durchlebten. Manche von Ihnen werden jetzt mit dem Kopf nicken und sagen: »Ich wusste doch, dass an diesem Tag etwas Wichtiges geschehen ist.« Sie erinnern sich vielleicht an Ereignisse, die an diesem Tag oder um ihn herum geschahen und die Sie vermuten ließen, dass es sich um einen bedeutenden Zeitpunkt handelt. In vieler Hinsicht könnte man sagen, dass der 8. August 2003 der Neujahrstag der neuen Ära war. Jene, die in der Seelenwelt ihren Dienst versehen, durchleben nach wie vor Veränderungen – und dies wird noch einige Jahre lang so weitergehen.

Hintergrundinformationen sollen Ihnen eine Ahnung davon geben, was im sogenannten *Zeitalter des Seelenlichts* geschieht. Da wir im ersten Teil dieser Ära leben, würde ich es das *»Jahrhundert des Seelenlichts«* nennen. Die Informationen und Unterweisungen habe ich von meinem hochverehrten Lehrer, Meister Zhi Chen Guo, direkt aus der Seelenwelt und vom Göttlichen erhalten.

Wie vielen bereits aufgefallen ist, gibt es in dieser neuen Ära verschiedene Aspekte, die sich stark von jenen der vorhergehenden unterscheiden. Viele von Ihnen wissen von ihren eigenen spirituellen Reisen, von ihren Lehrern und aus anderen Quellen, dass sich die Zeit, in der wir heute leben, sehr von jener unterscheidet, wie wir sie noch vor wenigen Jahren kannten. Für manche von Ihnen mag die Feststellung sogar wie eine Untertreibung klingen.

Ich spreche dabei nicht von unserer physischen Umgebung, obwohl sie sich ebenfalls sehr verändert hat. Und auch dies kann man mit Fug und Recht als Untertreibung bezeichnen. Mein Hauptaugenmerk liegt aber darauf, Ihnen das Wesen der Seelenwelt zu vermitteln und Ihr Verständnis dafür zu vertiefen – vor allem für die Art und Weise, wie wir mit der Seelenwelt umgehen sollten und wie wir erklären und verstehen können, dass sich eine große Veränderung ereignet hat. Welche Bedeutung hat die Veränderung? Wir lassen eine Ära hinter uns, die vom Verstand, von der Ratio und vom Greifbaren, Materiellen dominiert wurde. Wir haben dieses Zeitalter bereits hinter uns gelassen.

Manche Menschen fühlen sich sehr verwirrt und durchleben einen inneren und äußeren Konflikt. Manche sind in große Kämpfe verwickelt, weil viel in die alten Ansätze investiert wurde – sei es finanziell, beruflich, durch Geisteshaltungen, Glaubensmuster und -systeme oder durch Verhaltensweisen. Diese Investitionen können auch andere Formen angenommen haben. Es ging um die Vorherrschaft des Verstandes und dessen, was man anfassen – »be-greifen« – kann.

Das bedeutet nicht, dass wir den Verstand und seine großen Kräfte gering schätzen sollten. In unserem Jahrhundert ist der Verstand immer noch wichtig. Wir müssen ihn achten und respektieren. Doch die Seele hat eindeutig Priorität. Die Erkenntnis und das Verständnis, welch große Bedeutung die Seele für die Richtung unseres Lebens und unserer Lebensentscheidungen spielt, wachsen immer mehr. Wer diese Wirklichkeit anerkennt, kann ruhig und friedvoll leben, auch wenn er es in seinem Leben mit großen Herausforderungen zu tun hat.

In der Wirklichkeit des *Zeitalters des Seelenlichts*, im *Jahrhundert des Seelenlichts* zu leben, bedeutet einfach, dass Entscheidungen, Handlungen und Richtungen – alles, was von Bedeutung ist – in Harmonie mit den Weisungen der Seele stattfinden. Das ist eine schlichte Aussage, die manchen von Ihnen selbstverständlich erscheint. Doch so einfach sie auch erscheinen mag: Es ist nicht so leicht, in ihrem Sinne zu leben.

Wir kommen aus einem Zeitalter, das vom Verstand dominiert wurde, und der Verstand gibt seine Herrschaft nicht so leicht auf. Er hat eine Fülle von Strategien und Taktiken entwickelt, um sich seine Machtposition zu erhalten – und nicht nur seine Machtposition, sondern auch sein Ansehen und seine Bewunderung. Der Verstand hat grandiose Dinge getan und der Menschheit auf großartige Weise gedient. Wir können auf so viele Veränderungen verweisen, die sich ereignet haben und die als Fortschritt betrachtet werden dürfen: Fast alle sind aus den kreativen Fähigkeiten des Verstandes hervorgegangen.

Obwohl all dies in gewisser Weise immer noch wahr ist, muss sich der Verstand in dieser Ära mit der Tatsache auseinandersetzen, dass von nun an die Seele den Ton angibt: Sie trifft die wahren Entscheidungen und der Verstand muss bereit sein, diese Entschlüsse zu akzeptieren. Das ist eine große Veränderung im Bewusstsein. Dieses Zeitalter, dieses Jahrhundert wird von der Seele bestimmt. Nun wird das Spirituelle als der Aspekt anerkannt und geschätzt werden, der alle wichtigen Entscheidungen trifft.

Vielleicht ist hier ein Vergleich hilfreich. Denken Sie daran, wie wichtig ein Dirigent für das Gelingen eines Symphoniekonzerts ist. Im neuen Zeitalter hat die Seele eine ähnliche Funktion wie der Dirigent. Wenn der Mensch auf die Anweisungen der Seele achtet, läuft alles harmonisch ab. Leistet er der Seele jedoch Widerstand, ähnelt er einem Orchester ohne Dirigent. Dann »klingt« sein Leben, als spielte jeder Musiker des Orchesters seine eigene Melodie, in seinem eigenen Tempo und Takt, ohne auf den Dirigenten oder die Mitspieler zu achten. Man kann sich vorstellen, wie sich das anhört. Das würden wohl die wenigsten als harmonisch und friedvoll bezeichnen.

Im *Zeitalter des Seelenlichts* wird unser Leben harmonisch und friedvoll sein, wenn wir den Anweisungen der Seele folgen. Auch das Leben jener, mit denen wir zu tun haben, wird harmonisch verlaufen. Wenn viele Menschen erkennen, dass es von höchster Bedeutung ist, den Weisungen der Seele zu folgen, wird sich unser gesamtes soziales Bild verändern. Dieses Zeitalter ist ein besonderes Geschenk. Wir werden alle zutiefst erfahren, welche Ehre, welches Privileg und welchen Segen es bedeutet, gerade jetzt leben zu dürfen.

Jeder von uns hat eine bestimmte Rolle zu erfüllen und eine besondere Verantwortung zu tragen. Das ist eine Ehre und ein Segen. In dieser Zeit sind die Seelensprache, der Seelengesang, die Seelenbewegung und der Seelentanz überaus bedeutsam. Sie sind nichts Neues. In einigen Formen gibt es sie bereits seit Jahrhunderten; manche Gruppen verwenden sie bereits seit Jahrhunderten. Doch in diesem Jahrhundert, in diesem Zeitalter, werden Seelensprache, Seelengesang, Seelenbewegung und Seelentanz allgemein bekannt werden, und auch die Fähigkeit, sie zu übersetzen oder zu interpretieren, wird Allgemeingut werden. Dann kommt die Zeit, in der wir wahrhaft und leicht von Seele zu Seele miteinander kommunizieren und die Botschaften übersetzen können.

Dieses Buch enthält weitere Details, Erklärungen und Unterweisungen zu Seelensprache, Seelenlied, Seelenbewegung und Seelentanz sowie zu ihrer Entwicklung und Anwendung. Beim Lesen werden Sie die Gnade erfahren, das Gelesene auch anwenden zu können. Der Erfolg wird unterschiedlich sein, doch es ist sehr gut möglich, dass Sie, wenn Sie die Lektüre beendet haben, Seelensprache, Seelenlied, Seelenbewegung und Seelentanz anwenden können. Viele von Ihnen werden die Fähigkeiten schon viel früher entwickeln.

Sie werden lernen, dass eine äußerst wichtige Bedeutung von Seelensprache, Seelengesang, Seelenbewegung und Seelentanz im Aspekt der Heilung liegt – sowohl in der Selbstheilung als auch in der Heilung eines Nächsten. Wie ich bereits in anderen Büchern (zum Beispiel *»Seele Geist Körper Medizin«*) erklärt habe, sind sie Formen der Seelenheilung – der wichtigsten und kraftvollsten Form der Heilung. Im vierten Teil dieses Buches stelle ich auch das Seelentapping vor, eine sehr einfache und gleichzeitig hoch entwickelte, kraftvolle Art der Seelenheilung.

An dieser Stelle möchte ich darauf hinweisen, dass jedes Wort, jeder Buchstabe, jeder Punkt, jedes Komma und jedes Leerzeichen – also alles, was dieses Buch ausmacht – mit einem Segen verbunden ist. Ich schenke Ihnen diesen Segen, um Ihnen zu helfen, die Rolle der Seele in diesem Zeitalter zu erkennen und zu verstehen, und um Sie dabei zu unterstützen, Ihre Seele durch Seelensprache, Seelengesang, Seelenbewegung und Seelentanz zu entfalten und möglichst viel Nutzen aus dem Seelentapping zu ziehen.

Wenn Sie zum Beispiel im zweiten Kapitel etwas über die Entwicklung der Seelensprache lesen, achten Sie bitte besonders auf die Anweisungen; sie werden Ihnen helfen, Ihre Seelensprache zum Ausdruck zu bringen. Wie gesagt, nicht jeder wird gleich oder ähnlich erfolgreich sein. Doch es ist sehr gut möglich, dass jeder von Ihnen am Ende des Buches der Seelensprache mächtig sein wird.

Wer bereits Seelensprache spricht und anwendet, wird nach der Lektüre dieses Buches in der Lage sein, sie zu übersetzen. Seelensprache sprechen und Seelensprache übersetzen sind zwei völlig verschiedene Aspekte – vergleichbar mit Yin und Yang: Ohne einander sind beide unvollständig.

Nachdem ich nun einleitend meine Gedanken und Ideen vorgestellt habe, können wir mit dem ersten Kapitel beginnen. Sie verfügen nun über ausreichend Hintergrundwissen über die Bedeutung der Zeit, in der wir leben. Sie erkennen nun, dass Sie viel mehr als ein einfaches Buch in Händen halten und dass Ihnen die Lektüre weit mehr bringen wird als reine Information. Dieses Buch ist ein anwendbares Instrument zur Heilung und Segnung. Das bedeutet, dass die vermittelte Information mit vielen Segnungen einhergeht.

Es ist mir eine große Ehre, Ihnen auf diese Weise dienen zu dürfen. Mögen die anwendbaren Schätze dieses Buches Ihr Leben transformieren.

Danke. Danke. Danke.

Meister Zhi Gang Sha

1. Teil

Seelensprache

Universale Kommunikation –
von Seele zu Seele, von Herz zu Herz

1

Was ist Seelensprache?

Seelensprache ist die einzigartige Form der Kommunikation, die in diesem Jahrhundert des Seelenlichts und im Zeitalter des Seelenlichts universell verwendet werden wird. Die höchsten Sphären der Seelenwelt kommunizieren in der Sprache der Seele. Wir Menschen können unmittelbar mit den höchsten Heiligen Kontakt aufnehmen. Die machtvollsten Heilungs- und Segensmantren der Geschichte wurden und werden in Seelensprache zum Ausdruck gebracht. Die Seelensprache selbst *ist* das höchste Mantra. Sie ist eine sehr reine Form der Kommunikation, die direkt vom Herzen kommt, direkt vom »Botschaften-Zentrum«, wie mein geliebter Lehrer und Meister Dr. Zhi Chen Guo und ich das wichtige energetische und spirituelle Zentrum bezeichnen, das auch »Herzchakra« genannt wird und sich auf Höhe der Brustwarzen in der Mitte der Brust befindet. Die Seelensprache ist sehr rein, weil sie aus einem sehr reinen und klaren Teil unseres Seins stammt. Die Botschaften im Botschaften-Zentrum sind oft sehr tiefgründig und waren so lange ein Teil unserer Seelenreise, dass es schwierig sein kann, sie in herkömmlicher Sprache zu äußern.

Unsere Seelensprache bringt das zum Ausdruck, was im Botschaften-Zentrum klar und rein ist. Sie ermöglicht es, sich mit den tiefgründigsten und ältesten Lehren und Weisheiten der eigenen Seele zu verbinden. Mehr noch: Wir können uns mit den tiefgründigsten Lehren und Weisheiten des Universums, von Mutter Erde, von allen, die uns umgeben, und mit allen, die in der Seelenwelt leben, verbinden. Seelensprache ermöglicht es, sich mit jeder Seele auf eine Weise zu verbinden, die ungefiltert ist und der Botschaft jeder Seele treu bleibt.

Es gibt ein paar wesentliche Unterschiede zwischen herkömmlicher Sprache und der Seelensprache: Unsere konventionelle Sprache wird über die linke Gehirnhälfte verarbeitet, Seelensprache hingegen in der rechten Hemisphäre – ein bedeutsamer Unterschied! Falls Sie sich ein wenig in Anatomie und Physiologie auskennen, wissen Sie, wie unterschiedlich die beiden Gehirnhälften Informationen verarbeiten. Die konventionelle Sprache erfordert ein gewisses Maß an Logik, weshalb die mit der Logik verbundenen Gehirnabschnitte mitwirken.

Für die Seelensprache sind andere Verknüpfungen erforderlich: Sie sind nicht von all dem Erlernten, von Geisteshaltungen, inneren Einstellungen und Überzeugungen überladen, die wir im Lauf unseres Lebens angesammelt haben. Diese Information ist wichtig, um die Antwort auf die Frage »Was ist Seelensprache?« zu verstehen. Die Antwort mag einfach aussehen; doch hier trifft das Gleiche zu wie bei vielen anderen Aspekten der Seelenreise: Wenn etwas einfach ausgedrückt werden kann, bedeutet das noch nicht, dass auch alle Ebenen der Weisheit und der Lehren, die in der schlichten Aussage enthalten sind, sofort offenbar sind.

Wir könnten die Frage »Was ist Seelensprache?« ganz einfach beantworten: *»Seelensprache ist die Sprache der Seelenwelt.«* Das umfasst jeden Aspekt der Seelenwelt, alle Heiligen, sämtliche Buddhas, das Göttliche – all jene, die im Licht der höchsten Ebenen der Seelenwelt leben –, und auch die zahllosen Seelen, die an dem anderen Ende des Spektrums der Seelenwelt existieren. Es umfasst auch alle Seelen, die auf Mutter Erde leben. Nehmen Sie bitte diese Aussage in vollem Umfang wahr, denn die Definition schließt viel mehr als alle Seelen der Menschen ein: Auch alle Seelen im Universum zählen dazu. Alles, was existiert, gehört dazu, denn *alles* hat eine Seele. Es umfasst auch alle Seelen vor der Zeit, in zukünftigen Zeiten und jenseits der Zeit, und natürlich alle in der Gegenwart.

Die Seelensprache birgt also unzählige Möglichkeiten – unendlich viele Seelen können auf diese Weise kommunizieren. Es ist sehr spannend, sich die grenzenlosen Möglichkeiten zu vergegenwärtigen. Nutzlos dabei, auf Zahlen zurückzugreifen oder zu versuchen, in

Zahlen auszudrücken, mit wem man in Seelensprache kommunizieren kann. Anregender ist es, zu erkennen, dass alle diese Seelen sehr gerne auf diese Weise miteinander in Kontakt treten und dass die Seelensprache tatsächlich ihre bevorzugte Art der Kommunikation ist.

Ein Beispiel kann das verdeutlichen. Wer in den Vereinigten Staaten geboren und aufgezogen wird, spricht Englisch als offizielle Landessprache. Englisch ist selbstverständlich auch die allgemein akzeptierte Sprache für alles, was sich in den Institutionen der USA abspielt. Die Regierung der Vereinigten Staaten spricht englisch. Es ist nicht schwer zu verstehen, warum eine gemeinsame Sprache wichtig und hilfreich ist. Wir könnten sagen, dass Englisch die allgemein bevorzugte Sprache der USA ist. Ganz ähnlich verhält es sich mit der Seelensprache in der Seelenwelt: Sie ist die allgemein bevorzugte Sprache. Dieser kleine Vergleich mag Ihnen verständlich machen, was Seelensprache ist.

Seelensprache ist auch ein Mantra. Ein Mantra besteht aus einem bestimmten Klang und einer bestimmten Botschaft. Botschaft bedeutet hier viel mehr als nur Information. Man kann statt Botschaft auch *Spirit* oder *Seele* sagen. Seelensprache ist also eine besondere Seele. Das Mittel der Kommunikation ist also selbst eine Seele! Diese besondere Seele verbindet alle Seelen, die Seelensprache verwenden. Diesen wichtigen Aspekt der Seelensprache sollten Sie sich immer wieder vergegenwärtigen. Die Fähigkeit der Seelensprache, alle Seelen zu verbinden, die sich durch sie miteinander verständigen, ist etwas ganz Spezielles – eine einzigartige Eigenschaft der Seelensprache. Wenn wir uns dessen bewusst sind, können wir die außergewöhnliche Kraft dieser Art der Kommunikation noch höher schätzen. Die Klänge der Seelensprache verbinden, weil sie ein Ausdruck der Seele sind. Diese Seele, dieser Spirit, diese Botschaft erzeugt unter den Seelen, die sich ihrer bedienen, eine besonders reine und wahre Einheit und Harmonie. Seelensprache unterstützt die Einheit und Harmonie, weil es in ihr nicht die Einschränkungen der gewöhnlichen Sprache gibt. Man ist frei von den Assoziationen und Vorurteilen, die mit bestimmten Worten, Ausdrücken und Sprachformen verknüpft sind. In der Seelensprache können all diese Begrenzungen vermieden werden. Dies ist eine weitere besondere und bedeutsame Eigenschaft der Seelensprache, die es zu beachten gilt. Sie werden diesen Konzepten an verschiedenen Stellen dieses Buches immer wieder im Zusammenhang mit der Seelensprache begegnen und ihre Bedeutung Schritt für Schritt besser verstehen. Ihr Verständnis wird eine andere Schwingung annehmen. Das ist ein wichtiger Nutzen der Lektüre, den ich später noch ausführlicher beschreibe.

Es mag hilfreich für Sie sein, diesen Abschnitt über Seelensprache als Mantra noch einmal zu lesen. Ja, ein Mantra ist mehr als ein besonderer Klang; es ist auch eine besondere Botschaft. Vielleicht kommen Sie im Lauf Ihrer Lektüre immer wieder zu diesem Abschnitt zurück. Vielen von Ihnen wird die Idee neu sein, dass ein Mantra auch eine ganz besondere Seele ist. Diese Eigenschaft des Mantras ist noch hochwertiger als die Schwingung seines Klangs. Da Sie nun wissen, dass Seelensprache auch ein besonderes Mantra ist, werden Sie diese kraftvolle Gabe noch mehr wertschätzen; Sie werden immer besser erkennen, dass sie für das Zeitalter des Seelenlichts die angemessene Ausdrucksform und eine bedeutende Manifestation ist. Im Weiterlesen werden Sie erfahren, was ich hier erklärt habe.

Anwendungen der Seelensprache

Seelensprache ist eine wahrhaft universelle Sprache. Sie ist weder an nationale noch an andere Grenzen gebunden. Halten Sie einen Augenblick inne, um die vielfältigen Konsequenzen dieser einfachen Aussage zu überdenken. Durch Seelensprache können Menschen aus verschiedenen Ländern auf noch nie da gewesene Weise kommunizieren, Ideen austauschen und Weisheit miteinander teilen. Die komplette Bandbreite und Tiefe des Wissens der gesamten Menschheit stünden jedem zur Verfügung. Diese erstaunliche Gabe eröffnet so viele Möglichkeiten! Seelensprache kann alle Hindernisse überwinden, die jetzt den Zugang zu bestimmten Lehren und Informationen blockieren.

Ich werde noch weiter auf diese und andere Beispiele eingehen, wie Seelensprache mit nicht körperlich Anwesenden angewandt werden kann. Wie können Sie zum Beispiel mit Menschen in Kontakt treten, die in einem anderen Teil der Welt leben? Sie können durch Seelensprache kommunizieren, indem Sie einfach eine Zeit verabreden, in der die Kommunikation stattfinden soll. Das kann sowohl mit Menschen geschehen, die direkt auf Ihre Seelensprache antworten sollen, als auch mit jenen, die Ihre Seelensprache übersetzen sollen, und umgekehrt. Sie können auch mit Ereignissen und Situationen in anderen Gegenden der Welt kommunizieren. Ich werde das Konzept später ausführlicher erläutern, aber ich will hier zumindest darauf hinweisen.

Seelensprache kann auch verwendet werden, um einer Gruppe zu helfen, in der verschiedene Sprachen gesprochen werden. Stellen Sie sich eine internationale Versammlung vor, in der die Menschen zwanzig verschiedene Sprachen sprechen. Sie könnten alle bewusst auf der Seelenebene durch die Seelensprache und ihre Übersetzung miteinander kommunizieren. Die Übersetzung erfolgt in der jeweiligen Muttersprache, wie bei den Vereinten Nationen. Doch die spannendste Möglichkeit wäre die Übersetzung in eine Sprache, die allen Teilnehmern gemeinsam ist: die Seelensprache. Stellen Sie sich vor: Eine der größten Barrieren zwischen den Menschen wäre beseitigt.

Die herkömmliche Sprache ist in der modernen Gesellschaft eine allgegenwärtige Barriere, vor allem in den Großstädten unserer »hoch entwickelten« Kulturen. Viele Menschen leben dort eng zusammen, ohne sich verständigen zu können, weil sie unterschiedliche Muttersprachen haben. Ebenso hat jedes Land seine eigene Sprache, und die meisten Menschen sind auf die Kenntnis dieser einen Sprache beschränkt. Mit der Seelensprache spielen solche Hindernisse und Barrieren keine Rolle mehr. Durch Seelensprache kann jede Seele mit jeder anderen kommunizieren. Es gibt keine Seelensprache, die nur in einer bestimmten Gegend gesprochen wird.

Beim Erlernen der Seelensprache und ihrer Übersetzung ist Geld belanglos. Bedeutsam sind dagegen Ihr spiritueller Standpunkt (was das konkret bedeutet, erläutere ich im Abschnitt »Seelentapping«) und Ihre Werte, die wir auch als Tugend bezeichnen können. Mit einem hohen spirituellen Standpunkt und einem großen Schatz spiritueller Werte (was in der Regel Hand in Hand geht) können Sie sich mit hohen Ebenen der Seelenwelt verbinden. Sie können sich dann auch mit anderen, die sich auf der gleichen Ebene befinden, verbinden. Zu diesen Ebenen haben die Besitzlosen der Erde genauso Zugang wie die Wohlhabenden. Das würde bedeutende Veränderungen der uns bekannten Gesellschaft mit sich bringen: Authentische Einheit wird möglich sein. Die Beiträge und Informationen jedes Einzelnen werden nicht nach seinem Wohlstand oder seiner Machtposition bewertet, sondern nach seiner spirituellen Reife und seiner Tugend. Wenn wir alle Barrieren hinter uns lassen, werden sich alle Aspekte des heutigen Lebens drastisch verändern.

Wir wollen noch weitere Konsequenzen dieser Veränderungen betrachten. Durch die Seelensprache und ihre Übersetzung stünde allen eine Fülle von Informationen, Kostbarkeiten und altem, geheimem Wissen zur Verfügung, das momentan nur wenigen vorbehalten ist. All diese Lehren, all diese Weisheiten könnten durch Seelensprache vermittelt werden. Wer schon Erfahrungen mit Seelensprache gemacht hat, weiß, dass selbst kleine Mengen davon, deren Übermittlung vielleicht keine Minute lang dauerte, in einen seitenlangen Text übersetzt werden können. Diese Fähigkeit der Seelensprache zur »Kompression« existiert bereits seit uralter Zeit.

Jene unter Ihnen, welche die Seelensprache sprechen oder übersetzen können, verstehen, was ich meine, wenn ich sage, dass es diese Technologie bereits seit sehr langer Zeit gibt. Seelensprache ist eine stark verdichtete Art der Lehre, der Weisheit und der Botschaft. In wenigen Sätzen, die kaum eine Minute lang dauern, kann in ihr alles ausgedrückt werden. Es ist ein außerordentliches Geschenk und ein großer Segen, auf so kurze Art sagen zu können, was sonst lange Zeit in Anspruch nehmen würde. Außerdem ist bei allem, was durch Seelensprache ausgedrückt wird, keine Verbesserung nötig. Seelensprache macht es möglich, die Essenz jeder Lehre und jeder Weisheit unmittelbar mitzuteilen. Weil dabei auch geografische Distanzen keine Rolle spielen, dient die Seelensprache nun als ein wichtiges Instrument für die Menschheit.

Ein weiterer großer Vorteil der Seelensprache besteht darin, dass Menschen aus verschiedenen Nationen, die sich feindlich gesinnt sind, auf diese Weise frei und offen, von Herz zu Herz und von Seele zu Seele kommunizieren können.

Wenn jene, die erkennen, dass wir uns auf der gleichen Reise befinden, sich wirklich auf universale Liebe, Vergebung, Frieden, Heilung, Harmonie, Segen und Erleuchtung einlassen und dies einander mitteilen, werden wir beeindruckende Ergebnisse sehen. Viele Menschen leben in schwierigen Gegenden dieser Welt und wünschen sich nichts sehnlicher, als alles Erdenkliche zu tun, um die Zwistigkeiten und Konflikte aufzulösen. Durch Seelensprache können sie nun diesem Konflikt und den daran Beteiligten, denen, die ihn fördern, und sogar denen, die daran verdienen, bedingungslose Liebe und Vergebung schenken. Der einzige Weg zu dauerhaftem Frieden besteht darin, bedingungslose Liebe und Vergebung zu schenken. Dies kann durch Seelensprache geschehen.

Wenn sich diese Wesen in Seelensprache miteinander verständigen, sind erstaunliche Umwandlungen möglich. Lichtbrücken werden alle Barrieren überwinden und aus dem Weg räumen. Die Energie der Liebe und die Energie von Vergebung können die Schranken auflösen. Die Energien können Wände zum Schmelzen bringen, die unverrückbar erscheinen. *Liebe lässt alle Blockaden schmelzen. Liebe verwandelt alles Leben.* Tatsächlich kann nur die Liebe Barrieren entfernen und Hindernisse auflösen. Wer dies erkennt, kann durch Seelensprache Liebe und Vergebung in eine Situation einströmen lassen, selbst wenn er sich vor einem Hindernis oder mitten in einem Konflikt befindet.

Diese Fähigkeit der Seelensprache ist ein außergewöhnliches und großartiges Geschenk, das bei Tag und Nacht und überall angewendet werden kann. Man kann sie alleine einsetzen und mit anderen gemeinsam. Durch die kostbare Gabe der Seelensprache und ihrer Übersetzung können sich wundervolle Dinge manifestieren.

Innehaltend könnten wir lange über die vielen Auswirkungen nachsinnen, die es hat, wenn Menschen mit unterschiedlichen Einstellungen und Ideen in der Seelensprache miteinander kommunizieren. Menschen mit verschiedenen Ansichten könnten zusammenkommen und in Seelensprache beraten, wie Vorurteile, Fragen und Überzeugungen aufgelöst werden könnten, die sie bisher voneinander trennen.

Angesichts der Geschichte der Gesellschaften, die zurzeit unsere Mutter Erde bevölkern, wird dies vorerst wohl nicht auf offizieller Ebene eintreffen. Doch es kann immerhin auf der Ebene der »gewöhnlichen« Menschen geschehen: Sie erfüllen all jene Funktionen, die unsere Gesellschaft in Bewegung halten. »Gewöhnliche« Menschen haben zu jeder Frage viele verschiedene Ansichten. Leider kommen Gespräche unter Leuten mit unterschiedlichen Meinungen eher selten zu nützlichen Ergebnissen. Meistens ist das Gegenteil der Fall, sodass sich die verschiedenen Standpunkte noch verfestigen. Deshalb entstehen aus solchen Diskussionen in der Regel nicht mehr Offenheit, Flexibilität, Kompromissfähigkeit oder eine Lösung; stattdessen versteifen sich die Beteiligten und verschließen sich. Das ist traurig – und zugleich sehr verbreitet.

Wenn die Beteiligten jedoch durch Seelensprache nach Antworten und Lösungen suchen, öffnen sich alle. Wer sich auf einen solchen Ansatz überhaupt einlässt, ist ohnehin offener als die meisten Menschen und bereit, sich mit einem Teil der Seelenwelt zu verbinden. Menschen mit unterschiedlichen Ansichten können zusammenfinden und in Seelensprache um Rat bitten. Die Antworten, die dann empfangen werden, werden auf beiden Seiten zu echter Vergebung führen – zu Vergebung, die gewährt wird, und zu Vergebung, um die gebeten wird. Wenn das geschieht, breitet sich Frieden aus, selbst wenn der Weg auf »offizieller« Ebene noch eine Weile dauert.

Allein die Tatsache, dass »gewöhnliche« Menschen einander begegnen und sich auf diese Weise unterhalten können, erzeugt eine völlig andere Energie in der jeweiligen Situation: Sie ist nicht mehr blockiert oder in einem bestimmten Muster gefangen, sondern kann wieder fließen. Dieser neue Energiefluss bricht alte Muster auf und hilft, verändert an die Situation heranzugehen. Es mag gering erscheinen, wenn nur wenige Individuen zusammenkommen und dies tun, doch die Auswirkungen dieses kleinen Anfangs werden weit über die direkt Beteiligten hinaus spürbar. Das Licht, das durch diesen Prozess freigesetzt wird, berührt nicht nur alle Aspekte der Situation, sondern alle Aspekte von Mutter Erde und über sie hinaus.

Es ist sehr schwierig, vielleicht sogar unmöglich, wahrhaftig zu durchschauen, welche enorme Bedeutung es hat, wenn dieser Prozess auch nur von einer kleinen Gruppe in Gang gebracht wird. Denken Sie nur an Ihren physischen Körper: Wenn Sie Kopfschmerzen haben, wirkt sich das Unwohlsein auf Ihren ganzen Körper aus. Es beeinflusst Sie ganz und gar. Je mehr die Kopfschmerzen ausarten, desto größer sind die Auswirkungen. Doch wahrscheinlich erinnern Sie sich auch, welch großen Unterschied es in Ihrem ganzen Körper und Ihrer Lebenseinstellung ausmacht, wenn die Kopfschmerzen verschwinden.

So ist es auch, wenn sich eine kleine Gruppe von Menschen einem bestimmten Problem in Seelensprache widmet. Wenn die Kopfschmerzen weggehen, fühlt sich der ganze Körper besser. Wird eine kleine Gruppe, in der unterschiedliche Ideen und Einstellungen herrschen, offener und lassen die Beteiligten mehr Licht und Energie zwischen sich fließen, wird höchstwahrscheinlich das ganze Problem oder die ganze Situation beeinflusst, und seien sie noch so festgefahren.

Die Menschen sollten nicht unterschätzen, was es heißt, Licht und Transformation, also die Kraft der Umwandlung, in eine Situation zu bringen. Nicht zu vergessen: Jede der genannten Auswirkungen wird durch die gesamte Seelenwelt viele, viele Male gesegnet! Das ist wichtig und nützlich, wie ich später erklären werde.

Es gibt weitere Möglichkeiten, wie Menschen aus verschiedenen Erdteilen zusammenkommen und in einer allseits verfügbaren Form kommunizieren können. Zu den vertrauten Bildern internationaler Treffen gehören die Olympischen Spiele. Andere erinnern sich vielleicht an die Bilder nach dem Tod von Papst Johannes Paul II.: Menschen aus aller Welt wohnten den Zeremonien bei. Sie konnten einander jedoch nur mithilfe der Dolmetscher verstehen. Wenn sie in der Lage wären, Seelensprache zu sprechen, wäre eine Übersetzung überflüssig; besser gesagt, sie könnten einander die Seelensprache übersetzen, ohne einen Dritten zu benötigen. Stellen Sie sich vor, die Olympischen Spiele oder sonstige Großveranstaltungen würden durch jemanden angeleitet, der Seelensprache verwendet. Das wäre wirklich revolutionär.

Vielleicht ist Ihnen das Neue Testament vertraut, also auch die Geschichte von Pfingsten. Am Pfingstsonntag kamen die Menschen nach Jerusalem, um einen jüdischen Feiertag zu begehen. Sie strömten aus vielen verschiedenen Gegenden herbei und sprachen viele verschiedene Sprachen und Dialekte. Die Bedeutung von Pfingsten für die Christen liegt in der Transformation, die sich in den Jüngern Jesu und in all jenen Versammelten vollzog, die das Kommen des Heiligen Geistes erwarteten. Sie waren Jesu Anweisungen gefolgt, der ihnen vor seinem Aufstieg in den Himmel gesagt hatte, sie sollten nach Jerusalem zurückkehren, abwarten und beten, bis er den Heiligen Geist zu ihnen schicken werde. Die Jünger und andere warteten und beteten in einem abgeschlossenen Obergeschoss. Als Jesus seinen Geist über sie sandte, war es offensichtlich, denn über ihren Köpfen waren Lichter zu sehen und ein enormes Rauschen erfüllte den Raum; es war so laut, dass es in der ganzen Stadt hörbar war, sodass sich die Pilger dort versammelten, um zu sehen, was los war.

Petrus begann, zu ihnen zu sprechen, und jeder in der Menge verstand ihn, als spräche er seine eigene Sprache. Die Pilger wunderten sich und redeten untereinander darüber, weil sie alle – obwohl aus vielen Ländern – diesen Mann aus Galiläa verstehen konnten. Petrus sprach Seelensprache und die Pilger konnten sie spontan übersetzen!

Das Pfingstereignis der Seelensprache und ihrer Übersetzung wurde von mindestens dreitausend Menschen erlebt. Sie waren so bewegt von dem, was sie hörten, dass sie »Nachfolger« auf dem Weg wurden – ein Begriff, der sich auf jene bezog, die Jesu Botschaft und Lehre annahmen und sie im täglichen Leben praktizierten. Wenn mehr Menschen die Seelensprache und ihre Übersetzung lernen, können an vielen Orten immer wieder Pfingstereignisse stattfinden.

Diese Pfingstgeschichte war zwar sehr dramatisch und bedeutend, doch es waren weit weniger Sprachen daran beteiligt als zum Beispiel bei den Olympischen Spielen. Es gab keinen Bedarf für Übersetzer und jeder empfing dieselbe Botschaft zur gleichen Zeit. Der Unterschied in dem, was jeder empfing, ergab sich lediglich aus den jeweiligen Standpunkten und »Verdiensten« in der Seelenwelt. Es wäre eine außerordentliche Erfahrung, wenn Menschen auf diese Weise zusammenkommen und lernen könnten. Eine auf diese Weise abgehaltene Konferenz würde keine ganze Woche, nicht mehrere Tage oder auch nur mehrere Stunden dauern, weil sich in Seelensprache in sehr kurzer Zeit sehr viel mehr sagen lässt. Die Vorteile wären enorm. Alle Fähigkeiten stünden jedem jederzeit zur Verfügung. Es ist äußerst spannend, sich das vorzustellen, und es könnte schnell geschehen. Seelensprache verdichtet die Botschaft in wenige kurze Sätze, die viele und große Lehren enthalten können. Gegenüber traditionellen Lehrweisen würde allein dieser Aspekt die Seelensprache zu etwas ganz Besonderem machen. Was normalerweise mehrere Tage oder Wochen dauert, könnte jetzt an einem Tag oder sogar in ein bis zwei Stunden zusammengefasst werden. Auch die nachfolgende Diskussion könnte in Seelensprache in sehr viel kürzerer Zeit stattfinden. Bei internationalen Versammlungen ist es sogar sehr wichtig, solche »normalen« Diskussionen zu vermeiden. Es geht darum, Menschen mit unterschiedlichen Muttersprachen in Kontakt zu bringen, damit auf diesem Planeten mehr Harmonie und Frieden entstehen.

Das Nachdenken über diese Ideen offenbart eine schier endlose Kette von Möglichkeiten. Wie erwähnt, brauchen Menschen, die in Seelensprache kommunizieren, physisch nicht am selben Ort zu sein. Es könnte also internationale Konferenzen geben, deren Teilnehmer alle zu Hause bleiben. Das wäre ziemlich revolutionär. Man bräuchte dazu weder Technologien noch Veranstalter. Eine gewisse Koordination und Organisation wäre zwar notwendig, doch die Konferenz würde sich auf eine völlig neue Art abspielen, wie es die Menschheit noch nie erlebt hat.

Sie können sich vielleicht viele Arten vorstellen, wie eine derartige Konferenz selbst zum gegenwärtigen Zeitpunkt stattfinden könnte. Doch Konferenzen, die in Seelensprache und ihrer Übersetzung abgehalten werden, sind etwas wahrhaft Transformierendes. Alle Probleme, die sich zurzeit ergeben, wenn sich Menschen aus unterschiedlichen Gebieten mit diversen Ideen, Einstellungen, politischen Ansichten und anderen Dingen, die als »unterschiedlich« betrachtet werden, versammeln, könnten ganz und gar vermieden werden. Durch Seelensprache und ihre Übersetzung könnten alle diese sogenannten Blockaden, Hindernisse und Barrieren überwunden werden. Durch Seelensprache und ihre Übersetzung könnten wir alte Quellen der Weisheit erschließen und tiefe Heilung für uralte Wunden bewirken. Diese Art von Weisheit und Heilung kann durch Seelensprache und ihre Übersetzung direkt in unseren gegenwärtigen Augenblick gebracht werden. Das wäre ein unglaublicher Dienst und ein großer Schatz. Weisheit und Heilung könnten sich offenbaren, wenn sich zwei und mehr Menschen begegnen. Menschen aus verschiedenen Gegenden, die sich sehr unterscheiden und sich vielleicht sogar unverhohlen feindselig gegenüberstehen, könnten tiefe Heilungserfahrungen machen und Weisheit empfangen. Seelensprache und ihre Übersetzung könnten diese Heilungserlebnisse und Weisheit verstärken und vertiefen.

Es wird höchst erstaunlich, um nicht zu sagen revolutionär sein, wenn unterschiedliche Menschen zusammenkommen und Seelensprache verwenden, um ihre Situation aus Sicht der Seelenwelt darzustellen und die »echte« Wahrheit kennenzulernen. Hier von »Heilung« zu sprechen, vermittelt nur eine Ahnung dessen, was geschehen kann. Worte reichen nicht aus, um die Chancen solcher Seelenkonferenzen zu schildern. Tatsächlich sind die Möglichkeiten für solche Versammlungen so zahlreich wie die Menschen auf der Erde.

Zu diesem Zeitpunkt ist Seelensprache die einzige Art, wie eine solche Kommunikation stattfinden kann. Da die Teilnehmer füreinander übersetzen, würde die Authentizität und die Wahrheit der Botschaft offenbar und von allen wertgeschätzt und verstanden. Situationen wie diese zeigen nochmals, wie die Bedeutung und der Nutzen der Seelensprache ineinanderfließen.

Es gibt viele Gruppen, die leicht durch ihre unterschiedlichen Haltungen, Überzeugungen und Einstellungen zu identifizieren sind. Man braucht sich nur all die Orte auf der Welt anzusehen, wo sich Menschen bekämpfen. Hier gegenseitiges Verständnis einzuleiten wäre ein großes Geschenk, nicht nur für die in den Konflikt Verwickelten, sondern für alle, die auf Mutter Erde leben. Wie gesagt, wenn ein Konflikt zwischen zwei Gruppen schwelt, bleibt er nicht auf den Bereich beschränkt, in dem er ausgetragen wird. Er wirkt sich auf die globale Gemeinschaft aus – so wie Kopfschmerzen den gesamten Körper beeinträchtigen.

Dies sind nur ein paar der bedeutsamsten Aspekte, wann Seelensprache angewandt werden könnte. Es gibt viele andere, doch die Beispiele sollten ausreichen, um Ihre Wertschätzung für dieses kostbare und segensreiche Instrument zu wecken und Ihnen zu zeigen, warum es so wichtig ist, dass immer mehr Menschen Seelensprache sprechen und übersetzen können. Sie ist zu diesem Zeitpunkt in der Geschichte von Mutter Erde ein höchst willkommenes Geschenk an die Menschheit.

Die Bedeutung der Seelensprache

Wir haben schon auf eine der wichtigsten Bedeutungen der Seelensprache hingewiesen: Sie ist die reinste Stimme. Dies ist in dieser Zeit besonders wichtig, weil sich so viel verändert, dass es viele Menschen verwirrt. »Was geschieht hier denn wirklich? Was ist wahr an den Informationen, die uns vermittelt werden? Was ist wahr an den Lehren, die man uns präsentiert? Wie lautet die Wahrheit hinter den Institutionen, die seit so langer Zeit vorgeben, die Hüter und Beschützer unserer Reise zu sein?« Es ist nicht leicht, das herauszufinden. Und es ist nicht leicht, die Wahrheit aus den verschiedenen Situationen und Erfahrungen herauszuhören. Die Frage nach der Wahrheit könnte noch seitenweise weitergeführt werden. Doch die erwähnten Beispiele reichen aus, um Ihnen einen Einblick in die Verwirrung zu geben, in der viele Menschen heutzutage leben.

Andererseits gibt es viele Menschen, die klar und deutlich die Wahrheit erkennen. Sie durchschauen die Verwirrung, doch nicht einmal sie können präzise ausdrücken, was ihnen bewusst ist. Gleichzeitig haben sie ein tiefes Verständnis und sind überzeugt, dass vieles von dem, was präsentiert wird, vollkommen authentisch ist. Häufig sind die Stimmen, die zu hören sind, nicht ganz rein. Ich will sie mit dieser Beobachtung nicht kritisieren und niemanden beschuldigen.

Kritik und Anklagen tragen nur zur Verwirrung und Unruhe bei, die unsere Zeit kennzeichnet. Statt eine negative Herangehensweise zu üben, ist es besser, *Liebe und Dankbarkeit auszustrahlen und allem, was geschieht, hohe Wertschätzung entgegenzubringen* – selbst der Verwirrung und den Konflikten, die Teil der gegenwärtigen Situation oder Teil Ihrer persönlichen Reise sein mögen.

Inmitten aller Verwirrung und Konflikte ist es möglich, Antworten der reinsten Stimme und in der reinsten Form zu empfangen – durch Seelensprache. Die Fragen können gestellt werden und die Antworten werden immer mit der reinsten Stimme gegeben. An dieser Stelle muss Folgendes erwähnt werden: Stellt eine Gruppe von drei oder fünf oder hundert Menschen eine Frage, wobei jeder Beteiligte die Seelensprache spricht und übersetzt, wird jede Antwort ein wenig anders ausfallen. Das liegt daran, dass die Frequenz, die Schwingung und der spirituelle Standpunkt jeder Person unterschiedlich sind. Deshalb unterscheidet sich auch die Seelensprache eines jeden Einzelnen. Ich werde im zweiten Kapitel mehr darüber mitteilen, wenn ich erkläre, wie man seine Seelensprache entwickeln kann.

Hier möchte ich nur erwähnen, dass die Seelensprache bei jedem etwas anders klingt. Das hat nichts mit »richtig« oder »falsch« zu tun. Jedem Menschen ist eine eigene, einzigartige Seelensprache zu eigen und auch die empfangenen Informationen sind bei jedem einzigartig. Ich führe diesen Gedanken noch mehr aus, wenn ich beschreibe, wie Seelensprache übersetzt wird. Wenn Seelensprache verwendet wird, ist das Göttliche anwesend. Das gilt natürlich auch für andere Situationen, doch ganz besonders für die Seelensprache. Ihre Reinheit und die Tatsache, dass durch sie in der Seelenwelt kommuniziert wird, helfen Ihnen zu verstehen, warum die Seelensprache die Gegenwart des Göttlichen auf einzigartige Weise erzeugt. In gewisser Weise ist sie für das Göttliche die bevorzugte Art der Kommunikation in diesem Zeitalter. Durch sie kann das Göttliche zu jeder Zeit und an jedem Ort gegenwärtig und unter uns sein. Das ist ein besonderes Geschenk, das dazu beiträgt, den Anfang des Zeitalters des Seelenlichts zu gestalten.

In vielen Situationen wird die Gegenwart des Göttlichen auf

starke und dramatische Weise benötigt. Die herkömmliche Art, das Göttliche anzurufen, ist dann nicht immer angemessen. Es ist eine Gnade, Seelensprache zu verwenden und dadurch das Handeln durch die Gegenwart des Göttlichen transformieren zu lassen. Es ist eine große Kostbarkeit und ein außerordentliches Geschenk des Göttlichen – geradezu überwältigend, zu erkennen, dass das Göttliche bei uns zu sein wünscht und uns unterstützt und dass uns ein Instrument in die Hand gegeben wurde, mit dem wir diese Hilfe immer und überall geschehen lassen können.

Ich möchte an dieser Stelle erwähnen, dass man Seelensprache auch im Stillen singen kann. Das ist wichtig, weil es in manchen Situationen schwierig sein oder die Probleme sogar verschlimmern könnte, wenn man Seelensprache laut anwendet. Manche von Ihnen haben vielleicht schon beim Lesen der vorigen Absätze gedacht: »Schön und gut, aber wenn ich versuchen würde, Seelensprache in dieser und jener Situation zu verwenden, würde es nicht funktionieren.« Sie können Seelensprache also auch im Stillen einsetzen. Es gibt demnach keinen Ort und keine Zeit, in der man Seelensprache nicht anwenden könnte, um die Gegenwart des Göttlichen in die Situation zu bringen, und mag sie noch so feindselig erscheinen.

Ein Beispiel zur Verdeutlichung: Denken Sie an eine Besprechung, an der Sie teilnahmen und bei der die Wellen immer höher schlugen und Ideen und Vorstellungen aufeinanderprallten. Solche Situationen begegnen fast jedem im Leben; wenn es keine Besprechung war, dann vielleicht eine familiäre Angelegenheit. Ich gehe davon aus, dass jeder, der dieses Buch liest, schon einmal in einer Situation war, in der das Gespräch immer heftiger wurde und sich konflikthaft zuspitzte. In solchen Situationen ist es von unschätzbarem Wert, still Seelensprache vor sich hin zu singen. Alle Beteiligten werden davon deutlich profitieren und gesegnet sein. Vor allem die Person, welche die Seelensprache anwendet, wird enormen Nutzen daraus ziehen. Wenn dieses wundervolle Geschenk in eskalierenden Situationen angewendet wird, kann es dabei helfen, die Lage so zu transformieren, dass die Gegenwart von Harmonie und Segen möglich werden und dass Heilung geschieht. Sie kann auch denjenigen, der die Seelensprache einsetzt, an die erhabene Bedeutung von bedingungsloser Liebe und Vergebung erinnern: *Nur wenn bedingungslose Liebe und Vergebung in die Situation einströmen, entsteht die Chance für echten Frieden.* All dieses Transformationspotenzial steht mit der Tatsache in Verbindung, dass die Seelensprache eine einzigartige Form der göttlichen Gegenwart ist und daher ihren Segen verströmt. Schon allein dieser eine Aspekt der Seelensprache ist sehr kraftvoll und ermöglicht es Ihnen, die außerordentliche Bedeutung der Seelensprache schätzen zu lernen.

Zu den wichtigen Aspekten der Seelensprache zählt auch, dass ihre vereinende Kraft durch keine Barriere aufgehalten werden kann. Sie stellt eine Art des Zusammenseins dar, die unabhängig von Zeit und Ort ist – eine ganz wundervolle Eigenschaft der Seelensprache. Es ist nicht notwendig, sich am selben Ort aufzuhalten, um Seelensprache zu verwenden. Menschen können durch stilles Singen in Seelensprache miteinander kommunizieren, auch über große Entfernungen hinweg – sogar mit jenen, die nicht mehr unter uns leben, weil sie bereits in die Seelenwelt übergegangen sind.

Von der Wohltat der Seelensprache

Der Nutzen der Seelensprache ist enorm. Vieles wurde bereits erwähnt. Ein herausragender Sinn liegt in der Tatsache, dass man durch die Seelensprache direkten Zugang zum Göttlichen und zu den höchsten Ebenen des Himmels hat. Indem wir in reiner Form mit dem Göttlichen und der Seelenwelt verbunden sind, erhalten wir Zugang zu einer Weisheit, die uns sonst nicht zur Verfügung stünde. Sie lässt sich auf alle Lebensbereiche anwenden.

Diese Weisheit dient Ihnen dazu, mehr Klarheit über Ihre Rolle im Leben zu gewinnen. Es ist etwas sehr Kostbares, zu wissen, was das Göttliche und die Seelenwelt von Ihnen in diesem Leben erwarten. Die Klarheit befreit Ihr Leben von vielen Verwirrungen und Unsicherheit. Sie verleiht auch ein Gefühl großer Ruhe und tiefen Friedens. Das wird Ihnen auf emotionaler und mentaler Ebene von großem Nutzen sein.

Ich habe immer gelehrt: *Heile zuerst die Seele, dann wird die Heilung des Geistes und des Körpers folgen.* Also nützt Ihnen alles, was auf der Ebene der Seele geschieht, auch auf anderen Ebenen. Das gilt besonders, wenn Sie darüber im Klaren sind, was Ihre Aufgabe ist. Dann können Sie das ständige Hin und Her vermeiden, in dem viele Menschen stecken. »Soll ich das tun? Oder soll ich jenes tun?« Manche Menschen sind sogar noch konfuser. Sie haben eine Ahnung, dass sie etwas tun sollten, fischen aber komplett im Trüben. Sie mühen sich mit der Suche ab, als versuchten sie, durch dichten Nebel zu wandern. Wird die Seelensprache angewandt, kann sich der Nebel lichten, und das ist unendlich wertvoll.

Der Vergleich mit dem Nebel eignet sich sehr gut, denn wenn sich der Nebel lichtet, kann man klar voraussehen und sich mit aller Energie vorwärtsbewegen. Dann sehen Sie nicht nur Ihren Weg, sondern auch alles, was Ihren Weg umgibt, und wie er mit anderen Ereignissen, Situationen und Menschen verbunden ist. Dann erkennen und würdigen Sie, wie Ihr Weg allen um Sie herum dienen wird. Behalten Sie diesen Vergleich mit dem Nebel im Gedächtnis, während Sie weiterlesen. Das wird Ihnen helfen, nicht nur die Inhalte dieses Buches zu würdigen, sondern auch die Ereignisse in Ihrem Leben.

Ein Vorzug der Seelensprache liegt darin, dass sie Sie in direkten Kontakt mit dem göttlichen Bewusstsein bringt. Das ist ein wirklich außergewöhnliches Geschenk. *In Kontakt mit dem Göttlichen zu sein bedeutet: Alles, was zum göttlichen Bewusstsein gehört, ist für Sie auf Ihrer Ebene zugänglich.* Daraus ergeben sich unendlich viele Möglichkeiten, sodass es schwierig sein mag, zu begreifen, dass Ihnen all dies durch die Seelensprache zur Verfügung steht. Es ist unmöglich, alle Aspekte des göttlichen Bewusstseins in diesem Buch zur Sprache zu bringen, aber halten Sie nur einen Moment inne und machen Sie sich klar, was dieser Satz bedeutet. Ein unendlich kostbarer Schatz!

Göttliches Bewusstsein – das heißt, dass Sie die Chance haben, sich in jenen Aspekt des Göttlichen zu begeben und mit ihm zu kommunizieren, der Ihnen göttliches Bewusstsein von allem ermöglicht. Allein dieser Aspekt, das Eingehen in das göttliche Bewusstsein, wird viele Veränderungen in Ihr Leben bringen. Die Wahrnehmung aus der Perspektive des Göttlichen wird Ihre ganze Weltsicht umformen. Sie wird Ihre Art, mit dem Leben umzugehen, verändern. Vieles, das für Sie bislang ein Problem war, wird dahinschmelzen. Durch die Verbindung mit dem göttlichen Bewusstsein werden Sie erkennen: Was auf der menschlichen Ebene als Problem gilt, wird aus göttlicher Sicht oft völlig anders betrachtet. Die Blockaden und Hindernisse, die Ihnen manchmal unüberwindbar vorkamen, erscheinen immer kleiner. Die Situationen und Ereignisse in Ihrem Leben, die Angst, Kummer, Wut oder was auch immer ausgelöst haben mögen, erscheinen in einem anderen Licht. Statt sie als anstrengend und behindernd zu empfinden, werden Sie anfangen, sie als Segen und Geschenk zu betrachten.

Das göttliche Bewusstsein nimmt die Menschheit und die gesamte Schöpfung, alle Ereignisse und Situationen ganz anders wahr als wir mit unserem logischen Denken, selbst wenn wir von einem spirituellen Weltbild geprägt sind. Der größte Unterschied: Im göttlichen Bewusstsein gibt es keine Grenzen. Alles birgt eine unendliche Vielfalt an Möglichkeiten. Die Verbindung mit dem göttlichen Bewusstsein durch Seelensprache stellt uns vor eine Bandbreite von Möglichkeiten, die uns sonst nicht zugänglich wären. Das ist ein wirklich großer Vorzug der Seelensprache.

Ich bin sicher, dass alle diese Ideen und Lehren in Ihnen eine gewisse Hoffnung und Begeisterung entfachen. Es ist wirklich zutiefst bewegend, ein Instrument in die Hand zu bekommen, das einem ein unendliches Potenzial erschließt – ein weiteres Beispiel für die Großzügigkeit des Göttlichen und der ganzen Seelenwelt. So wie Sie sich mit dem göttlichen Bewusstsein verbinden, können Sie auch mit Ihren geistigen Führern, bestimmten Heiligen, Engeln oder anderen Wesen in der Seelenwelt, die Ihnen auf Ihrer bisherigen Reise zur Seite standen, in Kontakt treten. Das wird Ihre Seelenreise viel klarer machen. Es löst so viele Hindernisse auf. Alles wird so viel einfacher. »Einfacher« bedeutet zwar nicht immer leichter, doch eine zunehmende Einfachheit Ihres Lebens gehört zu den Vorzügen der angewandten Seelensprache. Diese Einfachheit ist eng mit der beschriebenen Klarheit verknüpft.

Diese Vorteile werden nicht nur Einfluss auf Ihr Leben haben, sondern auch auf das Leben von allen, mit denen Sie zu tun haben. Sie können sich leicht vorstellen, wie wundervoll es für Sie sein wird, klarer zu sein. Sie können sich auch ausmalen, wie wundervoll es für alle Menschen, die Ihnen nahestehen, sein wird, jemanden zu kennen, der diese Klarheit in seinem Leben hat. Die »Wohltat« wird über Ihren Bekanntenkreis hinausgehen – sie wird sich auf die ganze Mutter Erde und darüber hinaus auswirken. Welch wundervoller Meilenstein auf Ihrer Seelenreise, wenn Sie erkennen, dass dieser Segen in Ihrem Leben auch ein Dienst an anderen ist. Die Idee, dass Geschenke, die in Ihr Leben kommen, auch anderen dienen, mag für Sie neu sein. Auch das ist ein Nutzen der angewandten Seelensprache.

All das Beschriebene ist auf jeden Fall von großem Wert für Sie. Wenn Sie sich dann auf Ihrer Seelenreise auf eine höhere Ebene begeben, bewegt sich auch alles, was Sie tun, zu dieser neuen Ebene hin. Alles gewinnt eine höhere Qualität des Dienens. Die Segnungen, die von Ihnen ausgehen, Ihr »Chanten«, Ihr gesamtes Tun und Handeln in der Welt – all das hebt Ihre Seele auf eine andere Ebene. Das ist ein weiteres Beispiel für die göttliche Großzügigkeit. Es stellt ganz klar, dass alle Seelen, wir alle, zusammenarbeiten. Der universale Dienst gewinnt dadurch noch tiefere Bedeutung.

Ich habe bisher verschiedene Segnungen und Vorzüge der Seelensprache erwähnt, die Teil Ihres täglichen Lebens werden können. Je öfter Sie Seelensprache verwenden, desto mehr werden Sie diese Segnungen und Vorzüge erleben.

Ein weiterer Sinn der Seelensprache liegt darin, dass sie ein von der Seele ausgehendes Verständnis fördert. Das ist ebenfalls ein kostbarer Schatz. Viele Menschen beziehen sich aus Gewohnheit auf ihr logisches Denken; in manchen Situationen ist das ein sehr guter Ansatz. Doch im Zeitalter des Seelenlichts, in dem wir leben, ist das logische Denken nicht angemessen. Viele Menschen haben das bereits in ihrem Leben erfahren. Sie denken logisch – und es endet damit, dass sie im Kreis rennen. Sie haben das Gefühl, dass sich die Ideen in ihrem Kopf drehen, und werden hinsichtlich der Frage, die sie zu lösen trachten, nur noch verspannter.

Dieser Ansatz ist nicht mehr nötig. Seelensprache erlaubt Ihnen, sich direkt mit Ihrer Seele in Verbindung zu setzen, um Informationen von Ihrer Seele und von der Seele des Ereignisses, der Situation oder der Frage einzuholen. Das wird Sie befähigen, Ihr Leben viel gelassener zu meistern.

Schon dieser eine Nutzen wird für viele Menschen sehr kostbar sein. Das ständige Sinnieren und Grübeln ist weit verbreitet, genauso wie der daraus hervorgehende Stress und die Anspannung.

Die Anwendung von Seelensprache bietet einen wundervollen und effizienten Weg, um Fragen zu beantworten. Innerhalb von Minuten kann man Lösungen finden. In der heutigen »Instant«-Welt, in der alles jetzt und gleich geschehen sollte, wird das vielen sehr attraktiv erscheinen. Es wird nicht mehr nötig sein, tagelang über bestimmten Fragen zu brüten. Man braucht nur Seelensprache zu sprechen und zu übersetzen – und die Lösungen erscheinen sofort. Welch wundervolles, wertvolles Instrument! Welch ein großzügiges Geschenk des Göttlichen! Lösungen, die direkt aus der Seelenwelt kommen, werden Ihre im Kreis laufenden Gedanken zur Ruhe bringen. Das führt auch zu all den Segnungen und Vorzügen, die die Seelenwelt ständig schenkt.

Sie werden also nicht nur Ihr Problem lösen, sondern auch viele andere Segnungen der Seelenwelt empfangen. Manche werden Ihnen unmittelbar ersichtlich sein. Andere Segnungen zeigen sich vielleicht eher allmählich. Es ist nicht wichtig, wann Sie diese Segnungen bemerken. Sie haben sie geschenkt bekommen; sie sind Teil der Reise Ihrer Seele. Wenn es sinnvoll ist, dass Sie sich ihrer bewusst werden, wird sich diese Wahrnehmung einstellen. Sie können sogar über Seelensprache herausfinden, wann es für Sie angemessen ist, sich all der Segnungen bewusst zu werden, die mit jeder Lösung, mit jeder neuen Antwort einhergehen.

Wenn Sie Seelensprache auf die beschriebene Weise verwenden, kann man sagen, dass Sie ein göttlicher Botschafter sind. Ein göttlicher Botschafter zu sein ist ein großes Privileg und eine Ehre. Was geschieht, wenn Sie sich durch Seelensprache mit dem Göttlichen und der Seelenwelt in Verbindung setzen? Sie empfangen ihre Botschaften und in manchen Fällen übermitteln Sie Botschaften an andere. Das macht Sie ganz offensichtlich zu einem göttlichen Botschafter.

In anderen Situationen werden Sie zum göttlichen Botschafter, weil die Lehren, die Weisheit und die Führung, die Sie erhalten, zu einem Teil von Ihnen selbst werden. Sie werden zu einem Teil Ihrer Seelenreise. Sie werden auch zu einem Teil Ihrer bewussten Wahrnehmung. Die Informationen, die Führung, die Weisheit und die Lehren, die Sie empfangen haben, werden sich in Ihrem Leben verwirklichen, sodass Sie zur Verkörperung dieser Führung und Weisheit und dieser Lehren werden. Sie werden zu ihrem Botschafter. Sie werden zu einem göttlichen Botschafter – in jedem Aspekt Ihres täglichen Lebens. Alles wird davon beeinflusst und berührt.

Manchmal werden Sie sich dessen sehr bewusst sein. Zuweilen werden Sie in Gesprächen die Worte hören, die aus Ihrem Mund kommen, und sich fragen, wer da eigentlich redet. In diesen Augenblicken werden Sie erkennen, dass Sie das zum Ausdruck bringen, was Sie durch Seelensprache empfangen haben. Was in diesem Moment aus Ihrem Mund spricht, ist das Göttliche. Es stammt aus der Seelenwelt. Diese Erfahrung wird Ihnen helfen, besser zu würdigen, was es bedeutet, ein göttlicher Botschafter zu sein.

Je öfter Sie Seelensprache verwenden, desto mehr Botschaften, Lehren, Ratschläge und Weisheiten werden Sie empfangen. Das verleiht Ihnen die Gnade, zu einem göttlichen Botschafter einer noch höheren Schwingung zu werden. Es ermöglicht Ihnen auch, noch tiefgründigere Botschaften an die Menschen Ihrer Umgebung weiterzugeben.

Diese Erklärung hilft, den Dienst, den die Verwendung von Seelensprache bedeutet, zu erhellen. Sie ist ein offensichtliches Beispiel für einen Dienst; es gibt viele weitere Beispiele. Diese Möglichkeit ist besonders kostbar, weil das Bewusstsein, etwas von der Seelenwelt weiterzugeben, Sie dazu führen wird, dieses kostbare Instrument noch mehr zu schätzen. Ihre Verbindung auf einer bewussten Ebene wird einen höheren Standpunkt einnehmen. Die Wahrnehmung auf der bewussten Ebene ist sehr wichtig. So können Sie nicht nur beobachten, dass die Informationen, Weisheiten und Lehren, die in

Ihren Gesprächen auftauchen, aus einer anderen Quelle stammen; Sie werden es auch in Ihren alltäglichen Reaktionen schätzen lernen. All diese Dinge sind Segnungen aus der Seelenwelt und vom Göttlichen.

Seelensprache ist eine Schatzgrube für die Meditation. Sie können Ihre Seelensprache um alles bitten. Vielleicht möchten Sie Ihr Botschaften-Zentrum öffnen, Ihr *Unteres Dan Tien* (eines der bedeutendsten Energiezentren des Körpers) zu seiner vollen Kraft entwickeln oder sich in den Zustand universaler und bedingungsloser Liebe begeben. Vielleicht möchten Sie sich auch in den Zustand der Leere versetzen. Sie können all dies erbitten und dann in Seelensprache sprechen oder chanten. Durch Seelensprache verbinden Sie sich mit Ihrer Bitte auf der Seelenebene, auf der Ebene des Göttlichen, auf der Ebene der ganzen Seelenwelt. Und während Sie fortfahren, Seelensprache zu chanten, wird Ihre Bitte zu einem Teil Ihrer Meditation.

Wenn Sie Seelensprache sprechen, ist es, als drehten Sie einen Wasserhahn auf. *Verzichten Sie auf alle Erwartungen.* Sobald Erwartungen auftauchen, drehen Sie den Wasserhahn zu. Dieser Vergleich macht deutlich, warum es in Ihren Meditationen keine Erwartungen oder dergleichen geben darf. Mithilfe der Seelensprache in Ihrer Meditation begeben Sie sich in die Seele Ihrer Bitte hinein. Das ist eine außergewöhnliche und grenzenlose Möglichkeit. Nehmen Sie an, was Ihnen gegeben wird, und empfangen Sie es mit vollkommener Dankbarkeit. Was auch immer während Ihrer Meditation geschieht: Es ist genau das, was Ihnen die Seelenwelt in diesem Augenblick geben will.

Fahren Sie fort, Seelensprache zu verwenden und konzentrieren Sie sich auf Ihre Bitte. Vielleicht bemerken Sie dabei eine Verschiebung Ihres Bewusstseins. Eventuell bemerken Sie Botschaften, die sich auf Ihre Bitte beziehen. Wenn dies geschieht, können Sie mit der Seelensprache aufhören und sich mit der Wahrnehmung der Botschaften verbinden, denn diese werden Ihnen in diesem Moment geschenkt. Zwischen dem Empfangen von Botschaften, die aus der Anwendung von Seelensprache stammen, und den Ablenkungen, die viele

Menschen während ihrer Meditationen erfahren, besteht ein großer Unterschied: Die Ablenkungen fallen in den Bereich des logischen Denkens; wenn Sie abgelenkt sind, hüpft Ihr Denken herum wie ein Floh. In diesem Zustand empfangen Sie keine Botschaften des Göttlichen und der Seelenwelt. *Seelenwelt-Botschaften gehen mit einem tiefen, transformierenden Frieden einher.*

Wenn Sie Ablenkungen erfahren, betrachten Sie sie als Geschenk und als Lehrer. Regen Sie sich nicht darüber auf. Versuchen Sie nicht, sie wegzuschieben. Empfangen Sie sie mit Dankbarkeit und fahren Sie mit der Seelensprache fort. Wenn Sie das in Ihrer Meditation oft genug üben, beginnt sich die Qualität Ihrer Meditation zu verändern. Sie fangen an, sich in den Zustand Ihrer Bitte zu versetzen. Noch einmal: Es ist sehr wichtig, jegliche Erwartungen zu vermeiden. Erwartungen beenden den Prozess schneller als nahezu alles andere. Das Beispiel des zugedrehten Wasserhahns hat gezeigt, was geschieht, wenn Erwartungen auftauchen.

Eine Möglichkeit, Erwartungen zu vermeiden, ist die Anwendung des kostbaren Instruments der Seelensprache. Sie können mit Ihren Erwartungen auch genauso umgehen wie mit Ihren Ablenkungen: Bedanken Sie sich bei ihnen, empfangen Sie sie als Geschenk und als Lehrer, denn sie sind es tatsächlich; sie können Ihnen große Weisheiten vermitteln. Wenn Sie diese Haltung einnehmen, werden Ihre Erwartungen und Ablenkungen allmählich zu Führern und Helfern Ihres Meditationsprozesses. Mithilfe von Seelensprache können Sie aus Ihren Erwartungen und Ablenkungen Weisheit schöpfen und so den Prozess, in dem sie zu Helfern und Führern werden, beschleunigen.

Ich habe viele Vorzüge der angewandten Seelensprache erläutert. Es gibt noch mehr; die erwähnten werden jedoch einen besonders großen Unterschied auf Ihrer Seelenreise bewirken. Sie sind leicht zu verstehen und zu würdigen. Wenn Sie anfangen, die beschriebenen Vorzüge zu erkennen, werden Sie auf Ihrer persönlichen Seelenreise auch andere Vorteile bemerken. Es sind unschätzbar wertvolle Geschenke des Göttlichen, und das Wundervolle ist, dass sie immer zahlreicher werden, je öfter Sie sie gebrauchen. Wieder ein Beispiel für die göttliche Großzügigkeit. Verwenden Sie Seelensprache möglichst häufig, damit Sie alle Vorzüge in Ihrem Leben verwirklicht sehen.

Dankbarkeit

Sie haben vielleicht schon bemerkt, wie oft ich auf diesen Seiten die Dankbarkeit erwähnt habe. Die Bedeutung von Dankbarkeit kann gar nicht genug betont werden. Wenn Sie sich dem Leben aus der Sichtweise der Dankbarkeit nähern, sieht alles anders aus. Ihre Erfahrungen werden sich anders anfühlen. Tatsächlich wird Ihr ganzes Leben eine tief greifende Erfahrung der Transformation.

Das Ganze ähnelt einem Kaleidoskop. Denken Sie an all die bunten Glasstückchen in einem Kaleidoskop. Wenn Sie sie vor sich auf den Tisch legen, sind sie nichts weiter als verstreute Stückchen farbigen Glases. Doch in einem Kaleidoskop formen sie herrliche, sich ständig verändernde Muster. Sie werden zu einer Quelle der Freude und des Vergnügens. Betrachten Sie Ihre Erfahrungen auf ähnliche Weise durch die Linse der Dankbarkeit, sehen Sie statt einzelner unzusammenhängender Ereignisse wundervolle Muster, die zu einer Quelle der Freude und des Entzückens werden können. Das ist ein guter Vergleich, den Sie sich merken können: Dankbarkeit wirkt in Ihrem Leben wie ein Kaleidoskop.

Wenn Sie auf die Ereignisse Ihres Lebens mit Dankbarkeit reagieren, werden Sie scheinbar Negatives ganz anders sehen. Sie fangen an, diese Erlebnisse als Geschenke und als besondere Weisheitslehrer zu betrachten. Das trifft besonders zu, wenn es schwierige oder schmerzhafte Ereignisse sind. Sie sind ein Teil des Prozesses der Seelenreise. Wenn in Ihrem Leben etwas besonders Schmerzhaftes im Gang ist, zeigt es Ihnen einen Aspekt Ihrer selbst, der zu Licht transformiert werden will: Er war vielleicht schon jahrelang in Ihrem Leben gegenwärtig. Vielleicht war er schon viele Leben lang ein Teil Ihrer Seelenreise und Ihrer Seelenerinnerungen.

Wenn dies der Fall ist, kann die Transformation oft schwierig sein. Sie erfordert ein sehr bewusstes und dauerhaftes Bemühen. Wenn diese Ereignisse oder Situationen in Ihr Bewusstsein treten und Sie sie aus einer Perspektive der Dankbarkeit betrachten können, entsteht die tiefe Erkenntnis, dass Ihnen ein Geschenk zuteil wurde. Dies ist ein besonderer Weisheitslehrer Ihres Lebens. Welche andere Haltung wäre angemessener gegenüber einem außerordentlichen Geschenk und der Gegenwart eines großen Weisheitslehrers? Wenn Sie anfangen, schwierige Ereignisse in Ihrem Leben auf diese Weise zu betrachten, können Sie nur dankbar werden.

Ich will Ihnen ein Beispiel geben: Verspüren Sie Widerstand gegen eine Lehre oder reagieren Sie auf einen Menschen sehr negativ, ist dies ein Hinweis darauf, dass es sich um ein Geschenk und einen Lehrer handelt. Wenn Sie die Ereignisse dankbar annehmen, werden Sie sich des zugrunde liegenden Musters in Ihrem Leben bewusst, das Sie schon jahrelang mit sich tragen. Häufig werden die Muster als Tugenden betrachtet. Die Qualität der Aufrichtigkeit etwa wird von vielen Menschen hoch geschätzt. Dabei handelt es sich oft um Menschen, die mit dieser Tugend identifiziert werden möchten. Sie verbinden ihre Persönlichkeit mit dieser Qualität. Ich möchte hier deutlich sagen, dass ich Aufrichtigkeit für äußerst wichtig halte. Keinesfalls möchte ich den Eindruck erwecken, dass man Aufrichtigkeit auf die leichte Schulter nehmen sollte. Sie ist im Leben jedes Menschen eine konkrete und praktische Notwendigkeit. Ich rede hier jedoch über eine Art von Aufrichtigkeit, die mit einer gewissen emotionalen »Ladung« daherkommt. Solche Menschen können sich in puncto Aufrichtigkeit geradezu erregen. Wer sich so verhält, hat sich von der Tugend entfernt und diese wichtige Qualität mit seiner Persönlichkeit verknüpft. Jetzt geht es um ein Ego-Problem, nicht mehr um Aufrichtigkeit als solche. Diese Art von Aufrichtigkeit dient dazu, einen Aspekt der Persönlichkeit zu schützen, welcher der Heilung bedarf. Diese Erkenntnis wird Ihre Seelenreise respektive Ihre Heilungsreise viel einfacher machen. Ich habe bereits erläutert, dass »einfacher« nicht unbedingt dasselbe wie »leichter« meint. Die Erkenntnis, dass Sie die prinzipiell zu schätzende Qualität als Schutz und Verteidigung Ihres Egos eingesetzt haben, ist ein kostbares Geschenk. Auch diese Erfahrung ist ein ausgezeichneter Weisheitslehrer.

Sobald Sie dies erkennen, ist es notwendig, die Anhaftung an

Ihr Ego zu lösen. Das kann durch das Chanten von Seelensprache geschehen – und durch Dankbarkeit für das Geschenk. Alle diese Herangehensweisen sind äußerst effektiv. Es kann auch geschehen, indem Sie die Haltung göttlicher Dankbarkeit einnehmen und der gewonnenen Erkenntnis Ihren Dank widmen – eine sehr kraftvolle Praxis.

All diese Ansätze können eine große Hilfe dabei sein, die Ego-Anhaftung durch die Präsenz tiefgründigen Lichts in Ihrem Leben zu transformieren. Dies ist ein Beispiel dafür, wie Sie sich den Bereichen Ihres Lebens, die der Heilung bedürfen, mit Dankbarkeit widmen.

Wenn Sie sich dessen bewusst werden, dass eine bestimmte Qualität zu einem Verteidigungs- oder Schutzmechanismus geworden ist, können Sie diesem Bereich Ihres Lebens Heilungssegen spenden. Sie können sich in den Zustand bedingungsloser universaler Liebe oder bedingungsloser universaler Vergebung versetzen und sie allem anbieten, woran sich Ihr Ego klammert. Häufig handelt es sich bei diesen mit dem Ego verbundenen Lebensmustern um eine Manifestation von etwas, das Vergebung und Liebe braucht. Wenn Sie Ihrem Ego oder Ihrer Persönlichkeit Vergebung und Liebe schenken, werden Sie sich höchstwahrscheinlich bestimmter Personen oder Ereignisse in Ihrem Leben bewusst, die Ihnen Schmerzen oder Kummer bereiten. Schenken Sie ihnen bedingungslose universale Liebe und bedingungslose universale Vergebung, wird Ihre Heilung so tief sein, dass Sie nur noch staunen.

Sie werden wahrscheinlich eine tiefe Erleichterung erfahren und zu Tränen gerührt sein. Die Tränen reinigen dann buchstäblich die Wunde, die schon so lange ein Teil Ihres Lebens war. Lassen Sie es zu, dass sich die Verletzungen lösen, erlauben Sie den Tränen, alles zu heilen, was der Heilung bedarf. Dies sind kostbare Geschenke – Weisheitslehrer, die nur auf diese Weise zur Verfügung stehen. Treten diese Geschenke und Weisheitslehrer in Ihr Leben, besteht wahrhaftig ein Anlass für große Dankbarkeit. Wenn Sie nun bemerken, dass die Ereignisse Sie zu umfassender Heilung und zu Erkenntnis führen, werden Sie immer mehr in der Lage sein, ihnen mit echter Dankbarkeit zu begegnen.

Noch einmal: Wenn etwas in Ihr Leben tritt, das negativ, schmerzhaft oder schwierig erscheint, ist es in Wahrheit ein Geschenk. Es repräsentiert Ihre »Bereitschaft«, Heilung und Weisheit zu erfahren. Würden Sie die Heilung oder die Weisheitslehrer ohne diese Bereitschaft erfahren, wären die Ereignisse wohl buchstäblich »umwerfend«. Durch Gottes einfühlsame Güte und Gnade empfangen wir erst, wenn wir durch die notwendige Offenheit vorbereitet wurden.

Das Gesagte gilt auch für etwas, das wir nicht verändern wollen: Widerstand gegen Veränderungen ist oft verbunden mit einer inneren Haltung oder Überzeugung, die auf bestimmten Seelenerinnerungen beruht. Es ist schwierig, Seelenerinnerungen unmittelbar zu heilen, aber es ist möglich. Also: Der Widerstand gegen eine Veränderung ist ein Zeichen für die Bereitschaft. Er signalisiert, dass Sie sich an eine Geisteshaltung oder eine Überzeugung »heranwagen«, die geheilt und losgelassen werden will.

Diese mögen in Ihrem Leben in verschiedener Form auftauchen, doch meistens werden sie unter dem Deckmantel der Effizienz erscheinen. Wenn Sie einer Berufstätigkeit nachgehen, zeigt sich die fragliche Haltung vielleicht als eines der Kennzeichen Ihrer Professionalität, die Sie im Lauf mehrerer Jahre entwickelt haben, oder als etwas, das Sie für »Allgemeinwissen« halten. Sie kommen in Aussagen zum Vorschein wie: »Es ist doch ganz klar, dass es am besten ist ...«, und der Rest des Satzes ist von dem jeweiligen Lebensmuster geprägt. Falls Sie bemerken, dass Sie solche Formeln regelmäßig verwenden, können Sie es als Signal für Ihre Bereitschaft betrachten, einem hervorragenden Weisheitslehrer zu begegnen und tief greifende Heilung zu erfahren.

Eine weitere Aussage, die auf diese Art von Bereitschaft hindeutet: »Man sollte den Leuten mal sagen ...« Das Kniffelige daran ist, dass in jeder dieser Aussagen ein Funken Wahrheit steckt. Doch wenn Sie merken, dass Ihre Aussage mit einer gewissen emotionalen Ladung versehen ist, können Sie davon ausgehen, dass Sie den Bereich der Wahrheit verlassen und den Grad einer heilungsbedürftigen Geisteshaltung oder Überzeugung erreicht haben. Sobald Sie sich in irgendeiner Weise auf Ihre Meinung versteifen, sind Sie offenbar bereit, kostbare Heilung und tief greifende Weisheiten zu erfahren.

Hier gelten auch meine früheren Lehren zur Heilung von Verletzungen. Sie können die gleichen Ansätze verwenden, um den kostbaren Schatz dieses Geschenks und dieser Lehren zu empfangen. Das wundervolle Ergebnis wird die Heilung Ihrer Seelenerinnerungen sein. Wenn dies geschieht, transformiert sich Ihre Seelenreise in ein herrliches Licht und eine höhere Schwingung; zugleich erfahren alle, die Teil jener Seelenerinnerung sind, mehr Licht auf ihren Seelenreisen. Auch ihre Seelenreisen werden transformiert. Dies ist eine sehr hohe Ebene des Dienens. Sie wird Ihren Seelenrang beeinflussen und den Seelenrang vieler anderer.

Ich hoffe, Sie verstehen nun, warum Dankbarkeit in Ihrem Leben etwas sehr Wesentliches ist. Ich möchte Sie bitten, die Dankbarkeit aus der Sicht Ihrer persönlichen, aktuellen Lebensgeschichte sowie aus der Perspektive Ihrer Seelenreise durch viele Leben zu betrachten. Betrachten Sie Dankbarkeit als eine essenzielle Manifestation des Göttlichen, dann wird Ihre Wertschätzung noch zunehmen. Mit »essenzieller Manifestation« meine ich: *Dankbarkeit ist die Essenz, der Kern des Herzens, der Seele und des Geistes des Göttlichen. Sie gehört zum reinsten Aspekt des göttlichen Lichts. Es wirkt zutiefst transformierend, sich mit Dankbarkeit zu verbinden.* Je häufiger Sie das tun und je mehr Sie zu dieser göttlichen Präsenz werden, desto mehr sind Sie in der Lage, die Kernaspekte des Göttlichen zu manifestieren. Dies ist ein unglaubliches Privileg und eine große Ehre.

Die Dankbarkeit wächst noch an, wenn Sie sich der zusätzlichen Rolle der Dankbarkeit in Ihrem Leben bewusst werden. Man kann es mit dem Effekt vergleichen, den ein hügelabwärts rollender Schneeball auslöst: Sobald Sie ihn in Bewegung setzen, wird er zunehmend größer und schneller. Genauso wird sich die Schwungkraft Ihrer Dankbarkeit erweitern und entfalten – ein wundervolles Geschenk des Göttlichen. Sobald Sie beginnen, sich mit dieser Qualität in Ihrem Leben zu verbinden, sodass sie Ihre erste Reaktion wird, beginnt der Schneeball, den Hügel hinabzurollen. Jeder Schneeball trifft unterwegs auf Unebenheiten. Nach der Lektüre dieser Seiten über die Bedeutung der Dankbarkeit hoffe ich, dass Sie diesen Unebenheiten mit Dankbarkeit begegnen – einer Dankbarkeit, die von

Herzen kommt, aus der Tiefe Ihrer Seele, Ihres Geistes und Ihres Körpers. Wenn das geschieht, werden Sie leben, und Dankbarkeit wird zu einem natürlichen Ausdruck Ihres Seins, zu einem natürlichen Teil Ihres Tagesablaufs.

Um in die beschriebene Dankbarkeit zu gelangen, müssen Sie entspannt sein. Wenn Sie Widerstand gegen etwas spüren, wenn Ihre Reaktion auf ein Ereignis oder eine Person eine gewisse Verspannung hervorruft oder wenn Sie etwas als schmerzhaft empfinden, sollten Sie sich erlauben, sich zu entspannen. Wenn Sie sich einer dieser Situationen bewusst werden, reagieren Sie gewöhnlich, indem Sie sich anspannen, gereizt oder ärgerlich werden oder sich fürchten. Sie mögen auch andere Reaktionsmuster haben, aber die erwähnten treten am häufigsten auf. Sobald Sie sich bei einer solchen Reaktion ertappen, können Sie zu sich selbst sagen: »Das Beste für mich ist, mich jetzt zu entspannen.« Die Autosuggestion »Ich entspanne mich jetzt, ich entspanne mich jetzt« funktioniert nicht unbedingt. Sie können stattdessen zur Seele der Entspannung sprechen und sie um ihren Segen bitten. Sie können durch Seelensprache herausfinden, wie Sie sich am besten entspannen. Sie können in den Zustand der göttlichen Entspannung gehen. Welchen Ansatz Sie auch immer wählen, nutzen Sie ihn, sobald Sie eine entsprechende Reaktion bei sich bemerken, um sich daran zu erinnern, dass Sie sich entspannen möchten. *Entspannung ist der Schlüssel, mit dem sich die Tür der Dankbarkeit öffnet. Und Dankbarkeit ist der Schlüssel zur Transformation, also zur tief greifenden Umwandlung.*

Das sind einfache Qualitäten, die Sie in Ihr Leben einbeziehen können, doch sie werden auf allen Ebenen Ihres Lebens Veränderungen bewirken. Praktizieren Sie Dankbarkeit, bemerken Sie bald, dass Sie weicher, flexibler, humorvoller und fröhlicher werden. Das sind wundervolle Geschenke, welche die Qualität Ihres täglichen Lebens sehr prägen. Sie werden auch die Frequenz, die Qualität und die Schwingung Ihrer Seelenreise und Ihres Seelenranges verändern. Die Veränderungen Ihres täglichen Lebens und Ihrer Seelenreise sind miteinander verknüpft; verändert sich das eine, fördert es eine

Umformung des anderen. Dieses Bewusstsein wird Ihnen helfen, die Dankbarkeit praktisch umzusetzen.

Ich will jetzt beschreiben, was der Dankbarkeit im Weg stehen kann: das Jammern. Jammern, Klagen und Beschwerden lassen sich leicht identifizieren. Sie schleichen sich zuweilen sehr unterschwellig in Ihr Leben ein. Wer sich seiner Seelenreise und seinen Bemühungen zur Transformation auf allen Ebenen ernsthaft widmet, entfernt als Erstes das Jammern und Klagen aus seinem Leben. Die Bereiche, in denen das Jammern und Klagen offensichtlich zutage treten, sind leicht herauszufinden. Es gibt jedoch auch subtilere Formen, von denen ich einige bereits beschrieben habe.

Wer zum Beispiel Aussagen macht wie »Jeder weiß doch ...« oder »Man sollte den Leuten mal sagen ...«, beklagt sich oder jammert, egal wie er den Satz zu beenden gedenkt. Das sind sozial akzeptierte Varianten, zu kritisieren und zu jammern, weil die Beschwerde nicht offen dargestellt wird. Wenn man den Satz umformuliert, wird das deutlich. Statt »Jeder weiß doch ...« könnte man auch sagen: »Hier ist alles ganz falsch und wer nur ein bisschen Verstand hat, muss das doch erkennen.« Wenn man solche Aussagen auf diese Art umdreht, wird die Kritik oder die Beschwerde offensichtlich. Vermeiden Sie solche Aussagen.

Für manche ist das eine große Herausforderung. Vielleicht sind Sie fest davon überzeugt, dass Aufrichtigkeit von zentraler Bedeutung und Ihre persönliche Integrität das Wichtigste in Ihrem Leben ist. Trifft das auf Sie zu, wird es Ihnen besonders schwerfallen, solche Klagen loszulassen. Wenn Aufrichtigkeit und Integrität im öffentlichen Leben nicht geachtet werden, sind die Leute entsetzt; in der heutigen Welt ist das nicht akzeptabel. Deshalb mag es schwierig sein, diesbezügliche Klagen loszulassen. Bei vielen Menschen spielen die Botschaften des kulturellen Hintergrunds eine wichtige Rolle und wirken leicht auf die Lebensmuster ein. Ich schlage jedoch vor, dass man genau beobachtet, was hier vor sich geht, und darüber nachdenkt, dass solche Sätze – wie erläutert – letztendlich eine subtile Form des Jammerns und Klagens sind.

Eine andere Form der Klage besteht darin, sich mit anderen zu vergleichen. Viele Menschen machen das mehrmals im Lauf eines Tages. Die meisten Erwachsenen geben es nicht zu, weil wir gelernt haben, dass sich das nicht gehört. Doch ob es laut ausgesprochen wird oder nicht, spielt keine Rolle. Wann immer Sie sich mit jemandem vergleichen, bringen Sie eigentlich eine Beschwerde oder Kritik vor.

Sie werden das verstehen, indem Sie die Aussage umdrehen. Manche meiner Schüler sagen: »Mein drittes Auge ist nicht so gut wie das von Joyce. Mein drittes Auge ist nicht annähernd so gut wie das von Artema.« Sobald Sie solche Vergleiche ziehen und sich unzufrieden oder traurig fühlen, können Sie davon ausgehen, dass Sie sich auf eine subtile Form des Klagens oder Kritisierens eingelassen haben.

Ich will diese Aussage für Sie umdrehen. Sie könnte etwa so lauten: »Lieber Gott, du hast Joyce so ein wundervolles drittes Auge gegeben, aber was du mir gegeben hast, ist nicht so gut und ich bin nicht damit zufrieden.« Auf diese Weise klingt der Vergleich vielleicht etwas erschreckend. Ich glaube nicht, dass irgendein Leser dieses Buches dem Göttlichen so einen Vorwurf machen würde. (Wenn Sie es dennoch tun, sollten Sie sehr schnell etwa Folgendes nachschieben: »Es tut mir sehr leid. Bitte vergib mir.«) Jetzt verstehen Sie, warum solche Vergleiche tatsächlich Klagen und Beschwerden sind. Sie teilen dem Göttlichen indirekt mit, dass es mit den geschenkten Gaben seine Aufgabe nicht gut gemacht habe. Sie werfen also der Seelenwelt, Ihren Führern und besonderen Beschützern vor, dass sie ihre Sache nicht gut gemacht hätten.

Es gibt ein paar Fähigkeiten, die Sie wirklich nicht haben. Wenn Sie nie Französisch gelernt haben und es nicht Ihre Muttersprache ist, können Sie eben nicht Französisch sprechen. Das ist eine richtige Aussage. Wenn Sie sich nie mit höherer Mathematik beschäftigt haben und es nicht zu Ihren intuitiven Begabungen gehört, kennen Sie sich nicht mit Integralrechnung oder Trigonometrie aus. Auch das ist eine zutreffende Aussage. Manche Aussagen sind zutreffend. Andere Aussagen fallen in die Kategorie der Klagen und Beschwerden.

Ich will Ihnen ein weiteres Beispiel geben. Angenommen, Sie erhalten im Job eine Aufgabe, die Ihre Kompetenzen übersteigt. Sie mögen dazu neigen, zu sagen: »Ich kann das nicht. Ich bin dazu nicht in der Lage.« Sobald Sie das sagen, bieten Sie dem Göttlichen diese Einschränkung an: Das Göttliche wird sie empfangen und sie Ihnen zurückgeben. Dieses Konzept sollte man überdenken, denn es ist sehr verbreitet. Betrachten Sie es als ein weiteres Geschenk, das Ihre Bereitschaft für eine wundervolle Heilungserfahrung und die Begegnung mit Weisheitslehrern zeigt. Alles, was ich beschrieben habe, ist ein Teil des Lebens. Es ist ein Teil unserer menschlichen Reise. Wichtig ist dabei, Gefühle der Traurigkeit, Schuld oder Frustration zu vermeiden. Ersetzen Sie sie durch Dankbarkeit.

Inzwischen sollte sehr klar sein, dass solche Anklagen gegenüber dem Göttlichen und der Seelenwelt wahrlich nicht der beste Weg sind, auf Ihrer Seelenreise Fortschritte zu machen und Ihr Wohlbefinden auf der körperlichen, mentalen und emotionalen Ebene Ihres Seins zu steigern. Ich hoffe, die Beispiele problematischer Aussagen werden Ihnen helfen, diese Art von Klagen und Beschwerden zu vermeiden. Ich wünsche, dass sie Ihnen zu dem Bewusstsein verhelfen, wie oft Sie im Lauf eines Tages solche Dinge sagen oder andere Vergleiche anstellen.

Ich habe Ihnen nun vielfach die Lehre von der Dankbarkeit angeboten. Jedes Mal haben Sie gleichzeitig kraftvolle Segnungen erhalten, die es Ihnen ermöglichen werden, die Lehren in Ihr tägliches Leben zu integrieren. Wenn Sie das Gelernte praktisch umsetzen, erfahren Sie herrliche Veränderungen – Transformationen, die Sie sich bislang nicht ausmalen konnten –, und sie werden schneller geschehen, als Sie es je erlebt haben. Manche meiner Schüler haben sofortige Transformationen durchschritten. So gut wie alle haben gesagt, dass die Veränderungen, die sich in ihrem Leben ergeben haben – sei es innerhalb von ein paar Jahren oder in wenigen Monaten –, ganz unvorstellbar waren. Sie waren davon überzeugt gewesen, dass sich solche Prozesse allenfalls im Lauf vieler Jahre oder eines ganzen Lebens einstellen könnten. Wenn Sie den Lehren folgen, die auf diesen Seiten dargelegt werden, wird es auch Ihre Seelenreise beschleunigen. Der empfangene Segen aus diesen Seiten wird jeden Aspekt Ihres Lebens tief greifend verändern.

2

Seelensprache entwickeln

Manche von Ihnen haben bereits die Seelensprache entwickelt und mögen denken, sie könnten dieses Kapitel überspringen. Wenn Sie das möchten, überschlagen Sie diese Seiten, um gleich das dritte Kapitel zu lesen. Denken Sie jedoch daran: Jeder Buchstabe, jedes Leerzeichen, jeder Punkt und jedes Komma, jedes Wort in diesem Buch ist eine Segnung. Wenn Sie ein Kapitel auslassen, überspringen Sie also Hunderte, vielleicht Tausende von Segnungen.

Für all jene, die noch keine Seelensprache entwickelt haben, wird dieses Kapitel sehr hilfreich sein. Viele werden in der Lage sein, nach den hier vorgestellten Lehren die Seelensprache zu entwickeln. Es mag auch andere Wege zum Ziel geben, aber ich will mich in diesem Kapitel auf die wichtigsten »Methoden« beschränken.

Das *Mantra 3396815* oder »*San San Jiu Liu Ba Yao Wu*« (auf Chinesisch ausgesprochen lautet es: *sahn sahn dschu liu bah jao wuh*) ist ein direktes Geschenk des Göttlichen an meinen Meister und spirituellen Vater Dr. Zhi Chen Guo. Er empfing es vor über dreißig Jahren. Seitdem wurde es von Hunderttausenden sowohl in China als auch im Westen angewendet; Menschen verwenden es in Nordamerika, Europa und selbst in Afrika. Eine der außergewöhnlichen Gaben dieses Mantras ist seine Fähigkeit, Ihre Seele mit der Seele des Göttlichen zu verbinden. Es ist ein ganz besonderes Mantra, um die Kommunikationskanäle Ihrer Seele zu öffnen.

Dieses Mantra hat viele weitere Fähigkeiten und Gaben; man kann daraus vielfältigen Nutzen ziehen. Doch das wird Thema eines anderen Buches sein. In diesem Zusammenhang möchte ich nur betonen, dass dieses Mantra die Seelenkommunikation eröffnet.

Aus dem bisher Gelesenen haben Sie erkannt, dass Seelensprache ein spezielles Instrument für die Seelenkommunikation ist. Das *Mantra 3396815* wird Ihnen helfen, Seelensprache zu sprechen. Wer bereits der Seelensprache mächtig ist, kann sie mit diesem Mantra auf viel höhere Ebenen bringen. Das Mantra wird einfach beständig wiederholt. Sobald sich Ihre Zunge an die Worte gewöhnt hat, erhöhen Sie die Geschwindigkeit, mit der Sie das Mantra wiederholen. Beschleunigen Sie immer mehr und mehr. Dabei werden Sie feststellen, dass es schwieriger, ja fast unmöglich wird, jedes Wort einzeln auszusprechen – und das soll genauso sein. Es geht darum, dass Sie die Worte irgendwann so schnell aussprechen, dass sie ihre unterscheidbare Aussprache verlieren und nur noch verschwommen klingen. Dabei können verschiedene Klänge entstehen. Wenn dies geschieht, haben Sie Ihrer Seelensprache zum ersten Male freien Lauf gelassen.

Seelensprache klingt bei jedem ein wenig anders: bei manchen wie die blubbernden Laute eines Babys, bei anderen wie eine fremde, nie gehörte Sprache. Oder es entstehen merkwürdige klickende Geräusche. Manche Seelensprache klingt fast wie ein Lied mit einer klaren Melodie. Es gibt unzählige Varianten. Wie auch immer Ihre Seelensprache klingt: Sie ist für Sie und Ihre Seelenreise an diesem Punkt angemessen. Vermeiden Sie jede Zensur: Was auch immer aus Ihrem Mund kommen mag, ist als Seelensprache zu akzeptieren. Sagen Sie nicht: »Das kann unmöglich Seelensprache sein, das klingt so komisch«, oder: »Das klingt so merkwürdig, das muss Seelensprache sein. Ich könnte das niemals selbst machen.« Wenn Sie überprüfen wollen, ob das, was aus Ihrem Mund kommt, wirklich Seelensprache ist, kehren Sie zu der klaren Aussprache von »*San San Jiu Liu Ba Yao Wu*« zurück. Fallen Sie bei Ihrem Versuch, das Mantra ein paarmal deutlich zu formulieren, fast von selbst in die merkwürdigen Laute zurück, können Sie sicher sein, dass Sie Ihre Seelensprache geöffnet haben. Wenn Sie in der Lage sind, »*San San Jiu Liu Ba Yao Wu*« klar auszusprechen und auch bei einer gewissen Beschleunigung jedes Wort deutlich formulieren können, müssen Sie einfach noch mehr üben.

Manche von Ihnen werden vielleicht versuchen, verschiedene Klänge zu produzieren, indem Sie darüber nachdenken und auf logische Weise verschiedene Klänge entwickeln. Das wird nicht funktionieren; es wird Ihre Bemühungen um Ihre Seelensprache sogar eher behindern. Meiden Sie logisches Denken und richten Sie Ihre volle Aufmerksamkeit darauf, dass sich Ihre Seelensprache natürlich entwickeln darf. Die Konzentration auf die Seelensprache wird für manche von Ihnen den entscheidenden Punkt darstellen. Sie sagen vielleicht: »Ich fühle mich dabei so lächerlich, das ist mir peinlich.« Sie fühlen sich vielleicht unwohl und gehemmt. In diesem Fall müssen Sie Ihren Fokus von Ihrem Fühlen weg- und zur Seelensprache hinlenken.

Solange Sie mit der Beobachtung beschäftigt sind, wie Sie sich fühlen, fokussieren Sie Ihr Ego. Es schickt Ihnen alle möglichen Botschaften, die Sie daran hindern, Seelensprache zu entwickeln. Alles, was ich im ersten Kapitel über das Ego gesagt habe, gilt auch hier. Ich schlage vor, dass Sie zurückblättern und die entsprechenden Seiten nochmals lesen. Üben Sie, nicht mehr auf Ihr Ego konzentriert zu sein. Dann wird sich Ihre Seelensprache leichter öffnen.

Wenn es Ihnen gelungen ist, mithilfe der beschriebenen Methode Ihre Seelensprache zu öffnen, gratuliere ich Ihnen herzlich! Das ist wundervoll; Sie können sich glücklich schätzen. Falls sich Ihre Seelensprache nicht so leicht geöffnet hat, nehmen Sie sich etwas Zeit, bevor Sie weiterlesen, und befolgen Sie eifrig die von mir gegebenen Anweisungen. Sollte es Ihnen dennoch nicht gelingen, Ihre Seelensprache zu öffnen, denken Sie daran: Wenn Sie das *Mantra 3396815* sehr schnell sprechen, müssen Sie irgendwann die Aussprache loslassen. Manche Menschen begehen den Fehler, weiterhin zu versuchen, jede Silbe des Mantras deutlich zu artikulieren. Doch das ist genau das Gegenteil von dem, was hier erwünscht ist.

Je schneller Sie sprechen, desto weniger werden Sie in der Lage sein, die Silben klar zu artikulieren. Wenn Sie sie allmählich weniger klar aussprechen können, wird sich Ihre Seelensprache öffnen. Lassen Sie also die Vorstellung los, jede Silbe deutlich formulieren zu müssen. Das Gegenteil ist der Fall: Lassen Sie die Aussprache los.

Nachdem ich das nun mehrmals gesagt habe, haben Sie den Segen empfangen, der Sie befähigt, genau das zu tun.

Eine Erklärung, was *3396815* bedeutet, mag an dieser Stelle hilfreich sein. Dieses Mantra steht mit Ihren inneren Organen in Verbindung. Jede Zahl ist mit einem bestimmten Bereich Ihres Körpers verbunden, weil der Klang jeder Zahl die Zellen im betreffenden Bereich in Schwingung versetzt.

3 – San lässt die Brust und die Lungen schwingen
9 – Jiu lässt den Unterbauch und den unteren Rücken schwingen
6 – Liu lässt die Rippen und die Seiten schwingen
8 – Ba lässt den Nabel schwingen
1 – Yao lässt den Kopf schwingen
5 – Wu lässt die Milz und den Magen schwingen

Wenn Sie dieses Mantra wiederholen, stimulieren und bewegen Sie Energie von einem Teil Ihres Körpers zum anderen. Jeder Teil Ihres Körpers empfängt auf diese Weise Heilungssegen göttlichen Lichts. Wenn das Mantra zu Seelensprache wird, intensiviert sich der Heilungssegen. Das hat viele Vorzüge. Die Verwendung dieses Mantras wird Ihre Seelenreise enorm verändern. Es transformiert jede Ebene Ihres Seins.

Segnungen

Sie haben nun eine Vorstellung davon, wie Sie Ihre Seelensprache öffnen können. Manche von Ihnen meinen vielleicht, dass Sie allein durch die Lektüre dieses Buches dazu in der Lage seien. Ich möchte Sie daran erinnern, was ich schon mehrfach gesagt habe: Dieses Buch ist viel mehr als nur Information. Es ist ein segensreiches Instrument. Der direkte Weg, Ihre Seelensprache zu öffnen, besteht in der Anwendung des Mantras »San San Jiu Liu Ba Yao Wu« auf die beschriebene Weise. Sie können Ihre Seelensprache auch öffnen, indem Sie Segnungen empfangen. Beim Lesen dieser Seiten empfangen Sie überaus viele Segnungen. Sie meinen vielleicht, Sie bräuchten eine körperliche

Verbindung zu jemandem, der Sie segnet, und Sie müssten ihn hören oder sehen. Das stimmt nicht.

Ich habe die Ehre und das Privileg, vom Göttlichen autorisiert zu sein, durch dieses Buch Segen zu spenden. Man könnte sagen, es stellt eine körperliche Erweiterung meiner Präsenz dar. Jedes Mal, wenn Sie dieses Buch lesen, werden Sie zahlreiche Segnungen erfahren. Sie werden genau die Segnungen empfangen, die Sie brauchen, um Ihre Seelensprache zu öffnen oder zu entwickeln, wenn Sie den entsprechenden Abschnitt lesen. Das ist ein großer Vorzug dieses Buches. Man könnte sagen, dass ich Sie unsichtbar anleite.

Das Buch wird Ihnen Ihre eigenen, individuellen Segnungen erteilen. Das Einzige, was Sie tun müssen: Lesen Sie den Teil des Buches, der etwas lehrt, was Sie gerade brauchen oder was Sie interessiert. Wenn Sie den entsprechenden Abschnitt immer wieder lesen, empfangen Sie spezifische Segnungen, die Ihnen in dieser Hinsicht helfen werden. Das ist ein besonderes Geschenk dieses und anderer von mir veröffentlichter Bücher. Je mehr Segnungen Sie empfangen, desto mehr wird sich Ihre Seelensprache verbessern. Ihre Fähigkeit, Ihre Seelensprache zu öffnen – sowie sie zu entwickeln und zu verbessern –, hängt auch mit den Segnungen zusammen, die Sie empfangen haben.

Dies mag manche von Ihnen entmutigen, die meinen, dass sie nur wenig Gelegenheit hätten, Segen zu empfangen, weil sie weit von allem entfernt leben oder nur wenig Geld haben. Noch einmal erinnere ich Sie daran, dass dieses Buch ein Instrument der Heilung ist. Wann immer Sie das Gefühl haben, mehr Segnungen zu brauchen, um mit Ihrer Seelenreise fortfahren zu können, lesen Sie einfach Teile dieses Buchs. Und wenn Sie es bereits durchgelesen haben, fangen Sie wieder von vorne an.

Sie haben bereits erlebt, wie machtvoll die Segnungen sein können, die Sie empfangen, wenn Sie dieses Buch lesen. Es ist wirklich eine ständige Quelle der Segnungen für Sie. Nehmen Sie dieses wundervolle Geschenk des Göttlichen ganz in Anspruch. Nutzen Sie jede Gelegenheit, um von dem kontinuierlichen Strom des Segens zu profitieren. Jedem von Ihnen wird hier eine einzigartige Gelegenheit geboten. Sie steht in diesem Zeitalter des Seelenlichts jedem zur Verfügung.

Als Instrument der Segnungen hat dieses Buch im Zeitalter des Seelenlichts mehr Macht, als es in früheren Zeiten der Fall gewesen wäre. Das ist ein weiteres besonderes Merkmal der Zeit, in der wir leben. Nutzen Sie das Geschenk auf jede nur erdenkliche Art. Es wurde Ihnen gegeben, damit Sie auf Ihrer Seelenreise möglichst viele Fortschritte machen. Ich freue mich, auf diese Weise dienen zu können. Manche von Ihnen denken jetzt vielleicht: »Ich will aber nicht gierig sein.« Das ist hier nicht angemessen. Denken Sie nicht, Sie seien gierig, weil Sie meine Lehren häufig anwenden. Transformieren Sie Ihr Denken lieber und fangen Sie an, dieses Buch wie eine Kerze zu betrachten.

Wenn Sie es lesen, entzünden Sie Ihre erste Kerze. Je häufiger Sie es lesen, desto mehr Kerzen entzünden Sie. Wenn Sie dieses Buch häufig lesen, um mehr Segen zu empfangen, sind Sie also nicht gierig, sondern fügen Ihrem eigenen Licht und dem Licht auf Mutter Erde immer mehr göttliches Licht hinzu. Das ist ein großer Dienst. Das ist es, was geschieht, wenn Sie dieses Buch lesen. Zögern Sie nicht, den Lehren zu folgen – sie werden Ihnen noch mehr wohltun, als Ihnen bei der Lektüre bewusst ist.

Übung

Segnungen sind von zentraler Bedeutung, aber sie reichen nicht, um die Öffnung und Entwicklung der Seelensprache zu transformieren. Sie müssen auch selbst üben, um Ihre Bereitschaft zu manifestieren, den Lehren vollständiger Dankbarkeit zu folgen. Dies braucht nicht weiter erklärt zu werden. Wenn Sie alleine üben, haben Sie Gelegenheit, Ihren Dank für die Lehren und das Geschenk der Seelensprache zum Ausdruck zu bringen. Abgesehen von der Dankbarkeit ist es bei der Seelenreise auch sehr wichtig, den Lehren hingebungsvoll zu folgen. Ihre Übungspraxis stellt eine weitere Chance dar, Ihre Bereitschaft und Hingabe zu manifestieren –, was für Ihre Seelenreise und die möglichst zügige Entwicklung Ihres spirituellen Standpunktes äußerst wichtig ist.

Seien Sie in Ihrer Teilnahme und Ihrem Fortschritt aktiv. Ihre Bemühungen gelten als ein Zeichen Ihres guten Willens und Ihrer

Bereitschaft, auf diese Weise zu dienen. Wenn Sie das tun, werden Sie über die Verbesserungen, die sich einstellen, hoch erfreut sein. Ihre Übungspraxis wird eine besondere Art der Freude, des Vergnügens und der Heilung in Ihr Leben bringen. Alle beschriebenen Vorzüge der Seelensprache werden durch jede Übung in Ihr Leben integriert – eine außerordentliche Gelegenheit und Chance für Sie.

Ein Vergleich mag hier hilfreich sein: Sie wollen lernen, ein Musikinstrument zu spielen; Sie nehmen Stunden und üben zu Hause, was Sie gelernt haben. Es entspricht den Musikstunden, dieses Buch zu lesen und seine Lehren zu empfangen. Was Sie dann in Ihrer eigenen Übungszeit machen, wird Ihnen helfen, das in der Lektion Vermittelte zu vertiefen. Deswegen ist das Üben sehr wichtig.

Die Segnungen sind effektiv, kraftvoll und notwendig – ähnlich wie Musikstunden. Die Stunden sorgen dafür, Ihre Fertigkeiten weiterzuentwickeln. Doch sie wären Ihnen nur von geringem Nutzen, wenn Sie zwischendurch nicht üben. Entsprechend stärken Sie Ihre Fähigkeit, sich der Seelensprache zu öffnen und sie anzuwenden, wenn Sie auf die von mir beschriebene Weise üben. Das wird Ihnen auch bei der Anwendung von Seelensprache von großem Nutzen sein.

Die Idee, durch die Anwendung von Seelensprache zu dienen, mag Sie überraschen, weil Sie zunächst darauf konzentriert sind, Ihre eigene Seelensprache zu öffnen und zu entwickeln. Doch auch Ihre Übungszeit ist ein großer Dienst. Sooft Sie sich beim Üben mit der Seelenwelt und dem Göttlichen verbinden, begeben Sie sich in die herrliche Gegenwart des mächtigsten Lichts, der kraftvollsten Energie. Das Göttliche und die ganze Seelenwelt erwidern dies mit vollkommener Großzügigkeit, sodass Sie selbst und jede Seele um Sie herum Segnungen empfangen. Selbst dem Ort, an dem Sie üben, werden Segnungen zuteil. Ihr Licht wird intensiver und gewinnt eine höhere Qualität und Schwingung. Ihre Übungen können für andere sogar ein Segen sein, obwohl Sie momentan gar nicht diese spezifische Absicht hegen. Es ist ein weiteres Beispiel für die Großzügigkeit des Göttlichen: Jedes Mal, wenn Sie Seelensprache verwenden oder sie zu öffnen versuchen, profitieren viele Seelen davon. Dies sind ein paar Aspekte und Vorzüge Ihrer Übungszeit.

Außerdem stärken Sie die Intelligenz und Kreativität Ihrer Seele. Dies sind wundervolle Geschenke, die zur Transformation Ihrer Seelenreise beitragen. Durch die Geschenke werden Sie vieles von dem, was ein Teil Ihrer Seelenreise ist, besser verstehen. Mit jedem Üben wird alles, was die Seelensprache ausmacht, immer mehr zu einem Teil Ihres Lebens. Diese Verbesserungen stehen Ihnen leicht zur Verfügung. Sie brauchen nur zu entscheiden, wann Sie üben wollen, und sich dann daran halten.

Wenn sich Ihre Seelensprache geöffnet hat, können Sie sogar beim Autofahren, beim Fußbodenwischen oder zwischen allen möglichen anderen Aktivitäten üben. Die Übergangszeiten zwischen verschiedenen Aktivitäten eignen sich besonders gut zum Üben der Seelensprache. Solche Übergänge sind oft anstrengend oder frustrierend. Vielleicht müssen Sie dem, was Sie tun, etwas Neues hinzufügen. Das Üben der Seelensprache wird in diesen Situationen seine ganzen Vorzüge entfalten. Es wird auch jenes segnen, das Sie als Nächstes zu tun gedenken. So wird Seelensprache in Ihrem Alltag zu einer ständigen Quelle göttlichen Lichts.

Die meisten Menschen wechseln im Lauf eines Tages mehrfach von einer Tätigkeit zur nächsten. Manche versehen auch mehrere Tätigkeiten gleichzeitig und gehen dann zu mehreren anderen Tätigkeiten über. Wenn man in solchen Übergangsmomenten Seelensprache übt, werden höchst erfreuliche Transformationen bewirkt. Statt sich zerrissen zu fühlen, werden Sie gelassener und friedvoller. Je häufiger Sie daran denken, in solchen Augenblicken Seelensprache zu üben, desto mehr wird sich Ihre Erfahrung von Frieden, Liebe und Licht vertiefen.

Das ruft vielfaches Wohl hervor, nicht nur für Sie, sondern weit über Ihre jeweilige Tätigkeit hinaus. Auch alle, mit denen Sie in Kontakt stehen, profitieren davon. Angenommen, Sie möchten als Nächstes mit jemandem telefonieren oder vielen Menschen eine E-Mail schicken: Wenn Sie vorher Seelensprache üben, wird auch derjenige beschenkt, den Sie anrufen, oder die Leute, denen Sie eine Mail zukommen lassen. Auch alle, die dann mit diesen Menschen zu tun haben, werden davon profitieren. Angenommen, die Person, die Sie anrufen, arbeitet in einem Büro, dann kommt es dem ganzen

Büro zugute. Die Segnungen, die Liebe und das Licht strahlen auf die gesamte Umgebung aus. Das ist ein weiteres Beispiel für den Dienst, der durch die Anwendung von Seelensprache geleistet wird.

Je mehr Sie dienen, desto höher wird Ihr Seelenrang. Dadurch wird Ihnen ein hohes Maß spiritueller Werte zuteil; sie ermöglichen es Ihnen, Ihre Seelensprache ganz zu öffnen und zu entwickeln. Es ist wie eine Spirale sich ständig verstärkender Vorzüge: Wenn Sie üben, senden Sie Segnungen, Liebe und Licht aus. Eigentlich müsste man sagen, Sie strahlen Segnungen, Liebe und Licht aus. Und je mehr Sie ausstrahlen, desto mehr fließt zu Ihnen zurück. Je mehr zu Ihnen zurückströmt, desto mehr strahlen Sie aus. Dies sind einige der wichtigsten Gründe, weshalb das Üben von so großer Bedeutung ist.

Die Anwendung von Seelensprache

Wenn Sie meinen Lehren folgen, wird sich Ihre Seelensprache öffnen und entwickeln. Nachdem Sie dann über die Seelensprache verfügen, müssen Sie sie auch anwenden. Wenn Sie sie anwenden, werden die genannten Vorzüge immer stärker ein Teil Ihres Lebens und Ihrer Seelenreise. Sie werden die Seelensprache zunehmend gewandter einsetzen, indem Sie sie einfach anwenden. Denken Sie an den Vergleich mit dem Klavierspiel: Jedes Mal, wenn Sie ein Lied aus purer Freude spielen, vervollkommnen Sie zugleich Ihre Fertigkeiten. Wenn Sie Seelensprache üben, verbessern Sie nicht nur Ihre eigenen Fertigkeiten –, sondern die verbesserte Qualität Ihrer Seelensprache reicht weit über Ihr eigenes Leben hinaus.

Wie gesagt, allein das Üben der Seelensprache stellt einen großen Dienst dar. Ihre Meditation wird sich enorm verbessern. Seelensprache ist ein machtvolles Instrument, das sich leicht anwenden lässt.

Die stille Seelensprache ist genauso wirksam wie die laut ausgesprochene. In bestimmten Situationen können Sie die Seelensprache vielleicht nicht laut äußern. Doch auch im Stillen ist sie sehr kraftvoll und hilfreich. Manchmal bewirkt die stille Seelensprache sogar etwas, das der hörbaren Seelensprache nicht möglich wäre. Die stille

Seelensprache schwingt bis in die winzigsten Zellen und Zwischenräume hinein. Das kann außerordentliche Transformationen bewirken. Manchmal sind Menschen enttäuscht, weil sie die Seelensprache nicht hörbar aussprechen können, und meinen, sie würden nicht so dienen wie andere. Das stimmt nicht. Stille Seelensprache verfügt über außerordentliche Möglichkeiten.

Vermeiden Sie es, stille und hörbare Seelensprache miteinander zu vergleichen. Denken Sie an meine Erläuterungen über Vergleiche; sie gelten auch hier. Seien Sie dankbar für Ihre Möglichkeiten und freuen Sie sich, dass Sie im Lauf des Tages die Gelegenheit haben, Seelensprache anzuwenden: Sie werden staunen, was sie alles bewirkt. Es ist unmöglich, alle Wohltaten und Vorzüge aufzulisten, zumal sie sich von Person zu Person unterscheiden. Sie sollten einfach wissen, dass Ihre Seelenreise zutiefst berührt werden wird. Die Seelenreise jedes Menschen ist »individuell«; Details und Grundvoraussetzungen sind unterschiedlich. Deswegen ist es unmöglich, genau vorherzusagen, was Sie davon haben werden, Seelensprache anzuwenden. Sie müssen eigene Erfahrungen machen.

Wenn Sie sich mit jemandem unterhalten, merken Sie vielleicht, dass Ihr Leben, das Leben des anderen oder eine Situation der Heilung bedarf. Wenn Sie Seelensprache anwenden, wird die Heilung sofort stattfinden. Es wird auf jeder Ebene Transformation eintreten. Das ist ein weiteres Beispiel für die unzähligen Vorzüge, die Sie durch die Anwendung von Seelensprache erfahren werden. Vielleicht beabsichtigen Sie nur, sie in Ihren Meditationen zu verwenden oder sich an der Verbindung mit dem Göttlichen, den Heiligen oder anderen Seelen zu erfreuen: Dann werden Sie oft eine Inspiration oder Erkenntnis empfangen. Wenn Sie Seelensprache anwenden, wird viel Unvorhersehbares in Ihnen passieren. Deshalb sage ich, die Vorzüge sind so umfangreich, dass man sie nicht beschreiben kann. Sie werden bei jedem unterschiedlich sein.

In jeder Situation werden die Wohltaten über Sie und über die Heilung, die Sie vielleicht empfangen oder schenken, hinausstrahlen. Sie werden sich auf außergewöhnliche und großzügige Weise über die ganze Mutter Erde ergießen. Jedes Mal, wenn Sie Seelensprache sprechen, erhöht sich Ihre Schwingung. Die Qualität des Lichts in Ihnen erhöht sich. Auch *Ihre Präsenz als ein Lichtwesen* wächst an. Alles, was als Bedeutung und Sinn der Seelensprache beschrieben wurde, wird in Ihrem Leben gegenwärtig. Es ist ein außerordentliches Privileg und eine Ehre, Seelensprache anzuwenden und auf diese Weise zu dienen.

3

Seelensprache und Heilung

Einer der größten Vorzüge der Seelensprache liegt in ihrer heilsamen Wirkung. Wenn man ein wenig darüber nachdenkt, ist es ganz offensichtlich. Seelensprache ist die reinste Form der Verbindung mit der Seelenwelt und dem Göttlichen. Wenn die Verbindung besteht, hat man daher Zugang zum vollkommenen Heilungspotenzial der Seelenwelt und des Göttlichen. Damit sind den Heilungsmöglichkeiten keine Grenzen gesetzt. Die Heilungen können auch absolut unmittelbar sein. Es ist sehr wichtig, die machtvolle Wirkung der Seelensprache für Heilungen zu erkennen. Doch es ist genauso wichtig, dass diese Erkenntnis in Balance bleibt mit der Bereitschaft, alle Erwartungen loszulassen. Wird Seelensprache zur Heilung eingesetzt, muss es in einer Weise geschehen, die dem göttlichen Licht, der Liebe und der Vergebung freien Lauf lässt. Es muss in bedingungsloser Liebe, Mitgefühl und Vergebung geschehen – als bedingungsloser universaler Dienst.

Bietet man Heilung auf diese bedingungslose Art an, wird sie unweigerlich frei von Erwartungen sein. Das ist nötig, damit der Heilungssegen wirklich fließen kann. Wie gesagt, Erwartungen wirken in einer Situation, als drehte man den Wasserhahn ab. Bei einem Heilungssegen wäre es daher kontraproduktiv, ein bestimmtes Ergebnis zu erwarten – man würde den Segen praktisch gleichzeitig geben und zurücknehmen.

Verwenden Sie Seelensprache für Heilsegnungen, sind Sie mit der Seele dessen, was Heilung braucht, verbunden. Diese Verbindung ist kraftvoll und transformierend, weil sie alle Möglichkeiten des Göttlichen und der ganzen Seelenwelt einfließen lässt. Natürlich wird das Heilungsbedürftige durch die göttliche Weisheit genau die Segnungen erhalten, die im jeweiligen Augenblick angemessen sind. Die Situation, die Krankheit und die Person werden genau die Heilung erfahren, für die sie im Moment bereit sind. Das sollte man im Bewusstsein behalten, wenn man Seelensprache zur Heilung einsetzt.

Wenn das Ergebnis hinter Ihren Hoffnungen zurückbleibt, kann es dafür viele Ursachen geben: Einer der Gründe ist, dass die Person oder die Situation nicht bereit war. Wenn das der Fall ist, entspricht es der großen Güte und Gnade der Seelenwelt, den Nutzen der Heilung zu begrenzen. Der wichtige Aspekt der *Bereitschaft* des Empfängers bei einem Heilungssegen durch Seelensprache sollte immer berücksichtigt werden. Das wird Ihnen helfen, Erwartungen zu vermeiden sowie die subtile Neigung, sich zu beklagen, weil die Ergebnisse nicht den Wünschen entsprechen. Je öfter Sie Seelensprache zur Heilung einsetzen, desto häufiger werden Sie bedeutende und eindrucksvolle Resultate erfahren.

Wenn Sie auf diese Weise Seelensprache zur Heilung verwenden, begeben Sie sich in die reinste Heilungsenergie des Göttlichen und der Seelenwelt. Tatsächlich schenkt Ihnen die Seelensprache die Fähigkeit, sich in diese Energie zu begeben, indem sie Ihnen ermöglicht, Ihr logisches Denken und Ihre Ego-Beteiligung beiseitezulassen. Sie verbinden sich mit dieser Reinheit. Dadurch wird nicht nur die Person, die Heilung erfährt, mit dieser sehr klaren Energie gesegnet, sondern auch Sie selbst. Ihr eigener Läuterungsprozess wird beschleunigt. Jedes Mal, wenn Sie Seelensprache verwenden und in der Lage sind, sich in diesen reinen Fluss des göttlichen Lichts zu begeben, läutern Sie jede Ebene Ihres Seins.

So werden Sie im Lauf der Zeit ein immer reinerer Botschafter und geben zunehmend höhere Frequenzen und Schwingungen an jene weiter, denen Sie dienen. Das ist eine große Ehre und ein hohes Privileg. Je reiner Sie werden – richtiger gesagt: je »gottähnlicher« Sie werden –, desto göttlicher werden Sie. Dann sind Sie in größerer Harmonie mit äußerst machtvollen Frequenzen und in Einheit mit dem Göttlichen und der Seelenwelt. Sie werden ein klareres Instrument. Sie werden auf den physischen, mentalen und emotionalen Ebenen

Ihres Lebens und Ihrer Seelenreise Klarheit und Reinheit erfahren. Die Klarheit wird es Ihnen ermöglichen, auf außerordentliche Weise in der Gegenwart des göttlichen Lichts zu sein. Ihre Seelensprache wird immer kraftvoller. Der von Ihnen geleistete Dienst wird zunehmend stärker ausstrahlen. Sie werden auf allen Ebenen Ihres Lebens gesegnet sein.

Sie mögen Bedenken haben, dass manche Menschen, denen Sie dienen möchten, sehr gebrechlich sind und die Energie zu viel für sie sein könnte. Das braucht Sie nicht zu bekümmern. Seelensprache passt sich von alleine an: Sie modifiziert die Intensität, mit der sie von den Empfängern aufgenommen wird. Sie selbst erfahren die Energie vielleicht mit großer Intensität, doch wenn der Mensch, dem Sie einen Heilungssegen vermitteln, diese Intensität nicht aushalten würde, wird er das empfangen, was für ihn verträglich und angemessen ist.

Viele meiner Schüler fügen ihren heilenden Segnungen die stille Bitte an das Göttliche und die Seelenwelt hinzu, dass der Heilungssegen so gegeben werden möge, wie er für den Empfänger angemessen ist. All die erwähnten Eigenschaften der angewandten Seelensprache machen ihren Einsatz bei Heilsegnungen sehr sicher. Sie brauchen sich keine Sorgen zu machen, dass daraus für diejenigen, denen Sie dienen möchten, irgendwelche Probleme entstehen. Sie brauchen auch keine Nebenwirkungen oder Verschlimmerungen zu befürchten. Die Seelensprache vermeidet all dies. Ich werde im Abschnitt über die Heilung anderer noch mehr darüber schreiben.

Sie haben die Kraft und die Macht, sich selbst zu heilen

In diesem Abschnitt möchte ich Ihnen die Lehren vermitteln, die den grundlegenden Teil meiner Mission bilden. Der erste und primäre Aspekt der Mission, die mir vom Göttlichen aufgetragen wurde, lässt sich in dem Satz ausdrücken: *Sie haben die Kraft und die Macht, sich selbst zu heilen.* Diese Aussage kann gar nicht genug betont werden. Ich hoffe, viele von Ihnen haben die Wahrheit der Aussage erfahren.

Manche mögen mit logischem Denken sagen: »Ja, das stimmt. Das ist offensichtlich«, doch ich möchte Sie bitten, mit Ihrer Auffassung nicht auf der Ebene des logischen Denkens stehen zu bleiben. Ich wünsche Ihnen, dass die Wahrheit der Aussage in Ihrem Herzen und in Ihrer Seele Widerhall findet.

Die These »*Sie haben die Kraft und die Macht, sich selbst zu heilen*« ist für Ihre Heilungsreise von zentraler Bedeutung – ebenso für Ihre Reise als Heiler oder Heilerin. Lassen Sie die Aussage in Ihrem Herzen und in Ihrer Seele strahlen und schwingen, dann werden Sie auch die Heilung eines Nächsten in der Überzeugung und aus der Erfahrung heraus angehen, dass er sich ebenfalls selbst heilen kann.

Diese Aussage ist eine wichtige Grundlage Ihrer Heilungsreise. Wenn Sie aus Erfahrung anerkennen, wie wahr sie ist, wird sich alles in Ihrem Leben rapide transformieren. Einer der bedeutendsten Gründe dafür: Diese Aussage, die man auch als Mantra betrachten kann, beruht auf meiner Ermächtigung, andere Menschen das Heilen zu lehren und sie zur Selbstheilung zu befähigen. Sie ist eng verknüpft mit dem, was das Göttliche sich für Mutter Erde wünscht, und aus dieser engen Verbindung entstehen eine Reihe von Heilungsmöglichkeiten und Segnungen.

Weil die oben genannte Aussage den ersten Teil der Mission darstellt, die mir das Göttliche übertragen hat, ist sie eine Art Einführung. Die Segnungen, die jene erfahren, welche die Lehre »*Sie haben die Kraft und die Macht, sich selbst zu heilen*« wirklich anwenden, sind äußerst vielfältig. Sie sind früh erwacht; Sie gehören zu den Pionieren. Sie haben nicht die Möglichkeit, sich an anderen zu orientieren, die bereits von den Vorzügen dieser Lehre profitiert haben. Sie zählen zu jenen, an denen sich andere später orientieren werden! Das scheint unwichtig zu sein, ist jedoch von großer Bedeutung.

Sie haben eine starke und machtvolle Verbindung zu meinem Heilkanal und zur »Heilquelle« des Göttlichen. Weil Sie bereit sind, diese Lehren anzunehmen und zu praktizieren, werden Sie mit einer Fülle von Segnungen belohnt, die alles übersteigt, was Sie sich vorstellen können. Ihre Seelenreise beschleunigt sich in erstaunlichem Maß. Auch das Vertrauen, das Sie zeigen, indem Sie die Lehren annehmen und praktizieren, wird überaus gesegnet. Diese letzte Behauptung mag manche von Ihnen überraschen, weil sie nicht das Gefühl haben, besonders viel Vertrauen aufzubringen. Es mag Bereiche geben, in denen Ihr Vertrauen sehr begrenzt ist, jedenfalls soweit Sie es wahrnehmen. Ich kann Ihnen jedoch versichern, dass Ihre Bereitschaft, zu den Ersten zu gehören, die diese Aussage akzeptieren und umsetzen, von großer Bedeutung ist.

Die Segnungen, die Sie empfangen, sind dauerhaft; Sie demonstrieren wirklich ein erstaunliches Vertrauen. Auch für Sie wird es immer offensichtlicher werden, welch wichtigen Aspekt Ihrer Seelenreise das Vertrauen bildet. Je mehr Sie das erkennen, desto größer wird Ihr Selbstvertrauen. Alle diese Segnungen entstehen, wenn Sie nach der Aussage leben: *Sie haben die Kraft und die Macht, sich selbst zu heilen.* Je mehr Sie diese Lehre leben, desto mehr werden Sie sie verkörpern. Sie werden den Menschen, die Sie schon länger kennen, gar nicht erst davon erzählen müssen, denn sie werden von alleine erkennen, dass in Ihrem Leben etwas Dramatisches geschehen ist. Viele werden Sie sogar fragen: »Was ist bei dir los?« Dann können Sie ihnen berichten, dass Sie diese Lehre praktizieren. Die Transformation, welche die anderen bei Ihnen beobachten können, wird die Übermittlung der Lehre vervollständigen.

Die Wohltaten und Segnungen, die Sie dabei erfahren, sind erstaunlich. Sie erfüllen bereits einen Dienst, wenn Sie Ihr Leben als ein Mensch leben, der heilt. Jeder, der Ihnen begegnet, wird durch die Lehre berührt, die Sie leben und manifestieren. Das mag manche von Ihnen überraschen, doch es ist nur ein weiteres Beispiel für die göttliche Großzügigkeit. Absolut alles, was Sie aus einer im Herzen empfundenen Antwort auf das Göttliche heraus tun, ist gesegnet und kehrt vielfältig zu Ihnen zurück. Wenn Sie die Lehre »*Sie haben die Kraft und die Macht, sich selbst zu heilen*« annehmen und leben, werden Sie auf jeder Ebene Ihres Lebens Segnungen erfahren.

Diese Lehre ist nicht neu. Neu ist nur der Ansatz für das Zeitalter des Seelenlichts. Die Verbindung mit der Seele beschleunigt den Heilungsprozess, weil die wahre Heilkraft die Heilungskraft der Seele ist. Mit der Macht der Seele wird der Heilungsprozess auf eine noch nie da gewesene Art integriert und vervollständigt. Vor allem die Verbindung zur Seele durch Seelensprache beschleunigt und vervielfältigt den Heilungsprozess auf eine Weise, dass er unmittelbar erfahren werden kann. Falls Sie keine unmittelbare Wirkung erfahren, brauchen Sie einfach mehr Zeit, um die Blockaden zu entfernen. Lassen Sie sich nicht entmutigen und vergleichen Sie sich nicht mit anderen.

Ich habe all dies bereits in diesem Buch erwähnt. Wenn Sie sich jetzt ein wenig frustriert oder entmutigt fühlen, blättern Sie zurück und lesen Sie die entsprechenden Abschnitte nochmals. Sie müssen diese Gefühle durchleben und in Licht transformieren. Ihre Fähigkeit dazu ist ein weiteres Beispiel für die Segnungen, die Ihnen zuteil werden, wenn Sie die Lehre »*Sie haben die Kraft und die Macht, sich selbst zu heilen*« annehmen und leben. Wenn Sie in Ihrem eigenen Leben Heilung manifestieren, haben Sie etwas sehr Positives getan. Schon ein altes Sprichwort sagt: »Taten zählen mehr als Worte.« Selbst ohne Worte wird Ihr Heilungsprozess ein so kraftvoller Lehrer sein, dass er viel Aufmerksamkeit erregt. Sie bilden mit den anderen »Pionieren« die Grundlage dafür, dass sich diese Lehre weit verbreiten kann.

Wenn Sie Seelensprache anwenden, um die Lehre in Ihr Sein zu integrieren, wird die Botschaft in die ganze Seelenwelt ausstrahlen. Denken Sie über diese Aussage einen Moment lang nach. Bewegen Sie sie in Ihrem Herzen und in Ihrer Seele. Ihr Heilungsprozess wird nicht nur für Ihren Bekanntenkreis, der über die Transformation Ihrer Gesundheit staunt, eine Lehre sein – er wird es für die ganze Seelenwelt sein. Die Wohltaten, die Ihnen zufließen, wenn Sie diese Art von Dienst schenken, sind unvorstellbar.

Der am besten zu beobachtende Nutzen wird die Transformation Ihrer körperlichen Gesundheit sein. Körperliche Veränderungen sind offensichtlich und leicht zu beschreiben. Medizinische Berichte und Testergebnisse machen Ihre Transformation greifbar.

Viele Menschen sind durch die zahlreichen alternativen Heilmethoden, die heutzutage zur Verfügung stehen, verwirrt oder misstrauisch geworden. Das ist verständlich, denn viele Heilmethoden sind tatsächlich fragwürdig. Und die fragwürdigsten Ansätze erzielen oft die größte Medienaufmerksamkeit. Deshalb haben viele Menschen Schwierigkeiten, neue Lehren über Heilung zu akzeptieren, vor allem, wenn es um einzigartige Therapien geht. Die meisten alternativen Heilmethoden verwenden konkrete Heilmittel wie Kräuter, Magnete oder Öle. Jeder dieser Ansätze hat seine Vorzüge. Viele davon waren in der Vergangenheit sehr hilfreich.

Der Unterschied zu heute besteht darin, dass wir jetzt im Zeitalter des Seelenlichts leben. Das bedeutet, dass es von höchster Bedeutung ist, sich mit der *Seele* des jeweiligen Gesundheitsproblems zu verbinden. Wenn diese Verbindung besteht, können erstaunliche Verbesserungen eintreten. Wenn Sie diese Verbindung herstellen, können Sie auch in großem Maß an meinem Heilungskanal Anteil haben. Die Lehre »*Sie haben die Kraft und die Macht, sich selbst zu heilen*« wird erstaunliche Mengen an Energie in Ihnen freisetzen. Dieser Satz eröffnet mannigfaltige Möglichkeiten, Ihrer Dankbarkeit Ausdruck zu verleihen.

Ich empfehle Ihnen sehr, im ersten Kapitel erneut den Abschnitt über Dankbarkeit zu lesen. So werden Sie die Segnungen, die in diesen Seiten enthalten sind, noch einmal erhalten; sie sind besonders mit Ihrer Fähigkeit zur Selbstheilung verknüpft. Diese Verbindung wird die Segnungen des Heilungsprozesses intensivieren und vervielfältigen.

»*Sie haben die Kraft und die Macht, sich selbst zu heilen*« kann auch als Mantra verwendet werden. Es wirkt auf vielen Ebenen. Wenn Sie es in Seelensprache übergehen lassen, werden Sie auf allen Ebenen Ihres Seins machtvoll gesegnet. Wenn Sie die Lehre als Mantra anwenden, halten Sie sie als einen kontinuierlichen Fluss den ganzen Tag über in Bewegung. Dadurch wird Ihr Tag zu einem Heilungsprozess. Sollten Sie irgendwann, während Sie durch Ihren Tagesablauf gehen, bemerken, dass Heilung gebraucht wird, erinnern Sie sich einfach an diesen Satz. Sagen Sie ihn viele Male vor sich hin. Sprechen Sie ihn mit der Erkenntnis, dass dies eine besondere und privilegierte Verbindung zu meinem Heilungskanal ist. Sie werden kraftvolle Transformationen erleben. Bei Gesundheitsproblemen, die noch nicht so lange bestehen, kann es sogar zur vollständigen Genesung kommen. Ihre Blockaden können ganz und gar entfernt und in die Präsenz von Heilungsenergie und Heilungslicht transformiert werden. All dies sind außergewöhnliche Wohltaten und Segnungen.

Wenn Sie diese Lehre annehmen und leben, verfügen Sie über eine Verbindung mit dem Göttlichen, die auf allen Ebenen Ihres Seins tief greifende Veränderungen bewirkt. Der Wandel beschränkt sich nicht nur auf Ihre körperliche Gesundheit; die erste und machtvollste Veränderung wird auf der Seelenebene geschehen. Ist Ihre Seele dann geheilt, geläutert und mit Licht erfüllt, vermittelt sie Ihrem Geist immer machtvollere Botschaften. Das ist in einem Zeitalter, in dem die Seele am Steuer sitzt, ein ganz besonderes Geschenk. Die Seele steuert alle anderen Aspekte von Ihnen. Wenn die Seele Ihrem Geist machtvollere Anweisungen geben kann, können Sie beschränkende Geisteshaltungen und Überzeugungen loslassen. Dann lassen Sie auch Gedankenmuster los, die sich auf die Begrenzungen Ihres körperlichen Daseins beziehen. Wird die Seele immer mehr zu einer Gegenwart des göttlichen Lichts in Ihrem Hier und Jetzt, dann gewinnt die göttliche Präsenz auch immer mehr Einfluss auf alle Bereiche dessen, wer Sie sind.

Im Zeitalter des Seelenlichts wird die Transformation der Seele leichter sein als zuvor. *Heile zuerst die Seele, dann wird die Heilung des Geistes und des Körpers folgen.* Ich habe zwar zuerst über die Heilung auf körperlicher Ebene gesprochen, doch eigentlich beginnt jede Heilung in der Seele. Wenn Sie die Lehre »*Sie haben die Kraft und die Macht, sich selbst zu heilen*« annehmen und manifestieren, verbinden Sie sich auf der Seelenebene mit dem Göttlichen. Je mehr Menschen die beeindruckenden Ergebnisse dieser Lehre manifestieren, desto umfassender wird die Wahrheit der Lehre öffentlich anerkannt. Das ist die Botschaft, die wir nach dem Wunsch des Göttlichen in dieser Zeit auf Mutter Erde erfahren sollen. Sie sind ein Botschafter des Göttlichen. Das ist eine außerordentliche Ehre und ein Privileg.

Ihre Bereitschaft, ein Botschafter zu sein, wird in höchstem Maß gesegnet. Ihre Seelenreise und Ihr Seelenrang wachsen bedeutender an, als Sie es sich vorstellen können. Alles, was ich über die Heilung auf der körperlichen Ebene gesagt habe, gilt auch für die Heilung der Seelenebene. Manche Ihrer Bekannten werden schon bemerkt haben, dass sich auch auf der Seelenebene etwas verändert. Sie können vielleicht nicht genau beschreiben, was es ist, aber sie spüren, dass etwas in Ihnen anders ist. Wenn jemand diesen Eindruck zur Sprache bringt, ist das für Sie eine wundervolle Gelegenheit, die Lehre »*Sie haben die Kraft und die Macht, sich selbst zu heilen*« weiterzugeben.

Manche aus Ihrem Freundes- und Bekanntenkreis werden dankbar sein, wenn sie die Lehre hören. Manche spüren in ihrer Seele ein großes Verlangen nach dieser Lehre und ihren Segnungen. Diese Seelen haben seit langer Zeit auf die Lehre gewartet, in diesem Leben und in vorigen Leben. Die Freude und Dankbarkeit, die diese Menschen dann auf der Seelenebene erleben, wird sehr bewegend sein. Durch Sie gelangt Heilungsenergie in ihr Leben, einfach indem Sie anwesend sind. So werden Sie selbst zur Lehre. Wenn Sie darüber hinaus eine Erklärung geben, wird die Lehre kraftvoller und die Seelen antworten noch stärker darauf. Vielleicht können Sie manchen Ihrer Freunde sogar mittels Seelensprache einen Heilungssegen schenken: Er wird in deren Seelen unglaubliche Freude und Dankbarkeit freisetzen und der Anfang eines kraftvollen Umwandlungsprozesses sein.

Ihre Bekannten und Freunde werden sich verändern; manche werden anfangen, sich mit der Mission der *Seele Geist Körper Medizin* zu verbinden. Das wird für Ihre Freunde und für Sie selbst ein großer Segen sein. Wie auch immer sie jedoch reagieren: Bereits die Tatsache ist wichtig, dass Sie ein Botschafter dieser Lehre sind und dass die Seelen der anderen also eine Möglichkeit haben, sie kennenzulernen. Was dabei herauskommt, ist eher zweitrangig. Die Ergebnisse haben mit Ihnen persönlich sehr wenig zu tun. *Die Bemühungen liegen an Ihnen, doch die Ergebnisse sind in Gottes Hand.* Diese Erkenntnis ist eine weitere Möglichkeit, sich von irgendwelchen Erwartungen zu befreien. Das Ergebnis ist nicht Ihre Sache, deshalb können Sie ganz entspannt damit umgehen, wann, wie und wem Sie die Ideen vorstellen. Sie können sie als Geschenke präsentieren. Ob jemand das Geschenk annimmt oder nicht, ist nicht Ihre Sache.

Allein das Geschenk zu präsentieren ist ein wichtiger Dienst. Je häufiger Sie die Lehre »*Sie haben die Kraft und die Macht, sich selbst zu heilen*« vorstellen, desto öfter wird diese Lehre zum Geschenk. Wenn immer mehr Menschen dieses Geschenk anbieten, werden sich das Licht und die Heilung, die mit dieser Lehre einhergehen, vervielfältigen. Es wird ein Tag kommen, an dem es nichts Ungewöhnliches mehr ist, die Wahrheit dieser Lehre zu manifestieren.

Alles, was ich über die Heilung der Seele gesagt habe, gilt für die Heilung des Geistes. Auch Ihre Geisteshaltungen und Überzeugungen werden sich allmählich transformieren. Sie werden sich von Beschränkungen und Mustern lösen, die bislang zu Ihrem Leben gehörten. Das Loslassen wird Ihnen auf vielen Ebenen Ihres Seins großen Gewinn bringen. Ihre lichtvollen und befreienden Erfahrungen werden wundervoll sein. Wenn Ihre Bekannten merken, wie flexibel Sie seit Neuestem sind, werden sie sich ein Beispiel nehmen. Auch das ist ein großer Dienst, den Sie erweisen. Er wird Ihnen ein hohes Maß an spirituellen Werten bescheren.

Achten Sie darauf, dass es einen gegenteiligen Effekt hat, etwas zu tun, um diese Werte anzuhäufen! Die Absicht erzeugt nämlich Barrieren und Blockaden, weil Sie sich dann nicht bedingungslos einlassen. Nur bedingungsloser Dienst wird Ihnen dieses hohe Maß an Spiritualität einbringen.

Vielleicht fällt Ihnen die Differenzierung schwer: Einerseits werden spirituelle Werte verliehen; andererseits sollen diese Werte nicht Antrieb Ihres Tuns sein? Wenn dem so ist, liegt es daran, dass Sie mit logischem Denken an die Sache herangehen. So werden Sie jedoch keinen Durchblick gewinnen. Verbinden Sie sich lieber mit der Seele Ihrer Verwirrung. Tun Sie es jetzt. Verbinden Sie sich mit der Seele Ihrer Verwirrung und sprechen Sie ein paar Minuten lang Seelensprache. Wenn Sie damit fertig sind, empfinden Sie wahrscheinlich Frieden und Gelassenheit. Ihre Verwirrung hat sich verwandelt. Sie wird jedoch nicht ganz verschwunden sein, weil sie ein Zeichen dafür ist, dass Sie bestimmte Geisteshaltungen und Überzeugungen loslassen müssen.

Das große Geschenk Ihrer Verwirrung: Sie macht Ihnen bewusst, dass Sie diese Einstellungen noch loslassen müssen. Und Sie verfügen über ein Werkzeug, mit dem Sie das tun können: Seelensprache kann die Veränderungen schnell, leicht und schmerzfrei bewirken. Schnell, leicht, schmerzfrei – diese Wörter beschreiben auf wundervolle Art, wie sehr Sie vom Göttlichen gesegnet sind, wenn Sie sich auf die Lehre »*Sie haben die Kraft und die Macht, sich selbst zu heilen*« einlassen. Das mag egozentrisch klingen. Doch das Geheimnis dieser Lehre ist, wie Sie vielleicht schon herausgefunden haben, dass sie eben nicht egozentrisch, sondern *seelenzentrisch* oder *seelenzentriert* ist. »*Sie haben die Kraft und die Macht, sich selbst zu heilen*« ist ein klarer Ausdruck meiner Mission. Meine Mission führt alle Seelen, die dazu bereit sind, zu den höchsten Ebenen ihrer Seelenreise. Wenn Sie die Lehre annehmen und leben, haben Sie sich in den Bereich der Seele und der Seelenheilung begeben. Ihre Seele hat begonnen, Ihr Leben auf eine Weise zu steuern, die machtvoller ist, als Sie sich vorstellen können. Diese Seelenverbindung transformiert jeden Aspekt Ihres Lebens.

Anderen, die noch zögern, werden Sie mitteilen können: »Ich weiß, dass es möglich ist, weil ich es erlebt habe.« Es gibt kaum etwas Überzeugenderes als persönliche Erfahrungen. Wahrscheinlich kennen auch Sie Szenen aus Ihrem Leben, wo Sie bereit waren, etwas auszuprobieren, weil es Ihnen jemand vorgemacht hatte. Wenn jemand zu Ihnen sagt: »Das klingt unglaublich«, oder: »Das funktioniert vielleicht bei anderen, aber sicher nicht bei mir«, und Sie antworten: »Ich verstehe Sie«, dann ist das eine wunderbare Sache. Es ist schon heilsam, wenn jemand am Anfang seiner Heilungsreise zwar zögerlich ist, aber bei jemandem auf Verständnis stößt. Das ermöglicht es dem Zögernden, sich leichter auf die Lehre einzulassen. Es bringt Licht in den Zweifel. Wenn Sie auf diese Weise anderen helfen, erleben Sie eindrucksvolle Veränderungen, und die Dankbarkeit, die Sie erfahren, wird transformierend sein.

So wird die Dankbarkeit noch mehr Raum in Ihrem Leben einnehmen. Inzwischen begreifen Sie wahrscheinlich noch besser, was ich mit der Metapher des Schneeballs meinte, der den Hügel hinabrollt. Je mehr Sie die Lehre »*Sie haben die Kraft und die Macht, sich selbst zu heilen*« annehmen und mit Leben erfüllen, desto schneller rollt der Schneeball den Hügel hinab. Das Wundervolle an diesem

Hügel ist, dass er nie aufhört. Der Schneeball kann immer größer und größer werden. Für die Verbesserungen, die Sie auf seelischer, geistiger und körperlicher Ebene erfahren, ist kein Ende absehbar.

Das gilt auch für die Ebene der Gefühle. Sie werden erfreut feststellen, dass Ihre emotionale Ebene schnell ins Gleichgewicht kommt. Das liegt daran, dass die wichtigsten Emotionen mit bestimmten Organen verbunden sind.

- Die Leber steht mit der Emotion der Wut und des Ärgers in Verbindung.
- Das Herz steht mit Niedergeschlagenheit und ängstlicher Sorge in Verbindung.
- Die Milz steht mit Verzagtheit und der Neigung, sich Sorgen zu machen, in Verbindung.
- Die Lungen stehen mit Kummer und Trauer in Verbindung.
- Die Nieren stehen mit Furcht in Verbindung.

Wenn jedes Organ gestärkt und lichtvoller wird, transformieren sich auch die damit zusammenhängenden Emotionen. Ärger und Wut werden zu Frieden und Ruhe. Niedergeschlagenheit und Unruhe werden zu Freude und Zufriedenheit; Verzagtheit und Besorgnis zu Gelassenheit. Kummer und Trauer transformieren sich zu einer neuen Qualität von Freude. Angst verwandelt sich in Selbstvertrauen und echten Mut.

Es liegt auf der Hand, dass es von Vorteil ist, wenn sich diese Emotionen in Licht und Energiequellen verwandeln, statt weiterhin Beschränkungen und Energielecks zu sein. Die Transformation Ihrer Emotionen führt im Gegenzug zu gesünderen Organen. Wenn Sie sich psychotherapeutisch oder auf andere Weise begleiten lassen, empfehle ich Ihnen, damit weiterzumachen. Sie werden merken, wann der Zeitpunkt gekommen ist, dass Sie die Unterstützung nicht mehr benötigen. Auch Ihre therapeutische Begleitung wird es bemerken. So werden Sie die Beziehung in Übereinkunft zur angemessenen Zeit beenden können; es ist sehr wichtig, dass es in beiderseitigem Einverständnis geschieht.

Wenn Ihre Heilung auf der Ebene der Seele, des Geistes und des Körpers weiter fortschreitet, wenn Ihre Gesundheit auf diesen Ebenen immer vollständiger wird, können Sie auch Ihren Mitmenschen Heilsegnungen anbieten. Sie werden ein immer reinerer und klarerer Botschafter. Sie werden anderen auf kraftvolle Weise helfen. Sie werden sie dabei unterstützen, mehr Selbstvertrauen zu entwickeln, damit sie ebenfalls die Kraft und die Macht haben, sich selbst zu heilen. Es ist ein enormer Segen und sehr kostbar, auch nur einer einzigen Person zu helfen, dieses Selbstvertrauen zu entwickeln. Es ist, als schenke man einem anderen Menschen das Leben – als werde er neu geboren. Es ist für Sie ein großes Privileg und eine Ehre, an diesem Prozess teilhaben zu dürfen. Diese Art des Dienens ist eine direkte Teilnahme am Dienst des Göttlichen.

Dies sind einige der wichtigsten Vorzüge, die sich ergeben, wenn Sie die Lehre »*Sie haben die Kraft und die Macht, sich selbst zu heilen*« in Ihrem Leben umsetzen. Jetzt, da Sie die Lehre schätzen gelernt haben, sind Sie bereit, Ihre Fähigkeit zur Seelensprache auch zur Heilung Ihrer Mitmenschen anzuwenden.

Andere heilen

Ihre Fähigkeit, andere zu heilen, wird durch die Anwendung von Seelensprache sehr verstärkt. Ihre Präsenz als göttliche Heilungsenergie unterstützt den Heilungsprozess Ihres Klienten. (Ich werde die zu heilenden Personen hier als Klienten bezeichnen, obwohl es sich dabei natürlich auch um einen Freund, eine Freundin oder um Verwandte handeln kann.)

Die Verwendung von Seelensprache zur Unterstützung Ihrer Klienten bewirkt all die zuvor beschriebenen Vorzüge. Durch Seelensprache werden Sie zur körperlichen Präsenz und zum Klang der göttlichen Heilungsenergie. Wenn Sie Seelensprache für Ihre Klienten verwenden, merken Sie vielleicht, dass Ihre Seelensprache bei jedem anders ist. Das liegt daran, dass die benötigte Heilungsenergie von Person zu Person variiert. Die Seelenreise jeder Person ist anders. Wenn Sie die Unterschiede bemerken, achten Sie darauf, wie Sie sie erfahren. Das wird Ihnen helfen, jeden Klienten besser zu unterstützen.

Auf der Seelenebene ist Ihnen bewusst, was Ihr Klient braucht. Sie werden dankbar sein, dass sich Ihre Seelensprache auf die Bedürfnisse jedes Klienten einstellt. Sie werden nicht nur von Person zu Person einen Unterschied bemerken, sondern auch bei jedem Besuch desselben Klienten. In jedem Augenblick gibt es Veränderungen. Ständig verschieben sich Energien. Das bedeutet, dass sich jeder Mensch ständig verwandelt und heilt.

Das gilt auch für jedes Organ. Wenn Sie zum Beispiel einem Klienten, der von Niedergeschlagenheit geplagt wird, eine Heilsegnung geben, wissen Sie, dass das Herz betroffen ist. Ihre Seelensprache wird wahrscheinlich anders klingen, als wenn Sie es mit jemandem zu tun haben, der sich ärgert oder wütend ist – was mit der Leber zusammenhängt. Entsprechendes gilt für jedes Organ und für jede Krankheit. Die Veränderungen im Klang Ihrer Seelensprache haben unmittelbar damit zu tun, an welches Organ oder welche Krankheit der Heilungssegen gerichtet ist.

Im weiteren Verlauf dieses Buches gehe ich noch auf die Übersetzung der Seelensprache ein. Ich möchte an dieser Stelle nur erwähnen, dass sich die Botschaften bei einer Übersetzung direkt auf den Heilungssegen beziehen, den Sie gerade geben. Die Lehren betreffen das Organ oder die jeweilige Krankheit. Manchmal ist es für den Klienten hilfreich, eine Übersetzung Ihrer Seelensprache zu bekommen. Manche Klienten profitieren davon, sich all der Lehren, die sich auf ihr gesundheitliches Problem beziehen, auch bewusst zu sein. Auf jeden Fall können die Variationen Ihrer Seelensprache Sie mit wundervoller Weisheit und Ratschlägen zur Heilung Ihrer Klienten versorgen.

Angenommen, Ihr Klient ist wütend, dann wirkt es sich auf seine Leber und Gallenblase aus. Die Erkenntnis, warum er wütend ist, wird ihm nützen. Sie unterstützt und stärkt ihn dabei, die mit der Wut verbundenen Erinnerungen loszulassen, sodass er die Heilung auf die nächste Ebene bringen kann, indem er sich in einen Zustand der bedingungslosen universalen Vergebung versetzt. Wenn sich dieser Mensch des Ursprungs seiner Wut (seiner Niedergeschlagenheit oder Angst etc.) bewusst wird, muss er in fast jedem Fall bedingungslose universale Vergebung anbieten.

Manche Klienten werden für diese Gelegenheit sehr dankbar sein. Dabei akzeptieren sie bereitwillig die Verbindung zwischen den Themen, die der Vergebung bedürfen, und deren körperlicher Manifestation als Krankheit. Andere Klienten werden nicht dafür bereit sein. Bitte achten Sie die unterschiedliche Bereitschaft Ihrer Klienten. Führen Sie jene, die noch nicht so weit sind, Schritt für Schritt an die Bereitschaft heran. Das kann zum Beispiel geschehen, indem Sie ihnen helfen, Veränderungen zu würdigen, die auf der körperlichen Ebene spürbar sind. Werden diese Veränderungen angemessen gewürdigt, können Sie leichter auf die Verbindung zwischen den körperlichen Symptomen und den mit den jeweiligen Organen zusammenhängenden Emotionen hinweisen.

Jetzt sagen Sie vielleicht: »Meine Klienten haben keine Probleme, die mit irgendeinem Organ zusammenhängen. Viele kommen mit Rückenschmerzen oder Knieproblemen. Manche haben vielleicht auch Schwierigkeiten mit ihren Sehnen.« Doch all dies sind Manifestationen von Blockaden in bestimmten Organen. Wenn es Probleme mit den Muskeln gibt, dann geht es um Milz und Magen. Wenn in den Knien Beschwerden auftauchen, geht es ebenfalls um Milz und Magen. Bei den Sehnen ist die Leber betroffen. Die fünf Hauptorgane, die ich zuvor erwähnt habe (Leber, Herz, Milz, Lungen und Nieren), sind mit all den wichtigen Systemen des Körpers verknüpft.

Sie können sich sogar mittels Seelensprache mit den Bedürfnissen Ihres Klienten verbinden, bevor er überhaupt bei Ihnen ist. Das dauert nur einen Augenblick. Vielleicht gehört es bereits zu Ihrer Praxis, aber falls Sie noch nicht daran gedacht haben: Die Anwendung von Seelensprache vor der Ankunft Ihres Klienten macht Ihre Heilarbeit sehr viel kraftvoller und effektiver, weil sie alle an der Heilung beteiligten Seelen in Harmonie bringt. Dann ist bereits vor dem Eintreffen Ihres Klienten die gesamte Seelenwelt mit ihrer ganzen Heilungsenergie anwesend. Ihr Klient wird also direkt von diesem außerordentlichen Energiefeld empfangen.

Sobald Ihr Klient den Raum betritt, beginnt die Heilung damit, dass seine Seele diese Segnungen aufnimmt. Sie werden wahrscheinlich erleben, wie sich die Beschwerden Ihrer Klienten in enormer Geschwindigkeit verbessern, wenn Sie anfangen, regelmäßig Seelensprache zu verwenden. Auch Ihre Klienten werden einen großen Unterschied bemerken, wenn sie bei Ihnen ankommen, um Heilungssegen zu empfangen. Viele werden anderen davon erzählen, sodass Sie allein durch Mund-zu-Mund-Empfehlung sehr viel mehr zu tun bekommen. Der Verwendung der Seelensprache zur Heilung eines Nächsten sind keine Grenzen gesetzt. Nutzen Sie Ihre schöpferische Vorstellungskraft, um weitere Möglichkeiten zu entdecken! Nutzen Sie die Seelensprache, um alle Ihre Ideen umzusetzen, anderen auf ihrer Heilungsreise zu helfen. Jedes Mal, wenn Sie das tun, dienen Sie anderen bedingungslos und universal.

Diese Praxis hilft Ihnen und allen, denen Sie dienen. Seelensprache ist nicht nur ein Instrument, ein Segen und eine tiefe Verbindung mit der ganzen Seelenwelt und dem Göttlichen; Seelensprache ist auch ein universaler Diener. Wenn Sie Seelensprache so betrachten, wird Ihre Fähigkeit, anderen auf ihrer Heilungsreise zu helfen, deutlich zunehmen. Das wird sowohl für Sie als auch für alle, die zu Ihnen kommen, um Heilsegnungen zu empfangen, ein großer Segen sein. Es wird eine besondere Ehre und ein Privileg sein, auf diese Weise mit Seelensprache zu arbeiten.

Fernheilungen

Alles was ich über die Heilung eines Nächsten gesagt habe, gilt auch für Fernheilungen. Der größte Unterschied besteht einfach darin, dass der Klient nicht direkt vor Ihnen ist. Sie bereiten sich genauso vor und gehen auf die Bedürfnisse Ihres Klienten in gleicher Weise ein. Vielleicht möchten Sie die Fernheilung per Telefon geben, damit Ihre Verbindung zum Klienten etwas direkter ist. Möglicherweise entscheiden Sie sich aber auch für einen Zeitpunkt, zu dem Ihr Klient sich ruhig hinsetzt, um den Heilungssegen ohne direkte Anweisungen zu empfangen.

Alle diese Ansätze können hilfreich sein, aber sie sind nicht notwendig. Wenn Ihr Klient das Gefühl hat, es helfe ihm, eine unmittelbare Verbindung mit Ihnen zu haben, dann gehen Sie darauf ein.

Hat Ihr Klient dieses Bedürfnis nicht, gibt es zahlreiche andere Wege der Fernheilung. Am einfachsten könnte es sein, wenn Sie in Ihrem Tagesablauf eine bestimmte Zeit reservieren, um Fernheilungen anzubieten.

Zuweilen möchten Sie vielleicht einer Person eine Fernheilung zugutekommen lassen, die nichts davon weiß. Handelt es sich dabei um einen Verwandten oder einen guten Freund, ist das meistens völlig in Ordnung.

Wenn Sie sich unsicher sind, ob es angemessen ist, einen Heilungssegen zu senden, können Sie die Seele der jeweiligen Person fragen, ob sie einverstanden ist. Die meisten von Ihnen werden daraufhin sofort in Ihrer Seele ein Ja oder Nein hören. Falls Sie diese Art von Antwort nicht empfangen, können Sie Ihrem Heilungssegen die Kondition »... wenn es angemessen ist« hinzufügen. Das kann zum Beispiel so klingen:

»Liebe Seele, lieber Geist und lieber Körper von Nancy, ich liebe euch. Liebe Seele, lieber Geist und lieber Körper von Nancys schmerzendem Rücken, ich liebe euch. Ihr habt die Kraft und die Macht, euch selbst zu heilen. Macht eure Sache gut. Ich möchte euch einen Heilungssegen schicken, wenn es angemessen ist. Liebe Seele, lieber Geist und lieber Körper meiner Seelensprache, wenn es für Nancy angemessen ist, diese Heilung zu empfangen, bitte lasst sie davon profitieren. Falls es nicht angemessen ist, sendet bitte diesen Heilungssegen zu jenen, die ihn benötigen und bereit sind, ihn zu empfangen. Vielen Dank.«

Sprechen Sie dann weiter in Seelensprache. Beenden Sie den Heilungssegen, indem Sie »*Hao, Hao, Hao*« sagen, das bedeutet: »Großartig, sei vollkommen, sei gesund und stark.« Alle positiven Wünsche sind in diesem einen Wort enthalten. Und zum Abschluss sagen Sie: »*Danke, danke, danke*«, um Ihrer Dankbarkeit Ausdruck zu verleihen.

Es ist möglich, verschiedenen Leuten gleichzeitig Heilsegnungen zu schicken. Dazu nennen Sie deren Namen und bitten Ihre Seelensprache, all den Genannten einen Heilungssegen zu schicken. Wenn

Sie um die speziellen Probleme der Menschen wissen, können Sie sie ebenfalls benennen. Andernfalls bitten Sie einfach Ihre Seelensprache, den jeweils angemessenen Heilungssegen zu senden, der zu diesem Zeitpunkt am dringendsten benötigt wird. Wenn Ihr drittes Auge offen ist, werden Sie die Bereiche erkennen, die blockiert sind oder mehr Licht und Energie brauchen. Wenn Sie es nicht sehen, bitten Sie Ihre Seelensprache: »Bitte sende diesen Segen dahin, wo er am dringendsten benötigt wird – so wie es angemessen ist.« Selbst wenn Sie mit Ihrem dritten Auge sehen, ist es immer gut, Ihre Seelensprache zu bitten, die Segnungen zu geben, die aus ihrer Perspektive am nötigsten sind.

Es gibt einen weiteren Satz, von dem Ihre Klienten sehr profitieren können: »*Bitte breite deinen Heilungssegen auf alle Ebenen aus: die körperliche, die emotionale, die geistige und die Seelenebene.*« Wenn Sie diesen Satz hinzufügen, nachdem Sie die Bereiche identifiziert haben, die der Heilung bedürfen, wird Ihr Heilungssegen noch stärker und wirkungsvoller. So helfen Sie Ihren Klienten auch, auf ihren Seelenreisen voranzuschreiten. Dies kann zu tiefen und eindrucksvollen Transformationen führen. Und all dies geschieht aus der Ferne!

Wenn Sie diese Techniken bereits anwenden, wird die Lektüre des Kapitels Ihre Fähigkeiten verstärken. Wie des Öfteren gesagt, empfangen Sie viele Segnungen, während Sie die Lehren lesen. Der Segen wird Ihre Heilkräfte und Ihren Seelenrang stärken und erweitern. Er verändert die Qualität Ihrer Heilkräfte. Ihr intuitives Verständnis dieser Dinge wird sich jedes Mal, wenn Sie dieses Kapitel lesen, auf eine neue Ebene erheben. Die Qualität des Lichts, der Liebe, des Mitgefühls, der Vergebung sowie andere göttliche Qualitäten, die mit Ihrer Seelenreise und Ihren Heilkräften zu tun haben, werden höher schwingen – ein enormer Segen für Sie und Ihre Klienten.

4

Seelensprache als Dienst

Die Vorstellung von Seelensprache als Dienst mag Ihnen neu sein. Doch wenn Sie Seelensprache verwenden, erweisen Sie damit tatsächlich einen großen Dienst. Ich habe ja bereits darauf hingewiesen, dass Seelensprache ein bedingungsloser universaler Diener ist. Ich erkläre das in diesem Kapitel noch ausführlicher, weil es wichtig ist. Ich hoffe, Sie behalten diese Lehre in Ihrem Bewusstsein. Je mehr Sie Seelensprache als bedingungslosen universalen Dienst begreifen, desto mehr werden Sie und andere davon profitieren. Die Wohltat der Seelensprache wird sich vervielfältigen und über die ganze Erde und darüber hinaus ausstrahlen. Sie wird sogar für viele Leben, die Ihnen völlig unbekannt sind, ein Segen sein.

Diese Art von Dienst zu erweisen ist ein besonderer Segen, denn er stellt eine »Yin-Tugend« dar. Das heißt, er wird nicht wahrgenommen und nicht anerkannt. Yin-Tugenden bereichern Ihre Seelenreise außerordentlich. Werden Ihre Aktivitäten öffentlich anerkannt, und sei es nur von einer geringen Anzahl von Leuten, haben Sie bereits den größten Teil Ihres Lohns erhalten. Wenn sie jedoch nicht anerkannt werden, empfangen Sie den gesamten Lohn in Form spiritueller Werte oder, anders ausgedrückt, als positives Karma. Das führt zu erstaunlichen Segnungen für Sie. Und wenn Ihnen mehr Segen zuteil wird, empfängt auch jeder in Ihrer Umgebung mehr Segen. Der Dienst ist dann wiederum ein noch größerer und bewirkt noch mehr Tugend. Sie haben dies möglicherweise noch nie bedacht; dennoch ist es ein weiteres Beispiel für die außergewöhnliche Großzügigkeit des Göttlichen.

Es ist auch ein Beispiel für die Harmonie und Einheit aller Seelen.

Was einer Seele widerfährt, kann viele andere beeinflussen. Ist Ihre Seelenreise der wichtigste Aspekt Ihres Lebens, dann dienen Sie noch mehr, weil alles, was sich in Ihrer Seelenwelt ereignet, viele andere beeinflusst. Es wirkt nicht nur auf alle, mit denen Sie in Kontakt stehen, sondern auch auf Menschen, die Ihnen fremd sind, und selbst auf jene, die zu einer ganz anderen Zeit gelebt haben. Dieses Phänomen gehört zur wahren Bedeutung des universalen Dienstes.

Wenn Sie Seelensprache praktizieren, um sich einfach daran zu erfreuen, unterstützen Sie schon zahlreiche Seelen bei ihrer Transformation zum Licht. Viele von Ihnen, die meine Rolle als göttlicher universaler Lehrer, Heiler und Diener kennen, haben eine Ahnung davon, in welchem Ausmaß ich diene. Mein Dienst strahlt aus und umfasst Mutter Erde, unser Universum, alle Universen, alle Seelen (auch die der größten Heiligen) in *Jiu Tian (neun Ebenen des Himmels,* mit denen die meisten Menschen vertraut sind) und in *Tian Wai Tian (Himmel jenseits des Himmels).* Wenn Sie mit meiner Mission verbunden sind, strahlt auch Ihr Dienst weit über das hinaus, was er ohne die Verbindung mit meinen Lehren erreichen würde.

Ich hoffe, diese Lehre hilft Ihnen, das Wesen und die Reichweite des universalen Dienstes noch besser zu verstehen. Wann immer eine neue Lehre Teil Ihres Bewusstseins wird, wird sie zu einem wichtigen Teil Ihres Tuns und Handelns. Die Verwendung von Seelensprache wird zunehmend Wissen und Weisheit in Ihre bewusste Wahrnehmung bringen. Seelensprache wird Ihnen helfen, die Tore zu einigen der erstaunlichsten Weisheiten des Universums zu öffnen. Sie kann Sie mit sehr alten, heiligen Weisheiten verbinden, die noch nicht offenbart wurden. Diese Weisheit zu erlangen, sie zu leben und zu sein, ist ebenfalls ein Dienst, der weit über Ihr eigenes Leben hinausstrahlt und anderen auf ihrer Seelenreise hilft. Den Möglichkeiten sind keine Grenzen gesetzt, denn wenn Sie sich in den Bereich der höchsten Heiligen und des Göttlichen begeben, sind Sie im Reich des Unendlichen.

Es ist faszinierend, zu erkennen, dass alles, was Sie für Ihre eigene Seelenreise tun, zugleich vielen anderen Seelen dient. Diese »Nebenwirkungen« sind nur wohltuend. Wenn Sie noch immer darum ringen, Ihre Seelensprache hervorzubringen, hoffe ich, dass meine Worte Sie inspirieren mögen, mit dem Üben fortzufahren. An dieser Stelle des Buches angelangt, ist der Erfolg zum Greifen nah, auch wenn das Üben für Sie mühselig sein mag. Fast jeder von Ihnen wird Erfolg haben. Wenn dem nicht so ist, kehren Sie zu meinen Ausführungen zurück, wie man Seelensprache entwickeln kann, und empfangen Sie nochmals den Segen dieser Seiten. Die Öffnung Ihrer Seelensprache ist der Zugang zu all den Schätzen, die ich in diesem Buch beschreibe.

Kommunikation mit der Seelenwelt

In diesem Abschnitt werde ich mit den im ersten Kapitel begonnenen Lehren über die Bedeutsamkeit und den Sinn der Kommunikation mit der Seelenwelt fortfahren. Wie bei allem, das mit der Seelenwelt zu tun hat, ist es unmöglich, eine vollständige Erklärung zu geben. An dieser Stelle will ich mich dem Thema unter dem Gesichtspunkt des Dienens nähern.

Ein Aspekt der Seelensprache und der Verbindung mit der Seelenwelt ist – aus der Perspektive des Dienens – ihr Einsatz zugunsten der Heilung, wie im dritten Kapitel beschrieben. Ein weiterer Dienst der Seelensprache besteht darin, Seelen einen Heilsegen zu geben, die das irdische Leben hinter sich gelassen haben. Mittels Seelensprache hilft man jenen sehr wirkungsvoll, die diesen Übergang vollzogen haben. Wenn Sie diese Art von Dienst anbieten, ist es sehr wichtig, immer hinzuzufügen: »... wenn es angemessen ist«, oder: »... für diejenigen Seelen, die dazu bereit sind.«

Es gibt Seelen, deren Karma so mächtig ist, dass Sie vielleicht nicht über genügend spirituelle Tugenden verfügen, um diesen Seelen durch Ihre Seelensprache Segen zukommen zu lassen. Damit Sie Ihre spirituellen Kräfte nicht erschöpfen, sollten Sie daher eine der oben genannten Bedingungen hinzufügen. Sie sollten sich auch bewusst sein, dass manche Menschen ihr Karma selbst läutern müssen. Es ist nicht angemessen, sich hinsichtlich dieser Seelen in den göttlichen Plan einzumischen. Die Wesen, die ein solches Karma mit sich nahmen, als sie Mutter Erde verließen, müssen es eine gewisse Zeit lang tragen. Zeit hat in der Seelenwelt unterschiedliche Bedeutungen. Uns mag das hart erscheinen, doch die Lasten des Karmas bieten auch eine Gelegenheit, wichtige Lektionen zu lernen. Wenn ein Wesen eine karmische Schuld begleichen muss, hat es diese Lektionen vielleicht in seinem Erdenleben verpasst.

Manche Wesen haben die Lektion vielleicht nicht verpasst, sondern absichtlich missachtet. Sie müssen sie nachholen, damit sie an der Reise ins Licht teilnehmen können. Aus diesem Blickwinkel erscheint diese »Regel« nicht streng, sondern im Gegenteil sehr großzügig. Das Göttliche bietet den Wesen immer wieder die Chance, zu lernen, was für ihre Transformation ins Licht und für die Entwicklung ihres Seelenranges so notwendig ist. Daher ist es unangemessen, wenn Sie in solchen Fällen Heilsegnungen durch Ihre Seelensprache anbieten.

Manch einer fühlt sich vielleicht mit dieser Lehre immer noch unwohl oder reagiert auf andere Art und Weise darauf – eine gute Gelegenheit für Sie, den Empfindungen nachzuspüren. Folgen Sie meinem Vorschlag: Wenden Sie Seelensprache auf Ihre Reaktion an. Achten Sie gut auf alles, was dabei auftaucht. Es werden sehr hilfreiche und nützliche Informationen sein. Dabei wird es oft darum gehen, frei von persönlichen Bindungen und Erwartungen zu sein.

Wer stark reagiert, ist besonders gesegnet. Wer nicht auffällig reagiert, mag die Segnungen bereits empfangen und diese Art von persönlicher Bindung bereits hinter sich gelassen haben. Egal zu welcher Gruppe Sie gehören – vielleicht haben Sie etwas von beiden –, denken Sie an meine Erläuterungen über das Vergleichen. Falls Sie stark reagieren, empfehle ich Ihnen, die Passagen über persönliche Bindungen und Erwartungen nochmals zu lesen, damit sie für Sie zu einer Lichtquelle werden.

Manch einer von Ihnen mag inzwischen ein wenig verärgert sein und überhaupt keine Lust haben, meinem Vorschlag zu folgen und die entsprechenden Abschnitte nochmals zu lesen. Solche Reaktionen signalisieren sehr deutlich, dass das nochmalige Lesen dieser Passagen genau das ist, was das Göttliche und die ganze Seelenwelt von Ihnen wünscht. Vielleicht möchten Sie sich ein wenig Zeit lassen, bevor Sie es tun. Sie können Seelensprache chanten, um sich in einen ruhigen, friedvollen Zustand zu versetzen, bevor Sie die Abschnitte erneut lesen. Wenn Sie jene Seiten wiederholt lesen, werden sie zu einem Teil von Ihnen. Wenn Sie die Segnungen jener Lehren nochmals empfangen haben, können Sie an dieser Stelle hier weiterlesen.

Um meine Lehren über Menschen mit schwerem Karma abzuschließen, möchte ich darauf hinweisen, dass es zu dieser Zeit auf Mutter Erde Meister und Lehrer mit überaus großen und kraftvollen spirituellen Verdiensten gibt: Sie sind vom Göttlichen bevollmächtigt, auch jenen Seelen Lichtsegen anzubieten, die mit schwerem Karma aus dem Leben geschieden sind. Das Göttliche lässt keine Seele im Stich. Doch die Wesen, die diese Art von Dienst anbieten können, müssen eindeutig vom Göttlichen dazu autorisiert sein. Sollten Sie sich fragen, ob Sie wohl diese Befugnis haben, können Sie sich sicher sein, dass die Antwort Nein lautet. Erhält jemand diese Autorität, ist es völlig klar und offenbar, ohne die geringsten Zweifel. Diese Klarheit ist wichtig. Es reicht nicht, sich inspiriert zu fühlen oder den Auftrag von einem Lehrer zu erhalten. Es ist erforderlich, eine deutliche und kraftvolle Botschaft vom Göttlichen erhalten zu haben. Dafür muss man über bedeutende spirituelle Verdienste und einen hohen Rang in der Seelenwelt verfügen.

Wenn Sie sich sagen: »Aber ich habe diese Information in meiner Meditation erhalten; mein Lehrer, mein Meister hat mir aufgetragen, dies zu tun«, mögen Sie es noch einmal überprüfen. Ich kann gar nicht genug betonen, dass man mit diesem »Auftrag« höchst vorsichtig umgehen sollte. Wenn Sie nicht autorisiert sind und nicht über die notwendigen spirituellen Verdienste verfügen, kann Ihr Handeln äußerst ernste Folgen für Ihr Leben haben. Es kann Sie so erschöpfen, dass Sie in Lebensgefahr geraten. Nehmen Sie diese Lehre bitte sehr ernst.

Kommunikation mit Mutter Erde

Es ist möglich, durch Seelensprache mit jedem Aspekt der Schöpfung zu kommunizieren. Sie versehen einen Dienst durch diese Art der Kommunikation mit Mutter Erde, auch über sie hinaus. Im folgenden Teil dieses Kapitels beschreibe ich, wie Sie das tun können. Wenn Sie diese Ansätze bereits praktizieren, werden Sie die Lehren sehr schätzen. Beim Lesen dieser Seiten wird der daraus hervorgehende Segen Ihren Dienst auf eine höhere Ebene heben. Die Einsichten, die Sie hinsichtlich Ihrer Übungen erhalten, bringen Ihren Dienst ebenfalls auf eine höhere Ebene.

Solche Ideen mögen Ihnen neu oder ungewöhnlich erscheinen. Eventuell haben Sie noch nie an solche Möglichkeiten gedacht. Doch während Sie diese Zeilen lesen, erscheinen sie Ihnen vielleicht ganz offensichtlich. Es mag sich wie ein Heimkehren anfühlen. Die Lehren mögen Ihnen vertraut erscheinen, und Sie verspüren große Freude angesichts der Möglichkeiten. Wie auch immer es Ihnen damit ergeht, Sie werden viele Segnungen erfahren, die Ihren Umgang mit dem Leben und Ihre Übungspraxis transformieren.

So können Sie Seelensprache zum Segen von Mutter Erde einsetzen und ihr auf eine Weise dienen, die Ihnen bislang vielleicht unbekannt war. In diesen Zeiten ist es sehr wichtig, Mutter Erde zu segnen und von ihr Segnungen zu erhalten. Die Heilung, die unser lieber kleiner Planet durch jene erfährt, die Seelensprache verwenden, wird sehr beeindruckend sein.

Wenn Sie durch Seelensprache mit Mutter Erde kommunizieren, verbinden Sie sich mit jenen Teilen der Erde, die Heilungssegen brauchen. Sie können gezielt Gegenden segnen, in denen politische oder religiöse Konflikte herrschen oder in denen Naturkatastrophen für Leid sorgten. Heilungssegen durch Seelensprache wird diesen Regionen guttun, weil Mutter Erde mitsamt ihren Bedürfnissen durch die Seelensprache mit den höchsten Ebenen der Seelenwelt verbunden wird.

Sie können auch Gebiete segnen, die durch Menschen verwüstet und beschädigt wurden. In einigen ist die Umweltverschmutzung so stark, dass das Wasser nur durch aufwendige Reinigungsprozesse trinkbar gemacht werden kann. Hier ist es ein großer Dienst, dem Wasser Heilungssegen zu spenden.

Die Liste aller Arten von Umweltschädigungen auf Mutter Erde würde allzu lang. Jeder Heilungssegen für irgendeine dieser Verschmutzungen ist für unseren geliebten kleinen Planeten eine große Hilfe. Mutter Erde wird dafür sehr dankbar sein. Diese Dankbarkeit wird den gesamten Planeten durchdringen und erfüllen. Diesen Dienst anzubieten ist ein besonderer Segen, der sich aus der Verwendung von Seelensprache ergibt.

Ein weiteres Beispiel, wie die Menschen Mutter Erde Schaden zugefügt haben, bildet der Abbau ihrer Ressourcen in Bergminen. Vieles davon ist unbewusst geschehen, doch diese Gedankenlosigkeit hat langfristige Konsequenzen nach sich gezogen. Vielerorts hat der Bergbau riesige Narben und offene Wunden hinterlassen. Dort wird sehr viel Heilung benötigt. Seelensprache ist dafür äußerst geeignet.

Wenn Sie Mutter Erde Heilsegnungen anbieten, schlage ich vor, dass Sie auch alle mit einbeziehen, die an der Entstehung des Schadens beteiligt waren. Vielleicht macht Sie nun der Gedanke, was Mutter Erde angetan wurde, erst einmal wütend? Dann lesen Sie bitte nochmals den Abschnitt über bedingungslose Vergebung und über die Methode, wie man in den Zustand der bedingungslosen Vergebung gelangt. Versuchen Sie nicht, Seelensprache zu praktizieren, wenn Sie wütend oder ärgerlich sind. Halten Sie zuerst inne und begeben Sie sich in den Zustand bedingungsloser universaler Vergebung. Erst dann sollten Sie Heilungssegen spenden. Mutter Erde wird davon genauso profitieren wie Sie.

Weitere Bereiche, in denen Mutter Erde der Heilung bedarf, stellen die Stauungen und Verstopfungen in vielen Bereichen dar; sie treten in vielerlei Formen auf: In vielen Gegenden ist Mutter Erde versiegelt worden; Ackerland wurde »erschlossen«. In manchen Gegenden wurden auf diesem »erschlossenen« Land so große Häuser gebaut, dass man sie kaum noch als Wohnhäuser bezeichnen kann. Sie sind etwas völlig anderes; sie sind eine enorme Last für Mutter Erde. Und wie zuvor erwähnt, wäre es auch hier sehr gut, alle an dem Projekt Beteiligten in die Heilung mit einzubeziehen.

Dies sind ein paar Beispiele dafür, wie Sie mit Mutter Erde kommunizieren können, um Heilung in jene Gegenden und Situationen zu senden, die ihrer bedürfen. Das Bedürfnis nach Heilung ist sehr groß. Es besteht in manchen Fällen seit Jahrhunderten, wenn nicht gar Jahrtausenden. Bei derart lang anhaltenden Zuständen kann die Heilung länger dauern als ein oder zwei Tage – auch länger als Wochen und Monate. Denken Sie jedoch daran, dass die Heilung von Mutter Erde durch Seelensprache stärker beschleunigt wird, als Sie sich vorstellen können.

Neben den Heilsegnungen für Mutter Erde können Sie mittels Seelensprache auch mit verschiedenen Aspekten von Mutter Erde kommunizieren, die Ihnen besondere Freude bereiten. Sie können auch darum bitten, selbst Heilungssegen zu empfangen: Wollen Sie zum Beispiel körperlich stärker werden, können Sie durch Seelensprache mit den Bergen kommunizieren. Sie können sich mit der Seele der Kraft verbinden, die dem Berg zu eigen ist, um ihren Segen zu empfangen. Wünschen Sie sich mehr Freude in Ihrem Leben, können Sie sich durch Seelensprache mit der Seele jener Teile von Mutter Erde verbinden, an denen Sie sich besonders erfreuen. Das kann die Schönheit eines Sonnenaufgangs oder -untergangs sein, die Vielfalt der Blumen, die auf Mutter Erde blühen, oder die hübsche Musik der Singvögel. Den Möglichkeiten sind keine Grenzen gesetzt.

Wählen Sie aus, was Sie am meisten beglückt. Verbinden Sie sich mit dieser Schönheit, dieser Freude und diesem Vergnügen. Kommunizieren Sie durch Seelensprache, um sich mit der Seele des Sonnenuntergangs, der Singvögel oder der Herrlichkeit der Blüten zu verbinden. Damit versetzen Sie sich in den Zustand der Freude und der Schönheit des Sonnenuntergangs. Sie *werden* zu dieser Schönheit. Wenn Sie dies mithilfe von Seelensprache tun, werden Sie über die Transformationen staunen, die sich daraus ergeben. Die Schönheit hat so viele Ebenen, weil die Pracht des Sonnenuntergangs, der Blumen oder der Singvögel mit der Dankbarkeit all jener verbunden ist, die sich daran erfreut und begeistert haben. Versetzen Sie sich in den Zustand der Schönheit des Sonnenuntergangs, empfangen Sie die Segnungen all dieser Seelen.

Davon werden nicht nur Sie selbst profitieren – die Wohltat wird auch zu Mutter Erde zurückfließen. Diese Art von »Recycling« mag Ihnen neu sein. Seine Segnungen, sein Licht und seine Regenerationskraft reichen weit über Ihre Vorstellungskraft hinaus.

Sie können Mutter Erde mithilfe von Seelensprache auch dienen, indem Sie Seelensprache einfach zu Ihrem Vergnügen verwenden. Dabei verbinden Sie sich mit Mutter Erde und sind in Harmonie mit ihr. Das führt zu tiefen und transformierenden Lektionen und Lehren. Sie können sich mit Mutter Erde insgesamt verbinden oder mit bestimmten Teilen von ihr wie Flüssen, Bergen, Bäumen oder Tieren.

Vielleicht stellen Sie fest, dass sich Ihre Seelensprache unterschiedlich ausdrückt. Sind Sie mit den Bergen in Harmonie, empfangen Sie eine Art von Seelensprache; verbinden Sie sich mit Flüssen und Bächen, wird es eine andere sein. Mit jeder Form von Seelensprache gehen verschiedene Segnungen und Lehren einher. Und Sie verschenken dabei selbst dann Segen, wenn das gar nicht Ihre Absicht war. Segen zu spenden ist eine unweigerliche Wirkung der Seelensprache.

Seelensprache ist eine einzigartige Art der Kommunikation mit Mutter Erde. Es ist ein einzigartiger Weg, Mutter Erde zu segnen. Auf diese Weise verbindet man sie mit den höchsten Ebenen der Seelenwelt und mit allem, was jenseits von ihr existiert. Diese Verbindungen bewirken starke und anhaltende Segnungen. Sie helfen unserem Planeten, in eine stärkere Schwingung zu gelangen und zu heilen. Die durch Seelensprache entstehende Verbindung mit der ganzen Seelenwelt ist eine besondere Freundlichkeit, die Sie unserem lieben kleinen Planeten zukommen lassen.

Mutter Erde hat dieses gütige Entgegenkommen zurzeit bitter nötig. Seelensprache für die Erde einzusetzen ist eine sehr hohe Form des Dienens. Es ist besonders liebenswürdig, ihr etwas zu schenken, nachdem sie uns im Lauf der Jahrhunderte so reich mit Gütern versorgt hat. Das ist das Gleiche, als erwiesen Sie nun Ihrer leiblichen Mutter Ehre und Anerkennung. Diese Art des Dienens geht mit einer besonderen Qualität spiritueller Werte einher. Wird dieser Dienst vom Göttlichen und der ganzen Seelenwelt empfangen, kehrt er vielfach zu Ihnen zurück, und das wird sich positiv auf Ihren Seelenrang auswirken. Es wird auch die Kraft der Segnungen erhöhen, die Sie durch Seelensprache bewirken können. Das Wunderbare an dieser Art von Dienst: Er hilft Mutter Erde auf so erstaunliche Weise. Tatsächlich ist es eine große Ehre und ein Privileg, dies für Mutter Erde tun zu dürfen.

Jenseits von Mutter Erde

Mittels Seelensprache können Sie auch mit Planeten, Sternen und anderen Universen kommunizieren. Sie können sich mit dem die Erde umgebenden Weltraum verständigen, genauso wie mit dem Weltraum zwischen den Planeten und Sternen. Sie können mit dem Raum kommunizieren, der zwischen allen Universen und darüber hinaus existiert.

Mit den Planeten, Sternen und anderen Universen durch Seelensprache zu reden – das wird Ihnen auf ähnliche Weise nützen, wie ich es gerade für Mutter Erde beschrieben habe: Die Planeten, Sterne und Universen sind ähnlich heilungsbedürftig wie unser Heimatplanet. Entsprechendes gilt für die empfangenen Segnungen.

In diesem Abschnitt will ich Ihnen etwas über den »Raum« erzählen. Für unsere Gesundheit ist es wichtig, dass die Räume im menschlichen Körper klar, rein und voller Licht sind. Das gilt auch für die Räume um Mutter Erde und darüber hinaus. Es gilt für alle Räume. Sind die Räume klar und rein, ist das Licht gegenwärtig. Dieses Licht zirkuliert dann auf eine Weise, die gesundheitsförderlich ist. Es mag merkwürdig erscheinen, über die Gesundheit des Raums jenseits der Erde, unseres Sonnensystems und des Universums zu sprechen, aber das ist sehr wichtig. Sie werden die Bedeutung besser an einigen Beispielen erkennen, die Ihnen näher sind.

Denken Sie an die Atmosphäre um die Erde. Zum gegenwärtigen Zeitpunkt der Geschichte unseres geliebten kleinen Planeten ist die Atmosphäre sehr belastet. Wer in dicht bevölkerten Gegenden lebt, kann oft die Luft sehen, sogar riechen und schmecken. So soll Luft eigentlich nicht sein. Wenn die Leute dann weniger besiedelte Regionen besuchen, erscheint ihnen der Unterschied der Luft sehr bemerkenswert. Der ganze Körper genießt es, frische, reine Luft zu atmen.

An diesem Beispiel wird deutlich, was es bedeutet, wenn man sagt: »Dieser Raum bedarf der Reinigung.« Tatsächlich muss alles, was unsere Luft verschmutzt, buchstäblich transformiert werden. Die Luft muss wieder sauber werden. Alles, was in der Umwelt eine Quelle oder ein Produkt der Umweltverschmutzung ist, gleicht der im Körper gespeicherten überschüssigen Energie. Alles, was den Raum in unserer Luft blockiert, muss in Energie und Licht umgewandelt werden. Durch diesen Prozess wird die Luft um die Erde wieder klar. Der Raum um die Erde wird klar und rein.

Wenn Sie mit unserer Atmosphäre kommunizieren, können Sie ihr mittels Seelensprache Heilungssegen anbieten. Dies ist eine der kraftvollsten Aktivitäten, die man zum Wohl der Umwelt tun kann. Das Umweltprojekt der Seelensprache zur Heilung der Atmosphäre ist sehr kraftvoll und unmittelbar wirksam. Geschieht dies, dann werden Licht und göttliche Energie im Raum gegenwärtig. Je klarer der Raum, desto leichter zirkulieren das göttliche Licht und die göttliche Energie auf ausgeglichene Weise um Mutter Erde. Dann wird sich die Gesundheit von Mutter Erde drastisch verbessern.

Wie wundervoll wäre es, wenn die verschiedenen Umweltorganisationen die Bedeutung und Macht der Seelensprache anerkennen würden! Übten sie ihre Aktivitäten mithilfe von Seelensprache aus, wäre das Ergebnis höchst beeindruckend. Ihre Aktionen sind ein Ausdruck von Yang, während Seelensprache ein Ausdruck von Yin ist. Würden sowohl Yin als auch Yang einbezogen, würde sich die Effektivität der Umweltgruppen sehr verstärken. Auch die Erfahrungen ihrer Mitglieder würden transformiert.

Wahrscheinlich werden verschiedene Bewegungen in der Zukunft Seelensprache in ihr Programm aufnehmen. Das wird diese Organisationen und ihre Aktivitäten deutlich modifizieren. Die Mitglieder werden die Seelensprache zu einem organischen Teil all ihrer Bemühungen machen – zum großen Nutzen für ihre Projekte und die Umwelt.

Die bekannten Quellen der Luftverschmutzung sind nicht das Einzige, was die Luft um Mutter Erde belastet. Auch andere Dinge wie Satelliten und Raumsonden erzeugen Blockaden. Die Aufgabe, diese großen Geräte zu transformieren, wird ein solches Niveau an Spiritualität und Licht erfordern, wie es bislang nur wenige Menschen entwickelt haben. Es ist zu schaffen, diese Objekte zu transformieren, doch das gelingt nur jenen, die über die erforderlichen Tugenden im Sinne spiritueller Werte verfügen. Doch selbst wenn wir nicht in der Lage sein sollten, diesen »Weltraumschutt« vollständig zu transformieren, ist es wichtig, dass wir ihm durch Seelensprache Heilsegnungen schicken.

Wie gesagt: Die Tugend der ganzen Seelenwelt wird all jenem zuteil, das Sie durch Seelensprache mit Heilsegnungen bedenken. Das ist sehr wirkungsvoll. Jetzt fragen Sie sich vielleicht, warum es mithilfe der gesamten Seelenwelt nicht möglich sein soll, diesen Weltraumschutt zu transformieren. Die Antwort lautet: Die Seelenwelt wirkt gemäß dem Seelenrang des Bittenden. Je höher Ihr Standpunkt in der Seelenwelt ist, desto kraftvoller wirkt die Seelenwelt entsprechend Ihrer Bitte und Ihrer Seelensprache und desto mächtiger sind die Segnungen, die durch Ihre Seelensprache wirksam werden.

Wie Ihr Seelenrang auch sein mag: Es ist außerordentlich wichtig, dem Raum um Mutter Erde und über sie hinaus durch Seelensprache Segnungen zu widmen. Bedenken Sie dabei jedoch immer: *Die Bemühungen liegen an Ihnen – doch das Ergebnis ist in Gottes Hand, in der Hand der gesamten Seelenwelt.* Das ist in diesen Tagen des Übergangs und der Läuterung von Mutter Erde ganz besonders bedeutsam. Das Wichtigste ist, zu dienen. Dienen Sie als bedingungsloser universaler Diener.

Anhand des Beispiels von der Verschmutzung der Atmosphäre um Mutter Erde erkennen Sie vielleicht besser, wie notwendig es ist, die Räume jenseits dieses Sonnensystems zu reinigen – die Räume des ganzen Universums und darüber hinaus. Wahrscheinlich kennen Sie die Bilder der von Menschen verursachten Verschmutzung des Weltraums und können sich daher den Transformationsprozess ausmalen, der durch Seelensprache dort möglich ist.

Die Transformation des Weltraums weit jenseits von Mutter Erde ist vielleicht schwerer vorstellbar. Dieser Raum erscheint so unendlich weit, dass Sie kaum ahnen, welcher Art seine »Belastungen« sind. Übertragen Sie nur das Bild, das Sie von Mutter Erde und unserem Sonnensystem haben, auf die Weiten des Weltraums. Die Belastungen dort mögen anderer Art sein, aber das ist nicht so wichtig. Die Essenz dieser Lehre lautet, dass alle diese Räume der Reinigung bedürfen und dass Seelensprache der machtvollste Weg ist, an dieser Reinigung mitzuwirken. Wenn diese Räume gereinigt sind, wird sich die Gesundheit aller Planeten, Sterne und Universen – all dessen, was existiert – verbessern. Das ist eine außerordentliche Erkenntnis.

Meistens denken wir nur im Bereich von Mutter Erde. Es ist wichtig, unsere Gedanken auch darüber hinaus zu lenken. Dabei entdecken Sie eine andere Facette dessen, was es heißt, ein bedingungsloser universaler Diener zu sein. Ihr Dienst ist nicht auf Ihren Lebensraum oder Ihren Bekanntenkreis beschränkt. Er ist universal – er reicht weit, weit über Mutter Erde hinaus. Diesen wahrhaft *universalen* Dienst anzubieten bewirkt die erstaunlichsten Fortschritte im körperlichen, emotionalen, mentalen und spirituellen Wohlbefinden sowohl aller Wesen, die auf Mutter Erde leben, als auch aller Wesen, die auf allen Planeten, Sternen und Galaxien unseres und aller anderen Universen leben. Indem Sie Ihren Dienst dem Reinigen der Zwischenräume widmen, wirken Sie in Weiten hinein, von denen Sie sich kein Bild machen können.

Beim Klären dieser Räume zu helfen ist ein ganz besonderer Segen. Sind die Räume gereinigt, dann ist die Gegenwart des Lichts vollkommen; auch alle Wesen sind gesünder, und die Qualität der *Leere* wird gegenwärtig. Falls Sie über ein gewisses Verständnis oder die Erfahrung verfügen, was Leere bedeutet, wissen Sie, dass der Begriff nicht dasselbe meint wie im gewöhnlichen Sprachgebrauch. Leere ist die Gegenwart des Göttlichen. Wenn Räume gereinigt und transformiert sind, erfüllen sie sich mit göttlichem Licht und Energie. Das Göttliche wird in ihnen gegenwärtig. Sie werden zur Leere.

Während all dies um Mutter Erde herum und über sie hinaus in allen Universen geschieht, werden sich die Seelenreisen all jener, die in menschlicher Gestalt und in anderen Formen leben, drastisch verändern. Diese Art des Dienens ist sehr gesegnet. Wenn Sie diese Art von Dienst versehen, sollten Sie jedenfalls die Bedingung beifügen, die ich bereits erwähnt habe: »... wenn es angemessen ist«, oder: » ... für alle Räume, die bereit sind, diesen Heilungssegen zu empfangen.« Dadurch ist es möglich, den Dienst anzubieten, der dem Ausmaß Ihrer spirituellen Tugenden entspricht. Das Reinigen dieser Räume unterstützt die vollständige Läuterung von Mutter Erde und von allem, was über sie hinaus existiert.

Wenn die Räume zwischen den Planeten, Sternen und Universen gereinigt sind, wird sich die Gesundheit von allem, was existiert, verbessern. Sie können sich das auf der Ebene des menschlichen Körpers vorstellen: Der Raum in einer Zelle, die Räume zwischen den Zellen, die Räume zwischen den Organen und die größeren Räume im Körper – sie alle bedürfen der Reinigung. Jeder Raum – sei er riesig groß oder winzig klein – beeinflusst andere Räume. Das gilt auch für die Räume um die Erde, im Weltall und darüber hinaus. Was in einem Raum geschieht, beeinflusst die anderen Räume.

Wenn Sie das Konzept der Universen jenseits unseres Universums momentan schwerlich annehmen mögen, können Sie sich das Universum vor Augen halten und sich sagen: »Ich weiß, dass es davon noch mehr gibt.« Zwingen Sie sich nicht, die Vorstellung sofort vollständig zu akzeptieren. Je öfter Sie sich sagen: »Ich weiß, dass es davon noch mehr gibt«, wird die Erkenntnis Schritt für Schritt Teil Ihres Wesens werden.

Wenn Sie über Mutter Erde hinaus dienen, tun Sie alles, was ich beschrieben habe, für Mutter Erde und reinigen noch den Weltraum. Diese beiden Ansätze sind sehr wichtig. Neben den Heilsegnungen können Sie Ihre Seelensprache auch einsetzen, um sich an der Möglichkeit zu erfreuen, in Harmonie mit allem zu sein, was jenseits von Mutter Erde existiert. Sie dürfen von jenseits von Mutter Erde Lehren und Weisheiten empfangen; selbst dies ist eine Form des Dienens. Je mehr Lehren und Weisheiten Sie aufnehmen und leben, desto mehr werden Sie transformiert und desto weiter erhöht sich Ihr Seelenrang.

Inzwischen dürfte Ihnen klar sein, dass *alles*, was Sie tun, ein Dienst sein kann. Sobald Sie sich in den Zustand versetzt haben, ein bedingungsloser universaler Diener zu sein, enthält jede Facette in jedem Augenblicks Ihres Tages die Möglichkeit des Dienens. Das ist eine wundervolle Auffassung vom Leben. Sie wird alles, was Sie tun, umformen. Auch Ihr Umgang mit dem Leben wird sich verändern. Sie werden es schätzen, welche Ehre und welches Privileg es ist, ein bedingungsloser universaler Diener zu sein.

5

Seelensprache übersetzen

Durch alles, was ich über Seelensprache und ihre grenzenlosen Möglichkeiten geschrieben habe, sollte es gut nachvollziehbar sein, dass die Fähigkeit, Seelensprache zu übersetzen, von größter Bedeutung ist. Es kann transformierend wirken, sich mit der Seele der Lehren und der Seele der Weisheiten dieses Buches zu verbinden. Doch die Transformation ist begrenzt. Die Fähigkeit, Seelensprache zu übersetzen, wird die Begrenzungen entfernen. Zugleich ist es eine Tatsache, dass die Übersetzung der Seelensprache nie vollständig sein kann. Sie empfangen immer das, was Ihnen und Ihrem Seelenrang gerade angemessen ist.

Angenommen, drei Personen übersetzen dieselbe Seelensprache, dann wird die Essenz aller Übersetzungen gleich sein, doch im Detail können sie sehr variieren. Bei genauerem Nachdenken ist das offensichtlich. Jeder Mensch hat seine eigene, individuelle Seelenreise. Jeder Mensch hat seinen eigenen, individuellen Seelenrang. Jeder Mensch hat andere spirituelle Werte angesammelt. Aufgrund dieser Unterschiede stecken in der Übersetzung jedes Menschen unterschiedliche Details und Bedeutungsebenen. Jede Übersetzung ist zutreffend. Jede Übersetzung liefert wichtige Informationen aus der Seelenwelt. Und in der Essenz stimmen sie überein.

Wenn Sie Seelensprache übersetzen, ist es sehr wichtig, dass Sie sich nicht zum Zensieren verleiten lassen. Sobald Sie etwas verändern, ist die Seelenverbindung unterbrochen. Sie haben die Ebene der wahren Übersetzung verlassen und sich aufs logische Denken verlegt. Logisches Denken verschließt den Prozess des Übersetzens.

Meiden Sie jeden Vergleich zwischen Ihrer Übersetzung und der

Übersetzung anderer. Vergleichen Sie auch nicht die Übersetzungen von anderen. Sagen Sie nicht: »Susis Übersetzung ist so viel besser als die von Nancy.« Alles, was über das Vergleichen gesagt wurde, gilt ebenso für Übersetzungen. Beim Übersetzen sind Sie noch einmal in anderer Form mit der Seelenwelt verbunden. In Ihrem Bewusstsein empfangen Sie die Weisheit und die Lehren, die Ihnen die Seelenwelt präsentiert. Sie müssen sie bewusst wahrnehmen, damit Sie sie in Ihrem täglichen Leben umsetzen können.

Wenn Sie übersetzen, ist die Führung, die Ihnen zuteil wird, Ihr persönlicher Leitfaden für Ihre Seelenreise und für die Heilsegnungen, die Sie empfangen. Es ist wundervoll, zu erkennen, dass die Übersetzungen der Seelensprache ein ganz besonderer Segen sind, der Sie mit großartigen Informationen, Weisheiten und Lehren versorgt. Sie verwandeln jede Ebene Ihres Seins. Übersetzungen der Seelensprache sind besondere Geschenke der Seelenwelt.

Wenn Sie Ihre eigene Seelensprache übersetzen, haben Sie Zugang zu allen Weisheiten des Universums, des Göttlichen und der Seelenwelt. Das ist etwas ganz Außergewöhnliches und ein weiterer Ausdruck der Großzügigkeit des Göttlichen und der Seelenwelt. Man könnte sagen, dass Übersetzung der Schlüssel zur Bibliothek des universalen Wissens und der universalen Lehren ist. Dieser Schlüssel öffnet auch unsere Fähigkeit, an den göttlichen Weisheiten und Lehren teilzuhaben und von ihnen zu lernen.

Das Übersetzen von Seelensprache ist ebenfalls ein Dienst. Das beim Übersetzen von Seelensprache Empfangene wird in jeder Hinsicht zu einem Teil Ihrer Seelenreise. Ist das Empfangene zu einem Teil von Ihnen geworden, können Sie auch anderen dienen. Was Sie aufgenommen haben, wird zu einem Bestandteil Ihrer Weisheit. Es wird zu einem Element all dessen, was Sie durch Ihr Handeln und Ihre Worte vermitteln. Und es wird auf jeden Fall ein Stück dessen, was Sie durch Ihre Geisteshaltung, Ihre Überzeugungen und Ihr Verhalten vermitteln. Übersetzungen von Seelensprache sind wichtige Verbindungen mit dem Göttlichen, mit der Seelenwelt und mit der Situation oder dem Thema, dem Ihre Seelensprache gerade gilt. Die Fähigkeit, solche Verbindungen herzustellen, ist ein bedeutsames Werkzeug der Transformation.

Diese Qualität der Transformation ist ein wundervolles Geschenk, das Ihnen und allen Universen reichen Segen bringt. Die Qualität des göttlichen Lichts, der göttlichen Energie, der göttlichen Liebe, der göttlichen Vergebung und aller anderen göttlichen Eigenschaften wird deutlich ansteigen. Die Übersetzungen der Seelensprache sind auch für jene wichtig, die Seelensprache zwar hören, aber nicht übersetzen können. Nicht jeder kann Seelensprache übersetzen. Durch die Übersetzungen kann jedoch jeder von den Lehren und Weisheiten profitieren. Ohne Übersetzungen wären die Seelenreisen jener, die nicht übersetzen können, langsamer. Wird die Seelenreise eines anderen Menschen aufgehalten, entsteht schweres Karma – ein weiterer Grund, weshalb die Übersetzung wichtig ist.

Es gibt noch mehr Gründe, doch die aufgeführten sollten genügen, um eine Ahnung davon zu bekommen, warum die Übersetzung so wichtig ist. Denken Sie an das Yin-Yang-Symbol. Betrachten Sie Seelensprache als Yin und ihre Übersetzung als Yang. Es ist wichtig, zu übersetzen, selbst wenn niemand anderes als Sie selbst anwesend ist. Wie ich bereits im Kapitel über Heilung sagte, kann der Klient oft besser am Heilungsprozess teilnehmen, wenn Sie ihm die Botschaft aus der Seelenwelt übersetzen. Dies sind einige der wesentlichen Gründe für die Übersetzung der Seelensprache.

Wie übersetzt man Seelensprache? Eigentlich ist es ganz einfach. Manche werden dazu gleich in der Lage sein. Andere müssen diesen Abschnitt vielleicht mehrfach lesen und üben, bevor sich ihre Fähigkeit zum Übersetzen entwickelt. Das Vordringliche ist, sich vollkommen zu entspannen. Ich habe bereits erklärt, warum Entspannung so wichtig ist. Sie können den entsprechenden Abschnitt nochmals lesen und seinen Segen erneut empfangen. Ersetzen Sie dabei einfach das Wort »Seelensprache« durch »Übersetzung der Seelensprache«. Ganz entspannt können Sie sich auf machtvolle Weise mit dem Göttlichen und der Seelenwelt verbinden. Sind Sie entspannt, steht Ihnen nicht Ihr Ego im Weg – was sehr wichtig ist.

Manche von Ihnen werden dazu neigen, die Übersetzung zu kontrollieren oder zu zensieren. Das sollten Sie unter allen Umständen vermeiden. Sobald Sie anfangen, zu zensieren oder etwas zu verändern, endet die Übersetzung.

Bei der Vorbereitung auf die Übersetzung spielt auch Dankbarkeit eine wesentliche Rolle. Ihre Übersetzungsbemühungen werden sehr viel erfolgreicher sein, wenn Sie entspannt sind und dankbar für die Chance, vom Göttlichen, von den höchsten Heiligen, von der Krankheit Ihres Klienten, von der Natur, von Mutter Erde und darüber hinaus Informationen zu erhalten. Ihre Dankbarkeit wird gesegnet und vielfältig zu Ihnen zurückkehren.

Wenn Sie sich auf diese Weise vorbereitet haben, grüßen Sie als Nächstes in folgender Weise:

»Liebe Seele, lieber Geist und lieber Körper meines geliebten Botschaften-Zentrums, ich liebe euch, ich ehre euch und ich schätze euch.
Würdet ihr bitte, wenn ich Seelensprache höre, die Botschaft von meinem Botschaften-Zentrum zu meinem Gehirn leiten.
Nutzt meinen Mund zum Sprechen, ohne Gedanken.
Lasst mich die Seelensprache verstehen.«

Diese Art der Begrüßung ist ein Schlüssel zu Ihrer Fähigkeit des Übersetzens. Sie können auch hinzufügen: *»Bitte gebt mir die Übersetzung auf Deutsch (oder Englisch, Französisch etc.).«*
Und dann beginnen Sie mit der Übersetzung. Am Anfang sprechen Sie einfach das erste Wort, das Ihnen in den Sinn kommt. Es ist unwichtig, ob dieses Wort Teil eines Satzes ist oder ob es eine bedeutende spirituelle Botschaft enthält. Bei manchen war das erste Wort, das sie beim Übersetzen empfangen haben, ein *»Das«*. Die Bereitschaft, *»das«* zu sagen, ist von entscheidender Bedeutung – und dann offen zu sein für das Kommende. Beim Übersetzen müssen Sie in einem Zustand des Vertrauens sein. Wenn Sie bereit sind, den Worten, die zu Ihnen vordringen, zu vertrauen und sie laut auszusprechen, kann sich Ihre Fähigkeit des Übersetzens zunehmend entfalten.
Manche Menschen fühlen sich dabei vielleicht zunächst albern

oder fürchten, dass sie sich die Übersetzung nur ausdenken. Manche werden ihr keinen Glauben schenken. Vermeiden Sie diese Fallen so gut wie möglich.

Am Anfang kann die Entwicklung Ihrer Übersetzungsgabe etwas zögerlich vor sich gehen. Lassen Sie sich Zeit. Lassen Sie es zu, wenn Ihnen nur ein bis zwei Worte gegeben werden. Nehmen Sie das, was Ihnen zuteil wird, als ein kostbares Geschenk entgegen. Wenn Sie zum Beispiel das Wort »Liebe« empfangen, erinnern Sie sich daran, dass es viele Bände an Weisheiten birgt. Seien Sie nicht enttäuscht. Denken Sie nicht: »Ich habe nur das Wort Liebe erhalten« oder: »Ich habe nur ein Wort bekommen.« Erinnern Sie sich lieber daran, sich in den Zustand bedingungsloser universaler Liebe zu versetzen. Erinnern Sie sich daran, welche Ehre es ist, auch nur ein Wort zu erhalten. Denken Sie daran, welch ein Privileg es ist, das Wort »Liebe« zu empfangen. Das Gleiche gilt für jedes Wort. Es ist Ihre persönliche Botschaft vom Göttlichen und von der Seelenwelt. Nehmen Sie es angemessen entgegen. Empfangen Sie es als ein unbezahlbares Geschenk.

Fahren Sie mit dem Übersetzen fort und bleiben Sie dabei entspannt, dankbar und voller Vertrauen, dass Sie die für Sie zu diesem Zeitpunkt richtige Übersetzung und Botschaft empfangen. Üben Sie das Übersetzen von Seelensprache jeden Tag – möglichst mehr als einmal täglich.

Manche von Ihnen sitzen jetzt vielleicht da und sagen: »Ich habe gar nichts vernommen, nicht ein einziges Wort.« Achten Sie in diesem Fall bitte genau darauf, wie Sie sich fühlen. Selbst wenn Sie kein einziges Wort empfangen haben, ist die Erfahrung, die Sie machten, als Sie übersetzen wollten, bereits eine gewisse Übersetzung. Finden Sie für diese Erfahrung ein passendes Wort.

Vielleicht verspürten Sie großen Frieden. Oder Sie waren ganz ruhig. Benennen Sie die Erfahrung und sprechen Sie den Begriff laut aus. Auch das ist eine Art, mit dem Übersetzen Ihrer Seelensprache anzufangen. Eventuell haben Sie die Seelenwelt gefragt: »Was ratet ihr mir für den heutigen Tag? Was wollt ihr mich heute lehren?« Achten

Sie gut auf Ihre Reaktion, auch wenn sie nicht in Worte gefasst ist. Wenn Sie etwas fühlen, machen Sie aus diesem *Gefühl* die Antwort. Sie kann zum Beispiel lauten: »Geliebtes Wesen, heute möchten wir dich Liebe lehren« oder: »Heute möchten wir dich Frieden lehren.« Häufig folgt dem ein weiterer Satz. So können Sie Ihre Übersetzung ins Fließen bringen – einen Satz nach dem anderen. Genauso geht es, wenn Sie einzelne Wörter empfangen: Reihen Sie Wort an Wort und lassen Sie daraus Sätze entstehen.

Ein anderer Satz könnte sein: »Geliebtes Wesen, wir möchten dich heute lehren, Frieden zu leben, Frieden zu erfahren.« Auch das könnte eine völlig korrekte Übersetzung Ihrer Erfahrung und eine stimmige Antwort auf Ihre Frage sein. Wenn Sie um Rat gebeten haben und ein starkes Gefühl auftaucht, dann ist das Gefühl Ihre Antwort. Fühlen Sie sich ängstlich oder gestresst, könnte die Botschaft lauten: »Geliebtes Wesen, unsere heutige Botschaft an dich ist, deine Ängstlichkeit und Anspannung loszulassen.«

Dieser Prozess wird Sie darin unterstützen, Seelensprache auch in vollständige Sätze zu kleiden. Mancher mag sagen: »Ich habe weder etwas gehört noch gefühlt.« Nun, vielleicht haben Sie etwas gesehen, etwa ein Licht. Bilden Sie daraus einen Satz: »Geliebtes Wesen, die heutige Lehre für dich lautet: Fahre mit deiner Reise ins Licht fort« oder: »Geliebtes Wesen, wir möchten dir heute mitteilen, dass du in der Präsenz des Lichts bist.« Wenn Sie Ihre Bilder auf dieses Weise in Worte fassen, bedeutet das nicht, dass Sie Botschaften erfinden; es ist vielmehr der Anfang einer Übersetzung in Sätzen.

Manche von Ihnen fühlen sich jetzt vielleicht sehr entmutigt, weil sie weder Worte noch Gefühle, noch Bilder wahrgenommen haben. Doch Sie sind gleichwohl gesegnet! Sie sind dem Zustand nahe, den wir als *Leere* bezeichnen. Versichern Sie sich, dass Sie wirklich die Leere wahrgenommen haben, nicht Nervosität, Ängstlichkeit oder Stress. Wenn Sie *nichts* empfangen haben, bilden Sie auch daraus einen Satz, zum Beispiel: »Geliebtes Wesen, wir schenken dir heute Leere.« Sie merken schon: Was auch immer passiert, wenn Sie anfangen, zu übersetzen – es kann Ihnen helfen, in den Prozess einzusteigen.

Nehmen Sie alles als kostbares Geschenk entgegen. Erkennen Sie, dass tatsächlich alles eine Übersetzung ist. Wenn Sie weiterüben, werden sich auch ganze Sätze einstellen. Ist das bei Ihnen bereits gegeben, wird sich Ihre Fähigkeit verbessern und weiterentwickeln. Je mehr sich Ihr Seelenrang erhöht, desto besser werden auch Ihre Übersetzungen.

Jene, die weder Worte noch Bilder oder Gefühle empfangen haben, lesen diese Seiten am besten noch ein paarmal durch. Seien Sie dabei sehr offen für den Segen, der in diesen Lehren liegt. Bitten Sie Ihr Botschaften-Zentrum, ganz offen zu sein, und tun Sie dies weiterhin – dann werden Sie höchstwahrscheinlich schon bald beginnen, Ihre Seelensprache zu übersetzen.

Vom Nutzen der Übersetzungen für Sie selbst

Die Entwicklung Ihrer Fähigkeit, Seelensprache zu übersetzen, ist für Sie von großem Nutzen. Es bringt grenzenlosen Segen. Der Segen, der am deutlichsten zutage tritt, liegt darin, dass die Lehren, Weisheiten, Ratschläge und Lektionen der Seelenwelt für Sie ganz persönlich sind. Halten Sie einen Augenblick inne, um zu erkennen, wie großartig das ist. Sie haben sozusagen eine persönliche Coaching-Sitzung mit Gott und der ganzen Welt, und diese Option steht Ihnen jederzeit und überall zur Verfügung. Hätten Sie das je für möglich gehalten?

Wenn Sie Ihre Seelensprache übersetzen, erhalten Sie sehr reine Botschaften. Deren Reinheit ist sowohl für Ihre Seelenreise als auch für Ihren Alltag sehr hilfreich. Sie können nach allem fragen: nach Ihre Seelenreise, nach Ihrem materiellen Dasein oder wie Sie sich in einer bestimmten Besprechung am besten verhalten sollten. Sie können sich nach Lösungen für Probleme bei Ihrer Arbeit oder in jedem anderen Lebensbereich erkundigen. Sie können nach allem fragen, was Ihnen wichtig ist.

Dabei erhalten Sie oft erstaunliche Botschaften – Antworten, auf die Sie durch logisches Denken niemals gekommen wären. Und gleichzeitig werden sie Ihnen vertraut erscheinen. Viele von Ihnen werden in der Antwort gerade das erkennen, was sich Ihre Seele wünscht, was Sie jedoch bislang nicht auf die Ebene des logischen Denkens bringen konnten. Solche Informationen zu empfangen ist ein außerordentlicher Segen. Diese »Auskünfte« können auf jeder Ebene Ihres Lebens tief greifende Transformationen bewirken. Antworten auf Fragen zu Ihrer Seelenreise werden Ihre Seele und deren Reise stark beeinflussen. Auch Antworten bezüglich Ihrer Arbeit oder Ihres materiellen Lebens haben einen starken Einfluss auf Ihre Seelenreise. Was immer auf einer Ebene Ihres Lebens geschieht, wirkt sich auf alle Aspekte Ihres Lebens aus.

Lehren vom Göttlichen und aus der Seelenwelt zu empfangen ist ein großes Privileg und eine Ehre. Die damit verbundenen Segnungen sind von sehr hoher Qualität. Wenn Sie Seelensprache verwenden und übersetzen, wird Ihr Seelenrang erhöht und Ihre Seelenreise beschleunigt. Es ist jedoch auch wahr, dass das Göttliche und die Seelenwelt sehr beschäftigt sind und sich um vieles kümmern müssen. Seien Sie bei Ihren Fragen also immer respektvoll. Stellen Sie durchaus Fragen hinsichtlich Ihres täglichen Lebens, aber halten Sie Maß.

Damit meine ich, dass manche Entscheidungen auch durch ein wenig Nachdenken zu treffen sind. Angenommen, Sie stehen in einem Laden und wollen sich zwischen zwei Arten von Düften entscheiden. Das gelingt Ihnen gut mithilfe Ihres Verstandes oder Gefühls. Es käme einer Belästigung der Seelenwelt gleich, für so kleine Angelegenheiten Seelensprache und ihre Übersetzung zu verwenden. Schalten Sie Ihr Bewusstsein ein, um die rechte Balance zu halten. Fragen Sie nach Dingen Ihres täglichen Lebens, die für Ihre Seelenreise von Bedeutung sind. Das kann zum Beispiel eine schwierige Erfahrung sein, die Sie verarbeiten müssen, oder eine wichtige Lebensfrage, auf die Sie eine Antwort brauchen. Die Entscheidung, welche Räucherstäbchen oder sonstigen Düfte Sie kaufen sollen, fällt in eine andere Kategorie.

Mancher meint jetzt vielleicht, es sei doch wichtig, an dieser Stelle Seelensprache zu verwenden; schließlich wolle er auf seinem Altar nur etwas verbrennen, das dem Göttlichen und den höchsten Heiligen auch gefällt. Das mag so klingen, als ginge es demjenigen nur um das Göttliche und die höchsten Heiligen, doch tatsächlich hat es sehr viel mit dem Ego zu tun. Es ist angemessener, solche Entscheidungen auf die beschriebene Art zu treffen, und ich empfehle dies für alle derartigen Entscheidungen sehr.

Ich glaube, jetzt wissen Sie, welch unglaublicher Segen es ist, Ihre Seelensprache übersetzen zu können. Sie haben damit potenziell Zugang zu allen Informationen des Universums und sind in der Lage, die Informationen von der Ebene Ihrer Seele auf die Ebene Ihrer bewussten Wahrnehmung zu holen. Dies wird Ihr tägliches Leben bereichern, aber vor allem wird es eine starke Wirkung auf Ihre Seelenreise haben.

Vom Nutzen der Übersetzungen für einen Mitmenschen

Wenn Sie Ihre Fähigkeit zum Übersetzen entwickeln, werden nicht nur Sie selbst auf die beschriebene Weise daraus Nutzen ziehen, sondern auch andere. Natürlich profitieren sie zunächst davon, Ihre Übersetzung zu hören. Doch währenddessen empfangen sie auch die Segnungen infolge der Transformation Ihrer Seelenreise und Ihres Zuwachses an Licht und Liebe. Die Lehren und die Weisheit, die Sie empfangen haben, können dadurch direkt zu einem Teil der Seelenreise eines anderen Menschen werden. Die Menschen werden Ihnen von ihrem jeweiligen Standpunkt aus zuhören. Das bedeutet, dass jeder Ihre Übersetzung ein wenig anders aufnehmen wird. Ihre Übersetzung wird dabei den Lehren angepasst, welche die Zuhörer zu diesem Zeitpunkt brauchen. Dies ist ein wunderbarer Dienst, den Sie so anbieten können.

Sie können auch anderen helfen, indem Sie deren Seelensprache übersetzen und ihnen die Lehren, Weisheiten und Segnungen übermitteln, die genau auf ihre Seelenreise zugeschnitten sind. Jeder Einzelne wird genau wissen, was das Göttliche und die Seelenwelt ihm mitteilen will. Die Botschaften sind für diese Menschen äußerst kostbar und von hohem Wert für ihre Seelenreisen. Sie werden auf jeder Ebene ihrer Existenz tief greifende Veränderungen bewirken.

Wenn Sie für andere übersetzen, werden Sie merken, dass immer positive Informationen vermittelt werden. Das Göttliche und die höchsten Heiligen sagen fast nie, dass jemand seine Sache schlecht macht. Sie werden nie die Botschaft bekommen, dass Sie ein schlechter Mensch seien. Ich betone das hier, weil das Risiko besteht, falsche Botschaften oder falsche Übersetzungen zu empfangen. Machen Sie sich darum jedoch keine Sorgen: Es ist sehr leicht, solche »Irrläufer« zu erkennen. Wenn die Übersetzung zu Frieden, Harmonie, Liebe, Vergebung und all den anderen Qualitäten des universalen Friedens beiträgt, ist sie gewiss richtig. Doch wenn die Übersetzung entzweit, Ihr Ego füttert oder das Ego eines anderen stärkt, ist es eine falsche Übersetzung.

Ein Beispiel für die Stärkung des Ego wäre eine Übersetzung, die Ihnen erzählt, wie großartig Sie sind. Dies ist ein klares Signal dafür, dass Sie sich von der korrekten Übersetzung entfernt haben. Beunruhigen Sie sich nicht, wenn dies geschieht; es ist ein Teil des Prozesses und Ihrer spirituellen Reise. Sagen Sie dann einfach: »Danke – ich weiß jedoch, dass diese Übersetzung nicht zutreffend ist. Ich weiß, dass es eine falsche Übersetzung ist, und ich werde sie nicht beachten.« Fahren Sie dann mit Ihrer Übersetzung fort.

Seien Sie sich bewusst, dass eine falsche Übersetzung sehr hilfreich sein kann. Wenn Sie dies wissen, bevor Sie Ihre Fähigkeit zu übersetzen entwickeln oder bevor Ihre Fähigkeit dazu eine neue Ebene erreicht, wird es Ihnen leichter fallen, sich nicht auf falsche Botschaften einzulassen. So können Sie vermeiden, Ihre Zeit und Kraft damit zu vergeuden, falsche Botschaften umsetzen zu wollen.

Diese Lehren gelten auch, wenn Sie für einen Nächsten übersetzen. Manchmal werden Sie eine falsche Übersetzung empfangen. Fragen Sie Ihr Gegenüber immer, ob die Übersetzung für den Empfänger stimmig klingt. Ist sie sinnvoll? Steht sie in einem Zusammenhang mit der spirituellen Reise jener Person? Wenn ja, wissen Sie, dass Ihre Übersetzung zutrifft. Wenn nein, wissen Sie, dass die Übersetzung falsch war.

Manchmal mag Ihre Übersetzung Unwohlsein erregen, weil es sich um eine Lehre handelt, die fordert, dass gewisse Ego-Anhaftungen oder Ego-Bindungen aufgelöst werden müssen. Oder es geht um eine Situation, die bedingungslose universale Vergebung erfordert. Dadurch fühlt sich derjenige, für den Sie übersetzen, vielleicht etwas unbehaglich. Gleichzeitig spürt dieser Mensch jedoch in seinem Inneren die Erkenntnis, dass genau dies jetzt für seine Seelenreise nötig ist.

Zwischen dem Unwohlsein angesichts solcher Lehren und dem Unbehagen, das durch eine falsche Lehre ausgelöst wird, besteht ein großer Unterschied. Wenn Sie fortfahren, Seelensprache zu praktizieren und für sich selbst und andere zu übersetzen, werden Sie immer klarer erkennen, wann die Übersetzung zutrifft und wann sie falsch ist. Aber denken Sie nicht zu viel darüber nach. Machen Sie sich keine Sorgen. Zu Anfang reicht es, zu wissen, dass falsche Botschaften möglich sind. Die Seelenwelt will Ihnen helfen, schnell auf Ihrer Seelenreise fortzuschreiten. Sie wird Ihnen nicht gleich am Anfang viele falsche Botschaften übermitteln. Und sie wird auch jenen, für die Sie übersetzen, keine falschen Botschaften geben.

Alle Botschaften, die Ihnen sagen, Sie seien der Beste oder die Größte, sind Botschaften, die Ihr Ego füttern: Ego-Aussagen, die nichts mit der Seelenwelt zu tun haben. Die Botschaften der Seelenwelt sagen Ihnen, Sie werden geliebt, Sie sind kostbar; und es sei etwas Besonderes, dass das göttliche Licht und die göttliche Präsenz in Ihrem Leben und im Leben anderer immer mehr Raum einnehmen. Das sind hoch zu schätzende Aussagen des Göttlichen und der Seelenwelt, die sich deutlich von jenen unterscheiden, die nur das Ego nähren.

Ihre Reaktion ist ein guter Hinweis für Sie selbst und für jene, denen Ihre Übersetzung gilt. Übersetzungen von Botschaften der Liebe und Wertschätzung der Seelenwelt lösen Dankbarkeit, Liebe, Hingabe und andere positive Gefühle aus, zum Beispiel Frieden, Ruhe und Selbstvertrauen. Botschaften des Ego fühlen sich jedoch auf einer gewissen Ebene unangenehm an. Sie spüren irgendwie, dass die Botschaft nicht ganz zu Ihrer Seelenreise passt. Wenn Sie oder die andere Person derartige Empfindungen wahrnehmen, ist die Übersetzung sicher nicht korrekt.

Seelensprache für andere zu übersetzen ist ein wundervolles Privileg. Es ist für deren Seelenreise sehr hilfreich. Und es hat eine starke Wirkung auf Ihre eigene Seelenreise, denn die Übersetzung für andere ist eine herrliche Form des Dienens. Sowohl Sie selbst als auch jene, für die Sie übersetzen, werden davon sehr profitieren.

Vom Nutzen der Übersetzungen für das Universum

Das Übersetzen von Seelensprache ist auch für Mutter Erde und über sie hinaus von großem Wert. Sobald neue Lehren und neue Weisheiten offenbart werden, sind alle Seelen gegenwärtig, um den Lehren zu lauschen und die Weisheiten zu empfangen. Die höheren Heiligen segnen das Offenbarte. Die Seelen, die diese Weisheiten und Lehren brauchen, um auf ihren Seelenreisen voranzuschreiten, nehmen sie mit unvorstellbarer Freude und Dankbarkeit entgegen. Es wird sogar einige Seelen geben, die jetzt in der Dunkelheit sind und dann ins Licht übergehen. Und es wird einige Seelen geben, die jetzt in Dunkelheit sind und deren Dunkelheit in Stärke transformiert wird. Beide werden zu Helfern und Freunden des Lichts. Diese Art des Dienens ist wirklich außergewöhnlich und sie bewirkt Bedeutendes in allen Universen. Halten Sie einen Augenblick inne und sinnen Sie über die Wichtigkeit des universalen Vorgangs nach. Durch das Übersetzen von Seelensprache, sei es Ihre eigene oder die von jemand anderem, können Sie Lehren offenbaren, die unzähligen Seelen helfen. Alle Seelen, die diese Lehre oder Weisheit brauchen, um mit ihrer Seelenreise fortzufahren, werden sie empfangen. Es wird ihre Seelenreisen beschleunigen und ihren Seelenrang erhöhen. Wieder ein Beispiel für die Größe und Großzügigkeit des Göttlichen – und für die vielen Möglichkeiten, zu dienen. Es ist eine ganz besondere Ehre, anderen durch das Übersetzen von Seelensprache eine stärkere Teilnahme am göttlichen Licht, an der göttlichen Liebe, an der göttlichen Vergebung und an allen anderen Qualitäten des Göttlichen zu ermöglichen.

Viele von Ihnen, die bereits Seelensprache verwenden und sie übersetzen, werden über diese neuen Lehren entzückt und überrascht sein. Im Übersetzen sind Sie ein Lehrer! Es ist eine besonders gesegnete Art des Lehrens, weil es nicht öffentlich ist. Mit dieser Yin-Qualität sind besonders große und hohe spirituelle Werte und Verdienste verbunden.

Wenn Sie Ihre Seelensprache oder die eines anderen übersetzen, profitieren Sie davon auf unzähligen Ebenen. Je höher Ihr Seelenrang, desto mehr Seelen des Universums profitieren davon. Wenn Ihr Seelenrang sehr hoch ist, werden dabei alle Seelen, die auf einem niedrigeren Niveau sind, und einige Seelen auf der gleichen Stufe gewinnen. Es ist eine besondere Ehre, allen Seelen im Universum Weisheit und Licht zu schenken. Stellen Sie sich nur vor, wie Ihre eigenen spirituellen Verdienste von Mal zu Mal zunehmen, wenn Sie übersetzen. Die Erhöhung Ihres Seelenranges wird sich stark beschleunigen. Die Qualität des Lichtes, das Sie auf jeder Ebene Ihres Seins erfahren, wird sich erhöhen. Sie werden in den Genuss neuer Weisheiten gelangen. Sie werden auf immer höheren Ebenen Erkenntnis gewinnen. Alles, was Sie empfangen, wird zu einem Teil Ihres täglichen Lebens. Die Weisheiten und Lehren, die Frequenzen und die Lichtschwingungen, die in Ihrer Seele, Ihrem Geist und Ihrem Körper gegenwärtig sind, werden zu einem Teil Ihres Seins.

Sie werden bemerken, dass Sie in Unterhaltungen öfter etwas sagen, das Sie selbst überrascht. Sie werden sich fragen, wo die Quelle dieser Bemerkungen liegt und woher die Ideen stammen. Sie kommen aus der größeren Weisheit, die Ihre Seele empfangen hat. Sie beruhen auf der Verbindung mit der größeren Weisheit und den Lehren, die jetzt auf Mutter Erde und in allen Universen zur Verfügung stehen.

Wer Ihnen zuhört, verfügt nun wegen der in allen Universen zunehmenden Weisheit über eine größere Fähigkeit, Sie zu verstehen und Ihre Botschaften zu empfangen. Es ist, als suche man an einem heißen Sommertag einen klimatisierten Raum auf. Sobald Sie eintreten, genießen Sie die angenehme Umgebung. Sie sind davon umgeben. Sie müssen nichts weiter tun, um diesen Vorzug zu nutzen. Die kühle Luft ist einfach da, damit Sie sich daran erfreuen und sie wertschätzen.

All die Segnungen in allen Universen werden Teil dessen, was man die »spirituelle Umwelt« der Universen nennen könnte. Sie können davon profitieren, indem Sie sich hineinbegeben. Das ist ein großartiges Geschenk des Göttlichen und der Seelenwelt.

Ich bin sicher, dass Sie nach allem, was Sie hier gelesen haben, die außerordentliche Großzügigkeit des Göttlichen besser zu würdigen wissen. Sie werden schätzen können, wie sehr jedem von uns auf seiner Seelenreise geholfen wird. Schließlich wollen das Göttliche und die ganze Seelenwelt uns unsere Reise ins Licht so leicht wie möglich machen – jedem von uns. Sie möchten, dass wir immer mehr in Harmonie mit dem göttlichen Licht und dem Licht der höchsten Heiligen gelangen. Wenn Sie sich mit diesen höheren Frequenzen des Lichts verbinden, wächst Ihre eigene Teilhabe am göttlichen Licht, an göttlicher Liebe, göttlicher Vergebung und göttlichem Dienst. Das verstärkt Ihre Verbindung zum Göttlichen, zu den höchsten Ebenen der Seelenwelt und zu all den damit verbundenen Qualitäten.

Jetzt haben Sie genug Anregungen erhalten, um zu verstehen, wie viel Kraft darin liegt, Ihre eigene Seelensprache oder die eines Nächsten zu übersetzen. Der daraus entstehende Vorteil ist nicht mit Worten zu beschreiben. Der Dienst, den Sie damit anbieten, ist tief greifend. Die Lehren und die Weisheit, die Sie damit freisetzen, werden von unzähligen Seelen dankbar aufgenommen. Die Dankbarkeit all dieser Seelen erhöht Ihre eigenen spirituellen Verdienste. Jedes Mal, wenn eine Seele die Lehren, die Weisheit und das Licht empfängt und dafür dankbar ist, vermehren sich Ihre spirituellen Schätze. All die Seelen, die diese Lehren und Weisheiten dank Ihrer Übersetzung empfangen, werden diese segnen. Manche werden sie auch weitergeben – und die Wertschätzung wird durch das Göttliche und die Seelenwelt zu Ihnen zurückfließen. Es ist sehr berührend, zu erkennen, wie sehr Sie geliebt werden und wie sehr das Göttliche und die höchsten Ebenen der Seelenwelt die Beschleunigung Ihrer Seelenreise wünschen.

Die mit der Übersetzung der Seelensprache verbundenen Geschenke sind grundlegend und bewirken Verwandlung. Die Übersetzungen nutzen Ihnen auf vielen Ebenen, und es ist wirklich eine außergewöhnliche Ehre und ein Privileg, dass Sie die Übersetzungen übermitteln dürfen. Ich vertraue darauf, dass jene, denen das Übersetzen von Seelensprache neu ist, jetzt erkennen, wie wichtig es ist, diese Fähigkeit zu entwickeln – nicht nur für Ihre eigene Seelenreise, sondern auch für die Reisen unzähliger anderer Seelen.

Manche von Ihnen mögen das als überwältigende Verantwortung und als Belastung empfinden. Das ist ein Irrtum – ein deutlicher Beweis dafür, dass Sie ins logische Denken geraten sind. Inzwischen wissen Sie, dass logisches Denken am besten korrigiert wird, indem man sich in den Zustand der Dankbarkeit versetzt. Wenn Sie das tun, werden Sie eine tiefe Dankbarkeit empfinden und das Gefühl von allzu großer Verantwortung wird verschwinden.

Ich füge hier einen besonderen Segen für all jene von Ihnen ein, die ihre Gabe zur Übersetzung von Seelensprache geöffnet haben, und für jene, die gerade damit befasst sind, diese Kompetenz zu entwickeln. Wenn Sie dieses Kapitel noch einmal lesen, wird sich Ihre Fähigkeit noch weiter öffnen. Ich wünsche jedem von Ihnen von Herzen die Fähigkeit, Seelensprache auf immer höheren Ebenen zu übersetzen. Sie sind zutiefst geliebt und gesegnet. Danke. Danke. Danke.

Fazit

Seelensprache ist ein ganz besonderes Geschenk des Göttlichen und der höchsten Ebenen der Seelenwelt. Dieses Geschenk ist von sehr weitreichendem Nutzen.

Im fünften Kapitel habe ich deutlich gemacht, dass die Wohltat, die aus der Übersetzung von Seelensprache entsteht, überaus groß und kaum in vollem Umfang vorstellbar ist. Die Seelensprache und ihre Übersetzung werden vielen geschenkt, weil Mutter Erde zurzeit eine tiefe Transformation und Läuterung durchlebt. Diese Transformation und Läuterung erstreckt sich über Mutter Erde und über dieses Universum hinaus. Aller Segen und alles Licht, die durch Ihre Bemühungen freigesetzt werden, unterstützen den wandelnden und klärenden Prozess. Nicht nur Sie selbst nehmen auf diese Weise daran teil, sondern Ihr Dienst heilt und transformiert auch andere.

Sie werden sich mit dem Göttlichen verbinden. Sie werden an Aspekten der göttlichen Essenz teilhaben, die Sie und unzählige andere Seelen transformieren. Das wird wahrlich wundervolle Auswirkungen auf Ihre Akasha-Chronik haben. Jene unter Ihnen, deren drittes Auge geöffnet ist, werden die Qualität des Lichtes sehen, das von Mal zu Mal zu einem Teil Ihrer Aufzeichnungen wird, sobald Sie Seelensprache verwenden oder übersetzen. Damit trägt es zu Ihren spirituellen Werten und Verdiensten bei.

Die Öffnung und die weitere Entwicklung Ihrer Seelensprache ist eine ganz besondere Form des Dienens und des Segnens. Das Gleiche gilt für die Übersetzung von Seelensprache. Wenn Sie dieses Buch mit einem offenen Herzen gelesen haben, werden Sie jetzt alles ganz anders verstehen als zuvor. Und Ihre Seelenreise hat sich bedeutsamer verändert, als Sie es sich überhaupt vorstellen können. Die Segnungen, die Sie in diesem Abschnitt empfangen haben, sind sanft, aber machtvoll.

Wie ich bereits am Anfang sagte: *Alles in diesem Buch ist ein Segen.* Nicht nur die Ideen und Lehren, sondern das Buch selbst. Die Seiten, die Worte, die Buchstaben, die Interpunktion, ja selbst die Leerzeichen sind machtvolle und sanfte Segnungen. Jedes Mal, wenn Sie einen Teil dieses Buches lesen, empfangen Sie weitere Segnungen.

Inzwischen verstehen Sie, dass jeder Segen, den Sie empfangen, auch ein Dienst ist. Das ist höchst erstaunlich. Wenn Sie dienen, empfangen Sie mehr Segen. Das ist ein großartiger und großzügiger Zyklus, den uns das Göttliche geschenkt hat. Was auch immer Sie tun, wird vermehrt und verstärkt. Viele spirituelle Traditionen haben erkannt, dass die Großzügigkeit des Göttlichen nicht zu übertreffen ist. Ich vertraue darauf, dass Sie diese Aussage nach der Lektüre dieses Buches noch viel besser verstehen.

Vielleicht wird es Ihnen helfen, zu wiederholen: *»Die Großzügigkeit des Göttlichen ist nicht zu übertreffen.«* Das bedeutet unter anderem, dass auch Sie selbst immer großzügiger werden, je mehr Sie am göttlichen Licht teilhaben. Alles, was Sie auf diesen Seiten gelesen haben, wird jedes Mal, wenn Sie meine Lehren anwenden, auf gesegnete Weise vervielfacht zu Ihnen zurückkehren.

Sie haben die Lehren, die Weisheiten und die Segnungen erkannt. Jetzt ist es an Ihnen, sie in die Praxis umzusetzen. Je mehr Sie üben, desto stärker werden sich Ihre Seelensprache und Ihre Übersetzungsgabe entfalten. Wenn sich Ihre Fähigkeiten noch nicht gesteigert haben, erhöht sich durch stetes Üben Ihre Bereitschaft. Ich möchte Sie ermutigen, das Üben in Ihren Alltag zu integrieren. Ich wünsche mir, dass das Praktizieren von Seelensprache und ihrer Übersetzung so selbstverständlich ein Teil Ihres Alltags wird wie das Zähneputzen – etwas, das Sie automatisch tun, ohne sich dafür extra Zeit nehmen zu müssen.

Wenn Sie all dies gelesen haben, sind Sie für den beschriebenen Dienst auserwählt. Es ist kein Zufall, dass Sie sich entschieden haben, dieses Buch zu lesen. Sie hätten so viele andere Bücher lesen können. Die Tatsache, dass Sie sich für dieses Buch entschieden haben – oder dass sich dieses Buch für Sie entschieden hat –, ist ein Zeichen dafür, wie wichtig es für Sie ist, Ihre Seelensprache und deren Übersetzung zu entwickeln.

Sie sind ein Mitglied des göttlichen Teams, das die Gegenwart all dessen, was auf diesen Seiten beschrieben und gelehrt wurde, erschafft. Sie sind zutiefst gesegnet. Ich selbst, das Göttliche und all die höchsten Heiligen halten Sie voll Zärtlichkeit im Herzen. Sie sind gesegnet. Danke. Danke. Danke.

2. Teil

Seelengesang

Die Musik von Herz und Seele

6

Was ist Seelengesang?

Seelengesang besteht aus den Melodien, die in Ihrer Seele gespeichert sind und die jetzt freigesetzt werden dürfen. Die Lieder, die Ihre Seele erklingen lässt, können unterschiedlich sein, je nachdem, was Sie gerade tun oder wie die Umstände sind. Vielleicht erhalten Sie auch einen Seelengesang, der sich nur wenig verändert. Es kann auch eine Kombination dieser Möglichkeiten auftreten. Sie öffnen vielleicht einen Seelengesang, der »Ihr Lied« zu sein scheint, weil er sich oft wiederholt. Sie können auch eine Vielfalt von Liedern haben, die sich nach der jeweiligen Situation richten. Es ist nicht wichtig, wie sich der Seelengesang durch Sie manifestiert. Das einzig Wichtige ist, dass Sie ihn öffnen können.

Damit dies gelingt, müssen Sie alle Erwartungen und Vorstellungen loslassen, denn diese verschließen nur die Möglichkeit, den Seelengesang zu öffnen. Ich habe in den Kapiteln über die Seelensprache bereits deutlich beschrieben, wie man Erwartungen vermeiden kann. Blättern Sie bei Bedarf zurück und lesen Sie die Zeilen noch einmal: Das dort Beschriebene ist nicht nur vollständig, sondern auch mit machtvollen Segnungen versehen, die Ihnen helfen werden, Ihre Erwartungen tatsächlich loszulassen.

Die wichtigste Geisteshaltung bei der Lektüre dieses Abschnitts besteht in einem frohen Mut und einem offenen Herzen. Mit diesen Qualitäten können Sie von den Lehren und den Segnungen zutiefst profitieren.

Seelengesang und Seelensprache

Seelengesang ist eine Weiterentwicklung der Seelensprache. Alles, was ich in diesem Buch über Seelensprache und ihre Übersetzung geschrieben habe, trifft auch auf den Seelengesang zu. Er gilt jedoch als eine höhere Ebene der Seelensprache; er ist eine erlesene, reine Verbindung mit dem Göttlichen, den höchsten Heiligen und den höchsten Bereichen der Himmel.

Viele von Ihnen werden ihren Seelengesang als reinen Klang empfangen und entsprechend ertönen lassen. Er wird dann aus einer Melodie bestehen und jenseits von Worten sein – sogar jenseits von Worten der Seelensprache. Manche von Ihnen mögen ihren Seelengesang sowohl mit Melodien als auch mit Worten empfangen – das spielt keine Rolle. Was auch immer Ihnen im jeweiligen Augenblick gegeben wird, ist ein außergewöhnliches und machtvolles Geschenk. Nochmals: Es ist sehr wichtig, tatsächlich alle Erwartungen und Vorstellungen loszulassen, wie sich Ihr Seelengesang manifestieren soll.

Seelengesang ist eine Verbindung mit den Schwingungen der Seelenwelt, der höchsten Bereiche der Himmel und dem Göttlichen, die bislang noch nicht auf so umfassende und weitreichende Weise zur Verfügung stand. Es hat schon immer Seelengesang gegeben, doch nicht in dieser Präsenz wie jetzt. Nun werden die Seelengesänge zahlloser Menschen freigesetzt, was noch nie zuvor geschehen ist. Im Zeitalter des Seelenlichts wird all jenen, die bereit sind, ihr Seelengesang gegeben: Menschen aus allen Gesellschaftsschichten. Seelengesang wird nicht mehr auf eine bestimmte Gruppe von Menschen begrenzt sein.

Jeder, der sich dem Göttlichen voller Hingabe verpflichtet fühlt, ist bereit für seinen Seelengesang. Er wird allen gegeben, die von dem aufrichtigen Verlangen erfüllt sind, ihre Seelenreise auf die nächste Stufe zu bringen. Manche Menschen singen bereits seit mehreren Jahren Seelengesang, ohne sich dessen bewusst zu sein. Jetzt können sie es auf bewusste Weise tun. Die bewusste Wahrnehmung wird die Erfahrung und die Anwendung dieses kostbaren Geschenks noch viel wirkungsvoller machen.

Die Bedeutung des Seelengesangs

Wenn Sie bestimmte Seelenlieder anstimmen, verbinden Sie sich auf machtvolle Weise mit dem Göttlichen, den großen Heiligen und den höchsten Bereichen der Himmel. Das kann so transformierend sein, wie Sie es noch nie erfahren haben. Ihre Teilhabe am göttlichen Licht und Mitgefühl, an göttlicher Liebe, Vergebung und Heilung wird auf einer ganz neuen Ebene stattfinden. Und Sie werden das sehr deutlich spüren: Die Intensität ist von großer Helligkeit und von Freiheit begleitet.

Die Transformation, die durch Ihren Seelengesang stattfindet, wird Ihre Seelenreise außerordentlich beschleunigen. Die Segnungen und Heilungen, die Sie durch die Verwendung Ihres Seelengesangs spenden können, sind sehr kraftvoll. Das göttliche Licht und die göttliche Energie werden exponentiell, das bedeutet in ungeahntem Ausmaß, zunehmen. Sie selbst, Mutter Erde und alles darüber hinaus werden allergrößten Nutzen daraus ziehen. Der damit verbundene Dienst und der daraus entstehende Gewinn haben eine andere Qualität, weil bei der Verwendung des Seelengesangs auch die Verbindung mit der Seelenwelt und dem Göttlichen eine andere Qualität haben.

Es ist schwierig, die Bedeutung dieses Geschenks in Worten angemessen auszudrücken. Es ist schon schwer genug, ein Lied in Worten zu beschreiben. Alle Lehren dieses Buches könnten auch durch ein Seelenlied übermittelt werden.

Während Sie diese Seiten lesen, hören Sie vielleicht in Ihrer Seele, Ihrem Herzen und Ihrem Geist eine Melodie, welche die gelesenen Worte begleitet – eine Verbindung mit den Seelengesängen dieses Buches, seinen Lehren und Segnungen und mit Ihrem eigenen Seelengesang. Es ist auch vollkommen in Ordnung, wenn Sie dies nicht wahrnehmen. Auch hier gilt, was ich zuvor über das Loslassen von Erwartungen und Vorstellungen gesagt habe. Lassen Sie die Möglichkeit zu, dass sie zu den Worten dieses Buches eine Melodie hören. Wenn Sie ausbleibt, ist es auch gut. Die Melodie ist trotzdem da, in Ihrer Seele. Zum angemessenen Zeitpunkt wird sie Ihnen offenbar werden.

Ein weiterer Aspekt der Bedeutung des Seelengesangs ist die erlesene Harmonie und Einheit, die spürbar ist, wenn alle Seelenlieder zusammengebracht werden. Dieses »Zusammenbringen« kann auf vielerlei Arten geschehen, etwa auf der Seelenebene: Sobald Menschen aus allen Teilen der Welt ihr Seelenlied anstimmen, werden sie Teil dieser Harmonie und Einheit. Man muss sich dafür nicht körperlich oder geografisch nahe sein. Es wird auch Zeitpunkte geben, an denen Menschen aus der gleichen Gegend gemeinsam Seelenlieder singen. Und manchmal werden Gruppen aus bestimmten Gründen zusammenfinden und ihre Seelengesänge anstimmen, um Mutter Erde und dem Universum diese Kostbarkeiten zukommen zu lassen.

Jedes Zusammenwirken dieser Art schenkt einen bedeutenden Ausgleich der Energien; sehr viel Licht wird freigesetzt. Jede einzelne Seelenreise wird eine große Transformation durchlaufen. Viele gehen noch vollständiger ins Licht. Viele beginnen ihre Reise, um Licht zu werden. Und viele werden aus Dunkelheit in Licht umgewandelt.

Die durch Seelengesang bewirkte Transformation ist sehr kraftvoll und gleichzeitig sehr sanft. Es wird sich anfühlen, als flösse ein klarer Lichtstrom durch Ihr ganzes Sein. Diese Transformation wird auf allen Ebenen für alle Wesen auf Mutter Erde und darüber hinaus stattfinden. Sie ist in unserer Zeit ein besonderes Geschenk des Göttlichen. Die Kombination aus Kraft und Sanftheit ist für Mutter Erde und über sie hinaus sehr wichtig, ja sogar notwendig. Sie schenkt große Stärke – die wiederum durch Sanftheit weich gemacht wird. Dies wird sich oft als ein Miteinander von Stärke und Mitgefühl zeigen.

Die Transformation, die sich durch die Seelenlieder ereignet, wird auch eine tiefe Erfahrung des universellen Gesetzes von Yin und Yang sein. Dieses Gesetz existiert bereits seit Tausenden von Jahren, aber im Zeitalter des Seelenlichts stellt es sich anders dar: Jetzt wird es auf eine noch nie da gewesene Art verstanden und erfahren. Die Seelenlieder sind für dieses neue Verständnis von Yin und Yang ein wichtiges Instrument, ja geradezu ein Transportmittel. Man kann sagen, dass der Seelengesang das universelle Gesetz von Yin und Yang wirklich auf Mutter Erde und über sie hinaus einführen wird. Die Seelenlieder machen dieses Gesetz auf so kraftvolle Weise gegenwärtig, dass es nun in unserem Zeitalter ganz und gar erfahren werden kann.

Jene von Ihnen, die ihren Seelengesang empfangen und freigesetzt haben, werden verstehen, was ich mit dem neuen Aspekt dieser uralten Weisheit meine. Vieles von dem, was durch Seelengesang erfahren werden kann, existiert bereits seit Anbeginn der Zeiten und länger. Doch hat es auf den richtigen Augenblick gewartet, um sich zu manifestieren und sich uns in Gänze zu zeigen. Das Zeitalter des Seelenlichts ist dieser Augenblick, und Seelenlieder gehören zu den kraftvollsten Wegen, diese alten Lehren und Weisheiten zum Ausdruck zu bringen.

Es könnte noch viel mehr über den Sinn und Wert des Seelengesangs gesagt werden. Doch um seine Bedeutung wirklich schätzen zu können, müssen Sie Ihren eigenen Zugang öffnen und Ihre eigenen Lieder anstimmen.

Es ist völlig unbedeutend, ob Sie sich für musikalisch halten oder nicht. Die Seelenlieder stammen aus Ihrer Seele; sie entstehen mühelos. Vielleicht konnten Sie bislang nie einen Ton halten, doch Sie werden entzückt feststellen, dass es Ihnen mit Ihrem Seelengesang möglich ist. Er wird sich Ihnen im herrlichsten Klang offenbaren. Der Klang kann harmonisch oder misstönend sein. Er mag sich wie der Gesang einer alten Kultur anhören. Es mag eine Kombination dieser Möglichkeiten oder etwas ganz anderes sein. Wie auch immer er sich zeigt, Sie werden Ihren Seelengesang mühelos singen können, weil er aus Ihrer Seele stammt und die gleichen Eigenschaften aufweist wie Ihre Seelensprache. Solange Sie Ihrem Seelengesang erlauben, frei aus Ihnen herauszufließen, wird er das in Hülle und Fülle tun.

Von der Wohltat des Seelengesangs

Wenn Sie Ihre Seelenlieder singen, werden Sie dadurch reichlich beschenkt. Der Nutzen besteht natürlich unter anderem in der Transformation, die in Ihnen stattfinden wird. Sie wird Ihr ganzes Wesen mit ältesten Klängen zum Schwingen bringen – mit Klängen, die es bereits vor der Zeit, vor der Schöpfung gab, als alles Klang war. Die Verbindung mit diesen Klängen durchwebt Ihr ganzes Sein bis in die kleinsten Zwischenräume und winzigsten Materieteilchen mit den ergreifendsten Schwingungen und bringt sie in Resonanz mit dem Göttlichen. Diese Resonanz kann bislang nur durch Seelengesang hervorgerufen werden.

Seelenlieder sind das Instrument, das uns in diesen Zeiten gegeben wurde, um diese Verbindungen herzustellen. Nicht nur die winzigsten Teilchen und die kleinsten Zwischenräume werden in diesen göttlichen Frequenzen schwingen, sondern auch die größten Dinge – und alles dazwischen. Sie werden Ihre persönliche Seelenmelodie mit Ihren Ohren hören können. Doch in Ihrem ganzen Sein wird es alle möglichen Melodien geben, die alle mit dem, was Sie mit Ihren Ohren hören, im Einklang sind. Jedes Organ, jedes System, jede Zelle und jeder Teil der Zellen, jede DNS und jede RNS Ihres Körpers hat eine eigene Melodie. Wenn Sie Ihren Seelengesang öffnen und singen, werden auch alle diese »inneren« Seelenlieder freigesetzt. Alles in Ihnen beginnt, im Einklang mit dem Seelengesang Ihrer Stimme sein Lied zu singen.

Es ist unmöglich, all das zu beschreiben, was sich daraus an Wohltaten und Vorzügen entwickelt. Vielleicht können Sie sich zumindest vorstellen, wie enorm die Transformation sein wird, wenn Sie Ihren Seelengesang verwenden. Und wenn Sie ein Seelenlied zur Heilung und zum Segnen einsetzen, werden auch die Empfänger transformiert. Auch wenn Sie »nur« Ihren Seelengesang erklingen lassen, dient er dem Wohl anderer, selbst wenn dies nicht Ihre spezifische Absicht ist. Singen Sie einfach zu Ihrem eigenen Vergnügen, dann reichen die Segnungen, das Licht und die Transformationen weit über Sie hinaus. In vielen Fällen trägt es zum Wohl des ganzen Universums bei. Es ist ein großes Privileg, an solch einem außerordentlichen Geschenk teilzuhaben und auch andere davon profitieren zu lassen.

Die Transformation wird auf der Ebene von Seele, Geist und Körper stattfinden. Manche Schwierigkeiten, Hindernisse und Blockaden, mit denen Sie konfrontiert sind, fangen dann an, sich aufzulösen. Sie werden in Licht verwandelt. Das gilt für die Blockaden Ihrer Seelenreise genauso wie für die Blockaden Ihres Geistes. Manche Geisteshaltungen und Überzeugungen, die Sie bislang schwer loslassen konnten, werden auf erstaunliche Weise in Licht transformiert. Dieser Prozess wird, wie gesagt, gleichzeitig kraftvoll und sanft sein. Das Gesagte gilt auch für Ihre Emotionen und Ihre körperliche Gesundheit.

Die Seelengesänge werden diese Veränderungen sehr beschleunigen. Viele von Ihnen werden überrascht sein, wie schnell sie vor sich gehen. Besonders jene, denen manchmal schwer ums Herz ist oder die unter Depressionen und Ängsten leiden, werden derlei Umwandlungen zu schätzen wissen. Wer mit solchen Gefühlen gelebt hat, wird die Freisetzung des Seelengesangs als besonderen Segen empfinden, denn es ist unmöglich, niedergeschlagen zu sein und gleichzeitig voller Freude zu singen. Deshalb ist der Seelengesang für alle Blockaden ein mächtiges Heilmittel.

Wer unter Depressionen leidet, empfindet die Öffnung seines Seelengesangs vielleicht zunächst als einen gequälten Schrei. Das ist völlig in Ordnung. Lassen Sie alles so zum Ausdruck kommen, wie es eben klingt. Zensieren Sie nicht und ändern Sie nichts willentlich. Wenn Sie es zulassen, dass alles zum Ausdruck kommen darf, und wenn Sie die Transformation erfahren, wird sich auch Ihr Seelengesang transformieren. Seien Sie sich dessen bewusst, während Sie Ihr Lied freisetzen. Fürchten Sie sich nicht vor dem, was in Ihrer Stimme zum Ausdruck kommt.

Im Kapitel über die Seelensprache habe ich Ihnen empfohlen, dem Göttlichen Ihre Stimme zu leihen. Was dabei herauskommt, ist nicht das Produkt logischen oder bewussten Denkens, sondern ein Ausdruck des Göttlichen. Das Gleiche gilt für den Seelengesang. Es ist unbedingt notwendig, Ihre Stimme dem Göttlichen zu überlassen. Sie müssen sich bewusst machen, dass jeder Klang, der dabei entsteht, die Stimme des Göttlichen ist. Weil Ihre Stimme nur »entliehen« ist, können und dürfen Sie an das, was dabei entsteht, keine Erwartungen haben.

Denken Sie auch daran, dass Ihr Seelengesang zu verschiedenen Zeiten unterschiedlich klingen wird. Lassen Sie alle Möglichkeiten zu. Sie sollten wissen, dass Ihr Seelengesang von unglaublichem Nutzen sein wird, ganz egal wie er klingt. Dieser Nutzen ist erst in dieser Zeit möglich. Die damit verbundenen Vorzüge haben eine neue, höhere Schwingung und Qualität. Wie auch immer Ihr Seelengesang ausgedrückt wird: Nehmen Sie alles dankbar an und freuen Sie sich über die Erkenntnis, dass er Ihnen auf der tiefsten Ebene Ihres Seins von großem Nutzen sein wird.

Der Seelengesang als Dienst

Anhand der beschriebenen Vorzüge des Seelengesangs ist leicht nach-zuvollziehen, dass seine Anwendung ein großer Dienst ist. Dabei den-ken viele sofort, dass sie etwas Zusätzliches tun müssten, und fühlen sich überfordert, weil sie ohnehin so viel zu tun haben. Aber mein Verständnis des Dienstes hat nichts damit zu tun, dass Sie noch mehr erledigen sollten. Sie können die größten Dienste erweisen, während Sie Ihren alltäglichen Gepflogenheiten nachgehen. Wie? Setzen Sie Ihren Seelengesang ein!

Während Sie diese Seiten lesen und zugleich die Segnungen emp-fangen, die mit all diesen Lehren verbunden sind, werden viele von Ihnen innerlich ein Lied hören. Still werden sie die Seiten lesen und still das Lied hören. Weil es ein Seelengesang ist, wird er von der Seele gesungen und gehört. Es ist durchaus möglich, dass er für die Ohren nicht wahrnehmbar ist, aber er ist mindestens genauso bedeu-tungsvoll und transformierend wie ein Lied, das Sie mit den Ohren hören können. Vielleicht haben Sie eine Vorliebe für eine der beiden Möglichkeiten. Das eine mag Ihnen leichter zufließen als das andere. Beides ist jedoch wichtig, jedes ist auf seine Weise etwas Besonderes; jedes leistet seinen eigenen Dienst.

Wenn Sie im Lauf des Tages ein Seelenlied anstimmen, mag es die Situation erfordern, dass Sie dies im Stillen tun. In anderen Situ-ationen können Sie es vielleicht laut singen. Es spielt keine Rolle für die Wohltat und den Dienst, die damit verbunden sind. Ich empfehle Ihnen, dass Sie Ihr Lied manchmal laut und manchmal leise singen. Dadurch entsteht ein Gleichgewicht, und Ihr Dienst bleibt auch in der Balance.

Alle Vorzüge, die das Singen des Seelengesangs Ihnen persönlich bietet, gelten auch für jene, denen Sie Ihr Lied anbieten. Der Dienst, den Sie so leisten, erreicht die ganze Mutter Erde und reicht oft darüber hinaus. Der Dienst besteht in der Gegenwart einer sehr machtvollen Schwingung. Durch Ihr Lied können Sie vielen das Geschenk des Segens und der Transformation zukommen lassen.

Das besonders Schöne am Dienst durch Seelengesang ist die damit verbundene Freude und das Licht. Auf der ganzen Erde wird es Menschen geben, die plötzlich die mit Ihrem Lied verbundene Freude und das Licht spüren können, ohne die geringste Ahnung zu haben, woher die Freude und das Licht kommen. Es ist vollkommen in Ordnung, dass sie nicht wissen, wem sie danken sollen. Es genügt, dass Sie wissen, andere haben auf kraftvolle und transformierende Weise daran teil.

Die Tatsache, dass viele nicht wissen, wem sie danken sollen, und dass sie auch die volle Wirkung Ihres Seelenliedes nicht kennen, ist für Sie selbst ein großer Segen. Es entspricht einer Yin-Tugend und wirkt sich äußerst positiv auf Ihre spirituellen Verdienste und Werte aus, anderen auf so »unsichtbare« Weise zu dienen. Der Effekt ist dann ungleich größer, als wenn Sie das Gleiche öffentlich täten. Seelenlieder sind wundervolle Geschenke, durch die jede Seele mittels der Qualität der Yin-Tugend sehr rasch himmlische Werte ansammeln kann.

In diesen Zeiten ist es auf Mutter Erde sehr wichtig, über ein hohes Maß spiritueller Werte zu verfügen. Sie stehen nämlich in direkter Beziehung zu Ihrem Seelenrang. Ein hoher Seelenrang entspricht großen Fähigkeiten. Diese Fähigkeiten ermöglichen es Ihnen, der Menschheit, Mutter Erde und allem darüber hinaus zu dienen. Man kann wiederum größeren Dienst leisten, wenn man seine spirituellen Werte vermehrt – ein ganz wundervoller Kreislauf: Je mehr Sie dienen, desto mehr Verdienste werden Ihnen gutgeschrieben. Je mehr Verdienste Sie angesammelt haben, desto mehr können Sie dienen, um so den Sinn Ihrer Seelenreise zu erfüllen. Es ist ein erlesenes und großzügiges Geschenk des Göttlichen, dass Sie durch Ihren Seelengesang spirituelle Werte sammeln können. Sie können Ihr Seelenlied ununterbrochen und in jeder Situation singen. Sie können sich den ganzen Tag lang in diesen Dienst stellen, ganz unabhängig davon, was Sie gerade tun.

Es ist von Bedeutung, sich in der Kunst des Seelengesangs zu üben. Sie werden alsbald bemerken, dass alles, was Sie tun, zu einem Teil Ihres Liedes wird. Wenn Sie einen großen Teil des Tages vor dem Computer verbringen und sich dabei im Stillen Ihrem Seelenlied widmen, wird Ihre Arbeit zu einem Teil des Gesangs. Viele von Ihnen arbeiten an einem Computer, weil es nicht anders geht. Es ist nichts, was Sie begeistert. Falls das auf Sie zutrifft, wird es ein besonderes Geschenk für Sie sein, Ihre Arbeit zu transformieren, indem sie zu einem Teil Ihres Seelengesangs wird.

Sie können Ihr Seelenlied auch zu allen schicken, die ebenfalls am Computer arbeiten. Das wird ihnen viel Licht und große Transformation bringen. Wenn Sie Ihr Seelenlied anstimmen und die Freude und das Licht wahrnehmen, die damit einhergehen, werden die anderen etwas von der Freude und dem Licht empfinden. Viele werden darüber staunen, dass die Arbeit, die sonst so belastend erschien, sich plötzlich freudvoller und lichtvoller anfühlt. Welch wundervolles Geschenk, in der Lage zu sein, so vielen Menschen etwas zu geben!

Sollten Sie das Glück haben, eine Arbeit zu verrichten, die Sie bereits mit Freude und Vergnügen erfüllt, können Sie Ihr Glück mehren, indem Sie den ganzen Tag Ihr Seelenlied singen. Damit werden die Segnungen und der sinnvolle Nutzen Ihrer Arbeit bedeutend verstärkt. Alle, die mit Ihnen zu tun haben, werden die Veränderung bemerken und selbst mehr Freude und Licht empfinden. Und auch alle, die eine ähnliche Arbeit tun, profitieren von Ihrem Seelengesang. Ja, jeder Mensch auf Mutter Erde, Mutter Erde selbst und Seelen jenseits der Erde werden großes Wohl daraus ziehen. Sowohl die Schwingungen Ihres Liedes als auch die damit verbundenen Tugenden und Werte strahlen aus. Das ist ein wundervoller Dienst, den Sie so anbieten können.

Das ist besonders zu dieser Zeit wertvoll, in der so viele Menschen unter einem Gefühl der Schwere leiden und es an tiefer, authentischer Freude fehlt. Es ist eine besondere Ehre, den Liedern vieler anderer Seelen Ihren eigenen Gesang hinzufügen zu können. Dieser Dienst erzeugt ein Licht und eine Schwingung, die von vielen Seelen als heilend empfunden werden, sodass es ihnen auf ihrer Seelenreise hilft. Die Yin-Qualität dieses Dienstes ist äußerst machtvoll und auf besondere Weise mit dem Zeitalter des Seelenlichts verbunden. Die Resonanz und Harmonie zwischen den Yin-Tugenden und -Werten und dem Zeitalter des Seelenlichts sind enorm. Es ist bedeutungsvoller, als Sie es sich je vorstellen können, diese Art des Dienstes jetzt zu Beginn des Zeitalters des Seelenlichts anzubieten. Die Präsenz des Lichts und all dessen, was zu diesem Zeitalter gehört, werden beschleunigt – ein besonderer Segen, eine besondere Ehre und ein ganz besonderes Geschenk.

7

Seelengesang und Freude

Es gibt eine tiefe Verbindung zwischen dem Seelengesang und der Präsenz der Freude. Wie bereits im sechsten Kapitel beschrieben, kann man sagen: *Freude ist das deutlichste Zeichen für die Gegenwart Gottes und der vollkommenste Ausdruck des Göttlichen.* Wenn Sie Ihr Seelenlied anstimmen, sind Sie auf besondere Weise in der Gegenwart des göttlichen Lichts und Mitgefühls sowie der göttlichen Liebe und Vergebung. Und Sie sind in der Gegenwart der Freude. Sie vergegenwärtigen diese Qualität auf Mutter Erde und über sie hinaus. Das ist ein dringend benötigter Dienst in diesen Zeiten, in denen so vielen die Freude fehlt und es unzählige schwere und belastende Situationen gibt. Die Gegenwart des Göttlichen, also die Freude auszudrücken, ist ein wundervolles Geschenk an die Menschheit, an Mutter Erde und über sie hinaus.

Die göttliche Gegenwart umfasst noch viel mehr als Freude, doch in diesem Kapitel will ich mich auf diesen Aspekt beschränken, weil er so gut zum Seelengesang passt. Jene von Ihnen, die ihren Seelengesang bereits erfahren haben, kennen auch das Glücksgefühl, das ich hier meine: Sie haben tiefe Hingabe, Frieden und Wonne erfahren, die mit der durch das göttliche Lied zum Ausdruck kommenden Freude einhergehen.

Wenn Sie Ihren Seelengesang noch nicht geöffnet haben, obwohl es Ihr Wunsch ist, empfehle ich Ihnen, das sechste Kapitel noch einmal zu lesen. Ich habe Ihnen dort zwar nicht genau erläutert, wie Sie es bewerkstelligen können, aber mit dem Lesen des Kapitels sind viele Segnungen verbunden, die Ihrem Seelengesang zur Öffnung verhelfen. Bitten Sie darum, bevor Sie das sechste Kapitel nochmals lesen. Grüßen Sie einfach die Seele des Seelengesangs und bitten Sie darum, dass Ihnen Ihr Seelengesang geschenkt werde. Bedanken Sie sich. Es besteht eine hohe Wahrscheinlichkeit, dass Sie so Ihren Seelengesang öffnen können.

Eine genaue Anleitung finden Sie im ersten Teil über die Seelensprache. Ich möchte mit diesen beiden Teilen all jenen helfen, die ihren Seelengesang öffnen wollen, dieses Ziel zu erreichen. Dazu habe ich die notwendigen Segnungen gegeben. Lesen Sie diese Abschnitte so oft wie nötig, um Ihren Seelengesang zu empfangen und zu öffnen. Achten Sie darauf, keine Vorstellungen und Erwartungen zu haben. Als universaler Diener ist es mir eine Freude und eine Ehre, Ihnen auf diese Weise dienen zu dürfen.

Seelengesang als ein Ausdruck des Göttlichen

Das Göttliche ist in unzähligen Formen präsent. Seelenlieder sind eine Ausdrucksform des Göttlichen für unsere Zeit. Sie sind ein ganz besonderer Ausdruck des Göttlichen. Inzwischen haben Sie sicher eine Ahnung davon bekommen, warum das so ist; aber sie bleibt vorerst nur vage. Das Göttliche kann in menschlichen Begriffen nicht angemessen ausgedrückt werden, doch Seelenlieder bieten eine Möglichkeit, das Göttliche zu manifestieren. Seelengesänge sind grenzenlos.

Jeder Einzelne kann wie gesagt eine Vielfalt von Seelenliedern haben: Einige mögen zu den Heilungen gehören, die Sie geben, während andere zu bestimmten Tageszeiten zu Ihnen kommen. Allen ist gemeinsam, dass sie Ausdruck Ihrer Seele sind. Durch sie verleiht Ihre Seele all jenem eine Stimme, was im jeweiligen Augenblick erfahren oder gesegnet wird.

Das soll Ihnen eine Ahnung von der Mannigfaltigkeit des Göttlichen vermitteln. Multiplizieren Sie die Vielfalt der Seelenlieder eines einzelnen Menschen mit all den Menschen, die ihren Seelengesang empfangen und geöffnet haben, und Sie verstehen, wie vielfältig die Gegenwart des Göttlichen sein kann. Und jetzt fügen Sie dem noch die Seelengesänge von allem in Ihrer jetzigen Umgebung hinzu. Das wird Ihr Verständnis vom schier endlosen Facettenreichtum des

Göttlichen noch vertiefen und Ihnen zeigen, wie diese Ausdrucksformen gleichzeitig außergewöhnlich und gewöhnlich sind. Man kann die Seelengesänge leicht überhören. Sie werden tatsächlich oft überhaupt nicht wahrgenommen, was in gleichem Maße auch für die Gegenwart des Göttlichen gilt.

Dies ist also ein Aspekt des Seelengesangs als Ausdruck des Göttlichen.

Ein weiterer Aspekt hängt mit der außerordentlichen Kraft und Macht der Seelengesänge zusammen. Diese Macht ist sowohl stark als auch sanft. Sie transformiert jenes, das dazu nur allzu bereit ist, und jenes, das mit Macht widersteht. Seelenlieder können in die winzigsten und in die größten Räume vordringen. All dies sind auch Eigenschaften des Göttlichen: Es ist in den kleinsten Materieteilchen gegenwärtig und aktiv. Das Göttliche ist auch dort präsent, wo es keine sichtbare Manifestation gibt. Es ist in den größten Räumen und Materien gegenwärtig und aktiv. Zu dieser »Aktivität« des Göttlichen gehören alle Eigenschaften des Göttlichen. Die Qualitäten, die ich am häufigsten erwähnt habe, sind jene, die mit dem universalen Dienst einhergehen: Liebe, Vergebung, Frieden, Heilung, Segen, Harmonie und Erleuchtung. Selbstverständlich gibt es noch viele andere. Unmöglich, alle Qualitäten und Aspekte des Göttlichen zu beschreiben. Es ist noch nicht einmal möglich, die wichtigsten Qualitäten zu erfassen. Eine davon ist jedoch die Qualität der Freude und Wonne, die auf machtvolle Weise in den Seelengesängen zum Ausdruck kommt. Freude und Wonne haben ihrerseits wieder viele Aspekte. Lassen Sie mich einige Gesichtspunkte der Freude beschreiben, damit Sie eine Vorstellung von der Bandbreite und der Tiefe dieser Qualität gewinnen. Anhand der Beispiele können Sie selbst über Freude und Wonne nachdenken und erkennen, dass wir hier nur die Oberfläche berühren. Sie können dies mit Seelenkommunikation tun, mit Seelensprache oder mithilfe Ihrer intuitiven Fähigkeiten. Vielleicht verfügen Sie auch über weitere Möglichkeiten, hinsichtlich dieser Qualitäten mehr Weisheit zu entwickeln.

Die Qualität der Freude als Ausdruck der Gegenwart des Göttlichen birgt eine gewisse Leichtigkeit. Sie ist nicht nur eine einzigartige Präsenz des Lichts, sondern geht auch mit einem Gefühl der Beschwingtheit und der Freiheit einher. Dieses Gefühl der Freiheit unterscheidet sich sehr von der Art von Freiheit, die Ihr logischer Verstand kennt. Freiheit als Teil der göttlichen Freude meint die Freiheit von Vorstellungen, wie etwas zu sein hat, von persönlichen Anhaftungen und Erwartungen, deren Last Sie schwer zu Boden drücken kann. Die Bürde schließt oft Sorgen, Stress und andere anstrengende Empfindungen ein. Genießen Sie dagegen die Freiheit der göttlichen Freude, verfliegt alles, was mit Vorstellungen und Erwartungen zu tun hat. Sie erfahren tiefe, echte Freiheit – einen Aspekt der göttlichen Freude. Die Freiheit verleiht der göttlichen Freude ihr wundervolles Gefühl der Leichtigkeit.

Ein weiteres Charakteristikum der göttlichen Freude ist die Fröhlichkeit. Dieses Gefühl ist oft von der Erfahrung vollständigen Friedens, der Ruhe und der Freude begleitet, die eintreten, wenn Sie sich wirklich in den Zustand der göttlichen Gegenwart begeben. Die Qualitäten von Frieden, Ruhe, Freude und Fröhlichkeit sind Teile dieser Erfahrung; sie sind auch Teil Ihrer bewussten Wahrnehmung der göttlichen Präsenz. Wann immer Sie sich bewusst mit der göttlichen Präsenz verbinden, erleben Sie Fröhlichkeit. Man kann es auch Glückseligkeit nennen. In diesen Erfahrungen werden Sie sich bewusst, dass Sie den »Himmel auf Erden« erleben, dass Sie sich mit einer erlesenen Manifestation des Göttlichen verbunden und sich in diesen Teil Ihrer Existenz versetzt haben.

Göttliche Freude ist von großer Tiefe. Sie ist in allen Frequenzen und Schwingungen Ihres körperlichen, mentalen, emotionalen und spirituellen Seins gegenwärtig. Diese Tiefe und Resonanz bleiben Ihnen, selbst wenn der Augenblick vergangen ist, der das Gefühl ausgelöst hat. Sie werden zu einem Teil Ihres Seins, Ihres Wesenskerns – zu einem Teil Ihrer Schwingung. Und weil die Schwingung durch Ihren Seelengesang erzeugt wurde, reicht sie bis in die tiefsten Tiefen Ihres Körpers, bis in Ihre DNS und RNS. Man darf mit Fug und Recht behaupten, dass diese Freude zu einem Teil Ihrer DNS und RNS wird.

Deswegen kann man sagen, die Freude ist dann ein Teil Ihres Seins. Ein außergewöhnliches Geschenk für alle von Ihnen, die unter Depressionen, Ängsten, Sorgen, Kummer und dergleichen leiden! Die Schwingungen der Seelenlieder werden auf Ihre Seelenreise wunderbar wirken. Sie werden einen starken Einfluss auf Ihren geistigen, emotionalen und körperlichen Heilungsprozess haben. Es ist überdies ein großer Dienst, wenn diese Freude in Ihrem ganzen Sein schwingt.

Wenn Sie unter Depressionen oder ähnlichen Problemen leiden, empfehle ich Ihnen sehr, alles zu unternehmen, um Ihren Seelengesang zu empfangen und zu öffnen. Ich empfehle Ihnen auch, dieses Lied den ganzen Tag lang bewusst zu singen. Es ist nicht unbedingt notwendig, aber es wäre hilfreich, wenn Sie laut singen könnten: Die Qualität der Freude und der Wonne des Göttlichen würde vielfältig manifestiert – was die Umwandlung Ihrer Depression beschleunigt. Wirklich erstaunlich, dass etwas so Einfaches wie das Singen derart tiefe Veränderungen bewirken kann. Aber es handelt sich hier natürlich nicht um gewöhnliches Singen: Dieses Singen ist ein Ausdruck Ihres Seelengesangs.

Alle diese Manifestationen des Göttlichen sind sehr machtvoll. Wenn Sie sie erfahren, strahlen sie nicht nur in Ihre unmittelbare Umgebung, sondern weit darüber hinaus. Dieses großzügige Verströmen ist wiederum eine Manifestation des Göttlichen. Es ist ein großer Dienst, diese Schwingungen auszustrahlen. Man kann wirklich sagen, eine der besten Beschreibungen des Göttlichen ist, dass das Göttliche ein bedingungsloser universaler Diener ist. Jedes Mal, wenn Sie selbst also ein bedingungsloser universaler Diener sind, sind Sie ein wundervoller Ausdruck des Göttlichen. Sie vergegenwärtigen das Göttliche auf machtvolle Art. Dies tun zu können ist eine unvorstellbare Ehre.

Der Dienst, den Sie leisten, wenn Sie Ihren Seelengesang anstimmen, reicht weit über Sie hinaus. Ich habe diesen Aspekt schon im sechsten Kapitel beschrieben. Wenn es Ihnen noch nicht ganz klar ist, mag es Ihnen dienlich sein, den Abschnitt im sechsten Kapitel nochmals zu lesen. Manche mag der Gedanke überwältigen, das Göttliche als bedingungslosen universalen Diener zu betrachten.

Das Konzept ist möglicherweise schwer mit dem zu vereinbaren, was Sie gelernt haben. Es mag auch für Ihr logisches Denken schwer zu verarbeiten sein. Verschiedene Traditionen und Lehren haben das Göttliche auf vielfältige Weise beschrieben. Viele von Ihnen sind mit einem ganz anderen Verständnis von der Gegenwart des Göttlichen und seinen Ausdrucksformen aufgewachsen. Aufgrund dieser »Vorbildung« kann es schwer sein, sich das Göttliche als bedingungslosen universalen Diener vorzustellen.

Wenn das auf Sie zutrifft, haben Sie jetzt eine wunderbare Gelegenheit, diese Einstellungen und Überzeugungen loszulassen. Je mehr Sie diese Beschreibung des Göttlichen annehmen und in Ihrem Leben umsetzen, desto größer ist Ihre Chance, die Gegenwart des Göttlichen als bedingungsloser universaler Diener zu verkörpern. Wenn dies geschieht, werden Sie alles in Ihrem Leben als Dienst betrachten. Dies wiederum ermöglicht es Ihnen, immer mehr zu erkennen, dass auch Ihr Seelengesang ein Dienst ist. Ich könnte noch mehr über den Seelengesang als Ausdruck des Göttlichen sagen, aber die Lehren dieses Abschnitts haben Ihnen hoffentlich einige Anregungen vermittelt, mit deren Hilfe Sie Ihr eigenes Verständnis weiterentwickeln können.

Seelenlieder manifestieren Freude und Wonne

Weil Mutter Erde in dieser Zeit so bedürftig ist, möchte ich mehr Aufmerksamkeit auf die Qualitäten der Freude und Wonne lenken. Während der Läuterungsprozess der Erde voranschreitet, werden immer mehr Menschen genau diese Qualitäten brauchen. Mutter Erde braucht diese Qualitäten ebenso wie die »Räume« über sie hinaus.

Die Qualitäten der Freude und Wonne schaffen die Möglichkeit und die Präsenz von Erdung und Zentriertheit. Wenn Sie voller Freude und Wonne leben, ist Ihre Energie geerdet. Ihr *Unteres Dan Tien* wird sehr stark: Dieses wichtige, etwa faustgroße Energiezentrum sitzt ungefähr vier Zentimeter unterhalb des Nabels und sechs Zentimeter innerhalb des Körpers. Viele Menschen, die auf dem spirituellen Weg sind, achten leider nicht genug darauf.

Das Untere Dan Tien ist das grundlegende Energiezentrum für Ausdauer, Energie, Vitalität und ein langes Leben. Hier ist zudem der Sitz der Seele bei vielen Menschen, die auf der spirituellen Reise sind. Manche von Ihnen haben vielleicht Seelen, die in einem anderen Energiezentrum angesiedelt sind, aber bei den meisten sitzt die Seele im Unteren Dan Tien. Es ist auch die Basis der körperlichen Gesundheit und das Energiezentrum für das Immunsystem. Das macht deutlich, wie wichtig es ist. Es braucht unbedingt ständig Licht und Energie, damit es sich erholen, auffüllen und entwickeln kann. Wenn Sie Freude und Wonne empfinden, spüren Sie die damit verbundenen Energien zuerst im Unteren Dan Tien. Sie spüren sie auch im Botschaften-Zentrum, das auch Herzzentrum oder Herzchakra genannt wird. Doch Sie nehmen die Energie im Herzzentrum durch die kraftvolle Gegenwart von Energie und Licht im Unteren Dan Tien wahr.

Ein starkes Unteres Dan Tien hilft Ihnen, sich zu erden und zu zentrieren – eine notwendige Unterstützung für alle Aspekte Ihres Lebens. Wenn es stark ist, empfangen auch Ihre wichtigen Organe genug Energie und Licht, um gesünder zu werden. Und wenn Sie geerdet und zentriert sind, fällt es Ihnen leichter, emotional ausgeglichen zu sein. Ein starkes Unteres Dan Tien ist von vielerlei Nutzen.

Dieser Bereich ist zugleich das postnatale, also nachgeburtliche Energiezentrum. Das pränatale, also vorgeburtliche Energiezentrum ist der Schneeberg-Bereich: Sie finden ihn, wenn Sie sich in Ihrem Körper eine gerade Linie von Ihrem Nabel zum Rücken vorstellen. Wenn Sie auf dieser Linie vom Rücken aus etwa ein Drittel nach innen gehen und dann sieben bis acht Zentimeter nach unten, landen Sie gedanklich im Zentrum des ebenfalls ungefähr faustgroßen Schneeberg-Bereichs. Er sitzt etwas vor und über Ihrem Steißbein. Der Schneeberg-Bereich nährt die Nieren und das Gehirn. Das Untere Dan Tien und der Schneeberg-Bereich sind die zwei wichtigsten Basis-Energiezentren für Ihr körperliches Wohlergehen. An dieser Stelle möchte ich mich jedoch auf das Untere Dan Tien konzentrieren.

Wenn Sie Ihr Seelenlied singen, stärken Sie Ihr Unteres Dan Tien.

Das Licht und die Energie, die es empfängt, haben eine besondere Qualität. Ich empfehle Ihnen, sich beim Üben Ihres Seelengesangs ab und zu besonders auf die Stärkung Ihres Unteren Dan Tien zu konzentrieren. Das wird die Entwicklung dieses Energiezentrums beschleunigen. Dieser Aspekt Ihres Seelengesangs hilft Ihnen, sich in jedem Bereich Ihres Lebens zu erden und zu zentrieren – was Ihrer Seelenreise sehr zuträglich sein wird.

Die Einstellungen, Geisteshaltungen und Überzeugungen, die Sie manchmal dazu verleitet haben, ständig über etwas nachzudenken, ohne zu einem Schluss zu kommen, sodass die Gedanken sich nur noch im Kreis drehen, können durch ein stärkeres Dan Tien transformiert werden. Die Anwendung Ihres Seelengesangs wird Ihnen helfen, den Prozess zu beschleunigen und die alten Muster in Freude und Wonne zu verwandeln. Sie können die Qualitäten von Freude und Wonne einerseits und ein stärkeres Dan Tien andererseits als Teil des Yin und Yang Ihrer Seelenreise sowie Ihrer körperlichen Reise betrachten. Diese Sicht der Dinge kann Ihnen helfen, besser zu verstehen und anzuerkennen, wie die beiden zusammenarbeiten.

Geerdet und zentriert zu sein – das ist für die meisten Menschen der schnellste Weg, Freude und Wonne zu erfahren. Umgekehrt bieten Freude und Wonne den schnellsten Weg, jemandem zu helfen, besser geerdet und zentriert zu sein. Es ist wundervoll, zu wissen, dass diese Qualitäten und dieses Energiezentrum einander unterstützen. Und es ist ein besonderer Segen, dass die Seelenlieder dies fördern. Es macht die Sache leichter. Zum gegenwärtigen Zeitpunkt in der Geschichte von Mutter Erde ist es von grundlegender Notwendigkeit, geerdet und zentriert zu sein. Das wirksame Instrument des Seelengesangs stellt dabei einen unglaublichen Segen für die Menschheit dar.

Seelengesänge heilen und trösten

Seelenlieder haben eine außergewöhnliche Heilkraft. Sie können Bereiche Ihres Lebens berühren, die zuvor unerreichbar schienen. Diese Bereiche größten Widerstands werden durch die Schwingungen des Seelengesangs berührt, denn Seelenlieder wirken in große Tiefen hinein. Sie setzen eine Vielzahl von Schwingungen in Gang, die erstaunliche Heilungen bewirken. Diese Heilungen werden von einer Erfahrung des Trostes und der Beruhigung und von großer Sanftheit begleitet. Es hat einen sehr tröstenden und besänftigenden Effekt, wenn die heilenden Schwingungen anfangen, die Bereiche zu berühren und zu transformieren, in denen der größte Widerstand sitzt.

Beginnen die Anspannung und der Schmerz, die mit Widerstand verbunden sind, zu heilen, erzeugt das zunächst Entspannung. Wenn Sie entspannt sind, werden Sie ruhiger. Das ist ein besonderes Geschenk des Seelengesangs, und dies kann auf allen Ebenen geschehen. Seelenlieder können die hartnäckigsten Überzeugungen und Glaubensmuster heilen und besänftigen. Stellen Sie sich vor, wie großartig es ist, wenn die härtesten Widerstände berührt und dann umgewandelt werden.

Dies wird sich auch auf die emotionale und die körperliche Ebene auswirken. Die Transformation wirkt auf der ganzen Mutter Erde und über sie hinaus. Wenn Sie Ihren Seelengesang anstimmen, geschieht all das, was ich hier beschrieben habe – selbst wenn Sie ohne besondere Absicht singen. Natürlich stärkt eine bewusste Absicht die wohltuenden Wirkungen. Doch Sie sollen wissen, dass all das Gute, das ich erwähnt habe, jedes Mal eintritt, sobald Sie Ihr Seelenlied singen.

Durch »*Love, Peace and Harmony*« – »*Liebe, Frieden und Harmonie*«, das Seelenlied, das mir am 10. September 2005 vom Göttlichen gegeben wurde, werden sich alle diese Vorzüge außerordentlich vervielfältigen. »*Liebe, Frieden und Harmonie*« ist eine ganz besondere Botschaft für unsere Zeit. Es wird eine starke Wirkung auf Ihre Seelenreise haben, dieses und andere Seelenlieder, die mir geschenkt wurden, anzustimmen. Die Heilkraft der Seelengesänge ist so stark, dass Sie sie erfahren müssen, um sie angemessen wertzuschätzen. Verwenden Sie Ihren Seelengesang für sich selbst und für andere. Fangen Sie an, seine Wirksamkeit zu erfahren. Dies wird der beste Lehrer für Sie sein. Achten Sie auf alle Aspekte des Heilungsprozesses. In jedem Aspekt steckt bedeutende Weisheit.

Die Lehren, die Sie empfangen, sind einzig für Sie, doch Sie werden eine Verbindung zu dem Heilungsprozess für andere, für Mutter Erde und über sie hinaus herstellen können. Der Heilungsprozess selbst ist ein besonderer Weisheitslehrer. Sowohl er als auch die Seelengesänge werden Ihnen helfen, große Weisheit zu erlangen, die Sie in vielfacher Weise auf Ihrer Seelenreise unterstützt. Die Lehren, die Sie empfangen, haben etwas mit der speziellen Heilung, die Ihnen zugute kommt, zu tun. Sie werden mit diesen Lehren jedoch auch anderen bei ihrem Heilungsprozess helfen.

Durch diese Lehren können Sie zu einem kraftvollen Heiler werden. Sie bewirken, dass mithilfe Ihrer Seelenlieder noch größere Heilkräfte fließen. Es ist, als würden Sie von der Seelenwelt persönlich unterwiesen, wenn Sie die Lehren empfangen. Das ist ein sehr großer Segen. Alles, was Sie tun, wird durch die Lehren gestärkt. Ihr Heilungsprozess und Ihre Seelenreise werden sich erstaunlich beschleunigen.

Wenn Sie die Lehren, die Sie erhalten, auch befolgen, öffnen sich Ihre spirituellen Kanäle weiter. Je mehr Sie auf die Lehren Ihres Heilungsprozesses achten, desto tiefer und schneller wird die Heilung vonstatten gehen. Wie bereits gesagt, wird sie von einem Gefühl der Besänftigung und Entspannung begleitet. Alle diese Gaben gehen jedes Mal mit dem Singen Ihrer Seelenlieder einher.

Alles Gute, von dem Sie in diesem Buch gelesen haben, findet statt, sobald Sie Ihren Seelengesang anstimmen. Es kommt Ihnen selbst zugute und strahlt zusätzlich über Sie hinaus. Auch Mutter Erde und das Universum profitieren davon. Alles, was ich in diesem Abschnitt beschrieben habe, gilt auch für die Heilsegnungen, die Sie anderen anbieten. Ist der betreffende Mensch bereit für die Informationen, können Sie ihm raten, gut auf seinen Heilungsprozess zu achten. Erklären Sie ihm, dass der Heilungsprozess ein wundervoller Weisheitslehrer ist. Manche werden für diese Informationen bereit sein, andere nicht. Bei Letzteren ist ein Heilungssegen sinnvoll. Sprechen Sie nicht über die Rolle des Heilungsprozesses als Weisheitslehrer: Das wäre lediglich verwirrend und würde den Heilungsprozess sogar verlangsamen, weil das logische Denken dann so stark einsetzt, dass es einen Teil des Vorgangs blockiert. Falls Sie den starken Wunsch verspüren, diese Menschen etwas über die Weisheitslehren des Heilungsprozesses wissen zu lassen, reden Sie mit deren Seele. Vermitteln Sie die Lehren auf der Seelenebene. Wenn Sie das öfter gemacht haben, bemerken Sie, dass die Menschen offener werden, die Lehren auch direkt zu empfangen. Die direkten Lehren nehmen sie mit ihrem logischen Denken auf. Das ermöglicht es ihnen, die Lehren in ihrem täglichen Leben umzusetzen.

Es ist von großem Vorteil, die Weisheitslehren Ihres Heilungsprozesses zu empfangen. Da die Lehren auf Sie persönlich zugeschnitten sind, ist auch die Wirkung auf Ihre Seelenreise und Ihre Heilungsreise eine ganz persönliche. Die Art, wie die Lehren Ihr Sein auf allen Ebenen transformieren, ist einzig für Sie. Die Weisheitslehren können den gesamten Heilungsprozess intensivieren und beschleunigen. Das bewirkt eine tiefe Heilung, Transformation und Besänftigung.

In diesen Zeiten werden den Menschen bestimmte Geschenke gegeben, und jeder wird auf außerordentliche Weise davon profitieren. Das wird sich auch auf andere auswirken, auf Mutter Erde und über sie hinaus. Es ist eine hohe Ebene des Dienens, die Weisheitslehren zu erhalten und umzusetzen. Diesen Dienst anzubieten, zieht machtvolle Segnungen nach sich. Es ist erstaunlich, zu erkennen, welch außerordentliche Segnungen und Fähigkeiten die Seelengesänge mit sich bringen. Wir sind zutiefst gesegnet, dass wir den Seelengesang in diesem Kapitel der Menschheitsgeschichte öffnen dürfen.

Seelengesang als besonderes Geschenk an unsere Zeit

In diesem kurzen Abschnitt finden Sie Bedeutendes über den Seelengesang. Viele der Lehren haben nun schon darauf hingewiesen, dass der Seelengesang in unseren Zeiten ein besonderes Geschenk ist. Behalten Sie dies im Bewusstsein. Es ist alles wahr und die verschiedenen mit den Seelengesängen verbundenen Geschenke sind alle etwas ganz Besonderes. Wenn alle Aspekte der Seelenlieder zusammenkommen, entsteht eine kraftvolle Schwingung, ein außergewöhnlich schönes Muster. Diese Erkenntnis ist wichtig, doch die Seelenlieder sind außerdem auf andere Weise herausragende Geschenke in unserer Zeit. Sie stellen eine einzigartige Verbindung zu der bemerkenswerten Großzügigkeit des Göttlichen dar. Man kann sie am besten als göttliche Großzügigkeit beschreiben, kein anderer Begriff wäre angemessen. Das Göttliche hat die Gaben der Freude, der Wonne und der tiefen Heilkraft zu diesem Zeitpunkt geschenkt, weil diese Qualitäten dringend benötigt werden. Seelenlieder sind eine machtvolle Manifestation des göttlichen Mitgefühls. Die Läuterung von Mutter Erde ist notwendig, aber für viele Menschen, vielleicht sogar für die meisten, wird das ein äußerst schwieriger Prozess sein. Weil das Göttliche dies weiß, hat es uns ein Instrument gegeben, das uns auf einzigartige Weise helfen kann. Das Göttliche will sogar mehr als helfen; es möchte bei uns gegenwärtig sein, während die Menschheit durch den Läuterungsprozess geht. Seelengesang ist eine kraftvolle und gleichzeitig sanfte Art und Weise für das Göttliche, bei uns zu sein, sodass wir zur Gegenwart des Göttlichen werden.

Das Mitgefühl, das sich in dem Wunsch des Göttlichen, bei uns zu sein, manifestiert, übersteigt unser Vorstellungsvermögen. Seelenlieder sind auch eine sehr machtvolle Manifestation der göttlichen Gnade und Vergebung. Durch diese wundervollen Geschenke werden viele Menschen in der Lage sein, Vergebung zu erfahren, die sowohl auf individueller Ebene als auch in Bezug auf Gruppen, Nationen, ja sogar Mutter Erde dringend notwendig ist. Die Präsenz göttlicher Vergebung durch die Seelengesänge ermöglicht jedem, sich jener Bereiche bewusst zu werden, die der Vergebung bedürfen. Selbst Ereignisse aus vergangenen Leben werden auf kraftvolle und sanfte Art Vergebung finden. Dieser Prozess der Vergebung wird zu erstaunlichem Frieden führen, einem Frieden, der sowohl auf der individuellen Ebene erfahren werden kann als auch zu anderen ausstrahlt.

All dies mag nach einzelnen Geschenken aussehen, doch sie sind allesamt Manifestationen des Göttlichen. Die Aussage, dass Seelengesang ein besonderes Geschenk für unsere Zeit ist, bedeutet auch, dass er die Gegenwart des Göttlichen in uns und durch uns zu einer sehr transformierenden Wirklichkeit macht. Es ist unmöglich, in menschlichen Worten auszudrücken, welch außergewöhnliches Geschenk die Gegenwart des Göttlichen ist. Alles, was ich über Seelengesang gesagt habe, soll Ihnen eine Ahnung davon vermitteln, welch ein außerordentliches Geschenk und welch eine großartige Manifestation des Dienens er darstellt. Sobald Ihnen bewusst ist, was Seelengesang wirklich bedeutet, fällt es Ihnen leichter, anzuerkennen, dass das Göttliche ein bedingungsloser universaler Diener ist.

Ich kann gar nicht oft genug wiederholen, wie außergewöhnlich es ist, zu wissen, dass die Gabe des Seelengesangs gleichbedeutend ist mit der Gegenwart des Göttlichen. Das Göttliche will in diesen Zeiten bei uns sein, um uns während des Läuterungsprozesses von Mutter Erde beizustehen. Tauchen Sie in die Erfahrung Ihres Seelengesangs ein, um weitere Lehren zu empfangen, durch die Ihr Verständnis und Ihre Wertschätzung wachsen können. Setzen Sie Ihren Seelengesang ein, um die göttliche Gegenwart zu erfahren. Nutzen Sie ihn, um zur göttlichen Gegenwart zu werden. Je mehr Sie dies tun, desto besser werden Sie verstehen, wie einzigartig dieses Geschenk in unserer Zeit ist.

Man könnte sagen, dass das Göttliche den Menschen durch die Seelenlieder auf besondere Weise hörbar gemacht wird. Das Göttliche hat sich entschieden, die menschliche Stimme zu verwenden, um auf diese wundervolle Weise gegenwärtig zu sein. Es hat sich aus all den bereits genannten Gründen für den Gesang entschieden. Sobald Sie Ihre Seelenlieder anstimmen, werden Ihnen noch weitere Gründe zu Bewusstsein kommen; die von mir erklärten bilden lediglich das Kernstück der Seelengesänge. Es ist ein Privileg, dass uns ein so großartiges Geschenk zuteil wurde. Nutzen Sie es oft. Nutzen Sie es weise – mit tiefster Dankbarkeit, Liebe, Wertschätzung und Respekt. Wir sind reichlich gesegnet.

8

Seelengesang und das Lied des Universums

Das Universum ist von einer immerwährenden Melodie, von einem Lied durchdrungen. Ihr Seelengesang manifestiert einen Teil vom Lied des Universums. Ihr Seelengesang ist zugleich ein einzigartiger Beitrag zum Lied des Universums. Alle Klänge, die es gibt, auch die Schwingungen und Frequenzen, die für menschliche Ohren nicht wahrnehmbar sind, können durch unsere Stimmen ausgedrückt werden.

Die Bandbreite von Klängen ist erstaunlich. Ihr Seelengesang wird viele dieser Schwingungen manifestieren: Er manifestiert eine bestimmte Kombination von Klängen und ist in Harmonie mit der ganzen Bandbreite – einschließlich der Klänge, welche die menschliche Stimme gar nicht ausdrücken kann. Es ist ein sehr kraftvoller Vorgang, dieser Resonanz durch Ihren Seelengesang eine Form zu geben. Es verbindet mit dem innersten Wesen der Energie, die in der gesamten Materie vorhanden ist. Dies verbindet wiederum mit dem wahren Kern des Lebens. Es ist sehr heilsam, die Resonanz durch Ihren Seelengesang zu manifestieren, und bringt eine machtvolle Gegenwart des göttlichen Lichts, der göttlichen Energie und der göttlichen Präsenz in die menschliche Form, in die Yang-Existenz.

Jene von Ihnen, die Energie schon als Schwingung wahrgenommen haben, können besser hochschätzen, was es bedeutet, diese Schwingungen als Seelengesang manifestieren zu können. Die Vielfalt der Lieder lässt uns leichter die außerordentliche Bandbreite ermessen, die im gesamten Universum existiert. Die Fähigkeit, sich mit dem unglaublichen Spektrum von Klängen zu verbinden, stellt einen Segen dar, der auf Mutter Erde während der Zeit ihrer Läuterung dringend benötigt wird. Im Universum gibt es viele Seelen, die Mutter Erde in dieser Zeit helfen können. Ihr Seelengesang ist ein kraftvoller Weg, um die Unterstützung dieser Seelen auf der Erde zu vergegenwärtigen. Durch Ihren Seelengesang können Sie sich mit deren Schwingung verbinden. So unterstützen Sie diese Wesen darin, Mutter Erde zu helfen.

Wie die Harmonie auf Mutter Erde Fuß fassen kann

Stimmen Sie Ihr Seelenlied an, dann verstärkt sich die Harmonie der Klänge auf der Erde. Denken Sie an Erfahrungen, in denen Sie angefangen haben, etwas zu summen: Andere um Sie herum fingen allmählich an, einzustimmen. Wenn Sie mit Kindern arbeiten, haben Sie sicher schon bemerkt, was geschieht, wenn ein Kind zu summen beginnt: Häufig fallen sofort mehrere Kinder mit ein, sodass es nicht lange dauert, bis die ganze Gruppe mitmacht. Vielleicht summt nicht jedes einzelne Kind mit, aber es wird so klingen, als summe die ganze Gruppe. Dieses Beispiel macht Ihnen deutlich, was auf Mutter Erde geschieht, wenn Sie Ihren Seelengesang anstimmen.

Ich habe bereits erklärt, was in Ihrem Körper passiert, wenn Sie auf diese Weise singen. Das Gleiche geschieht auch für Mutter Erde. Sie bringen den Prozess der Harmonisierung von Mutter Erde voran. Sie sind in der Lage, in die Schwingungen Ihrer unmittelbaren Umgebung Harmonie zu bringen. Denken Sie einen Augenblick darüber nach, wie außergewöhnlich das ist. Wahrscheinlich sitzen Sie jetzt gerade irgendwo und lesen dieses Buch. Lenken Sie Ihre Aufmerksamkeit auf Ihre unmittelbare Umgebung. Denken Sie an alle Teile des Stuhls, auf dem Sie sitzen. Denken Sie an den ganzen Bereich des Fußbodens unter Ihrem Stuhl. Der Stuhl – jeder Teil von ihm – hat zahlreiche Seelen, unter anderem die Seele des gesamten Stuhls, die Seele der Stuhlbeine, die Seele der Lehne und so weiter. Es gibt auch eine Seele für jede einzelne Zelle im Stuhl. Er hat unzählige Seelen. Jede von ihnen hat ihre eigene Frequenz und Schwingung. Jede hat ihren eigenen Klang. Wenn Sie Ihren Seelengesang anstimmen, können Sie sich mit den Klängen und Liedern Ihres Stuhles verbinden. Dabei können Sie jedem Teil des

Stuhls helfen, mit sich selbst und miteinander in größere Harmonie zu kommen.

Das Lied des Stuhls wird in eine immer größere Harmonie mit Ihrem eigenen Seelenlied gelangen. Das Lied des Stuhls wird auch in sich selbst harmonischer. Es wird reichhaltiger, stärker, kraftvoller und lichter. Es wird alle diese Qualitäten dem Lied und der Harmonie der Erde hinzufügen. Und jetzt multiplizieren Sie dieses Beispiel mit all den Objekten Ihrer unmittelbaren Umgebung. Schauen Sie sich im Raum um: Alle Dinge in Ihrem Raum singen ihre eigenen Lieder. Sie haben ihre eigenen Schwingungen. Wenn Sie Ihr Seelenlied singen, bringen Sie alle diese Lieder in eine größere Harmonie miteinander und mit dem Göttlichen. Das ist für Mutter Erde von allergrößtem Nutzen. Auch die Harmonie innerhalb von Mutter Erde wird gestärkt. All dies wird einfach durch das Singen Ihres Seelengesangs bewirkt. Eine mühelose Art des Dienens und ein freudvoller Weg, an der Transformation von Mutter Erde mitzuwirken!

Wenn Tausende oder auch nur Hunderte von Menschen an dieser Art des Dienens teilnehmen, beschleunigt sich die Transformation von Mutter Erde mehr, als Sie sich vorstellen können. Die Klänge und die Lieder von Mutter Erde und all ihren Kindern werden zu einer wunderschönen Symphonie. Ihre Klänge spiegeln sich in den Seelengesängen von allen, die dieses großartige Geschenk empfangen haben und es zum Wohl aller einsetzen. Wenn jene, die ihren Seelengesang geöffnet haben, in Gruppen zusammenkommen, und sei es nur zu zweit oder zu dritt, werden sie noch viel mehr an der Symphonie von Mutter Erde teilnehmen. Je mehr Menschen das Seelensingen manifestieren, desto kraftvoller wird die Teilnahme an dieser Symphonie.

Der wichtigste Aspekt Ihres Seelengesangs: Tragen Sie stets im Bewusstsein, dass er ein Ausdruck Ihrer Seele ist, damit Sie ihn wirklich aus Ihrer Seele fließen lassen. Manchmal klingt er vielleicht ganz sanft und leise, manchmal lauter. Folgen Sie dem natürlichen Fluss und lassen Sie Ihren Seelengesang genau so zum Ausdruck kommen. Die wichtigste Facette der Harmonisierung von allem, was auf Mutter Erde existiert, ist die Verbindung von Seele zu Seele, die der Seelengesang bewirkt. Die Kraft liegt in eben dieser Verbindung, nicht in der Lautstärke. In dieser Verbindung steckt das Bindeglied zum Göttlichen. Wenn Sie zulassen, dass sich Ihre Seele so zum Ausdruck bringt, wie sie es möchte, gehen Sie mit dem Göttlichen und der gesamten Seelenwelt eine Seelenverbindung ein, welche die höchste umwandelnde Kraft hat.

Alles in den vorigen Kapiteln Gesagte vergegenwärtigt sich auf außergewöhnliche Weise. Die Möglichkeiten der Transformation sind unbegrenzt. Wenn Sie Ihr Seelenlied singen, ist es äußerst wichtig, dass Sie sich dieser Seelenverbindung, dieser Herzensverbindung bewusst bleiben. In dem Augenblick, da Sie anfangen, logisch zu denken und Ihren Seelengesang zu steuern versuchen, bricht die Seelenverbindung ab.

Viele Menschen in dieser Gesellschaft meinen: Je mehr, desto besser. Beim Singen würde das bedeuten: Je lauter, desto wirksamer. Das ist nicht der Fall. Es mag Situationen geben, in denen Ihr Seelengesang mit großer Lautstärke zum Ausdruck kommen möchte. Und es mag andere Zeiten geben, in denen er leise und sanft klingt. Das spielt keine Rolle.

Die Seelenverbindung, die Herzensverbindung ist der wichtigste Aspekt Ihres Seelengesangs. Wenn Sie das berücksichtigen und sich davon leiten lassen, wird Ihr Seelenlied von höchster Transformationskraft sein. Die Verbindung mit dem Göttlichen geht dann sehr tief; Ihre Fähigkeit, sie zu manifestieren, wird sehr stark, und Sie werden zur Gegenwart des göttlichen Klangs. Das ist ein ganz besonderer Aspekt des Göttlichen, der den Kern und die Essenz alles Existierenden bildet und der auf besondere Art überall auf Mutter Erde und über sie hinaus präsent ist.

Der besondere Klang der Seelengesänge existiert jenseits der Zeit. Die Fähigkeit, Ihr Seelenlied dazu zu verwenden, die Bereiche jenseits der Zeit zu manifestieren, ist eine ganz besondere Ehre und Segnung. Das Licht, das so vergegenwärtigt wird, und die Transformation, die es bewirkt, werden für die gesamte Menschheit, für Mutter Erde und über sie hinaus ein Segen sein. Es führt zu wunderbaren Heilungen, sowohl von innen nach außen als auch von außen nach innen. Diese Kombination trägt die Heilung auch in jene Teile des Lebens, die zuvor nicht erreicht wurden.

Die Heilung wird auf allen Ebenen stattfinden. Die Tiefe der Heilung wird über dieses Leben hinausreichen bis in die vielen vergangenen Inkarnationen, die Ihre Seele durchlebt hat. Diese uralten Bereiche, die vielleicht immer noch der Heilung bedürfen, werden anfangen, mit den Seelenliedern zu schwingen, und es wird auch hier unvorstellbare Transformation und Heilung stattfinden – sowohl auf der individuellen Ebene als auch in Gruppen, Gesellschaften und Nationen. Sie wird auf der Ebene des gesamten Planeten wirken und über ihn hinaus.

Falls Sie sich schon einmal einer größeren Operation unterziehen mussten, wissen Sie, wie lange eine Heilung dauern kann; oft sind es Monate. Dieses Beispiel verdeutlicht die Macht der Seelengesänge. Die Tiefe der Heilung, die durch dieses wundervolle Geschenk erreicht werden kann, geht bis in Bereiche, die vielleicht schon seit Jahren, Jahrzehnten oder mehreren Leben der Heilung bedürfen und die nicht anders zu erreichen wären. Wie Wunden eine gewisse Zeit brauchen, um vollständig zu heilen, so benötigen vielleicht auch diese Bereiche eine Weile.

Allerdings ist der Unterschied zwischen körperlicher Heilung und Heilung auf der Seelenebene enorm. Durch Seelengesang wird der Prozess entscheidend beschleunigt. Und wenn die alten Bereiche geheilt sind, entsteht ein Lied des Wohlbefindens und der Freude, das sich in die Harmonie von Mutter Erde einfügt.

Wenn ein Bereich Heilung braucht, schwingt er in einer Frequenz der Sehnsucht und des Verlangens. Er sehnt sich nach Transformation, mehr Licht und mehr Resonanz. Es ist ein wundervoller Dienst, diesen Bereichen zu bringen, wonach sie sich vielleicht schon mehrere Leben lang sehnen. Wird die Sehnsucht in eine harmonische Resonanz umgewandelt, ist das für unseren Planeten von höchster Wohltat. Und der neuen Qualität von Harmonie, die daraus hervorgeht, ist eine einzigartige Stärke und Schönheit zu eigen. Sind die alten Bereiche geheilt, entsteht eine Harmonie, die den ganzen Reichtum, die Weisheit und das Licht dieser alten Zeiten enthält. Dies verleiht der Harmonie der Erde Tiefe – eine Tiefe, die nur durch die Heilung der alten Bereiche möglich ist.

Ist es nicht erstaunlich, dass wir mit der Heilung durch unseren Seelengesang sowohl in die Vergangenheit als auch in die Zukunft hineinwirken können? Und dabei verstärken wir noch die Harmonie der Erde. Und diese Harmonie ist nicht auf die uns bekannten Klänge beschränkt. Im Zeitalter des Seelenlichts wird es eine Zeit geben, in der wir eine größere Vielfalt der vorhandenen Klänge erfahren. Im Moment ist das noch nicht wichtig, aber die Zeit wird kommen.

Jeder kann sein Seelenlied singen. Manche meinen vielleicht, sie könnten keinen einzigen Ton halten. Aber das spielt keine Rolle. Seelenlieder kommen nicht aus dem Äußeren, aus dem, was Sie gelernt oder gehört haben. Sie kommen aus der Seele. Wenn Sie zulassen, dass Ihr Seelengesang fließt, werden Sie überrascht sein, wie gut Sie singen können. Seelensingen ist eine ganz andere Art des Singens, durch die immer genau das erzeugt wird, was gerade gebraucht wird.

Wie bereits gesagt unterscheiden sich die Seelenlieder von Mensch zu Mensch. Ihre eigenen Seelengesänge werden unterschiedlich sein, je nachdem, was Sie gerade tun oder was Sie umgibt. Wenn Sie Ihrer Seele erlauben, ihr Lied anzustimmen, tragen Sie etwas Kostbares und Einzigartiges zu Mutter Erde und für alle ihre Bewohner bei. Sie tragen etwas Kostbares und Einzigartiges zum Kosmos und zu allen Zeiten bei. Und Sie stellen eine außergewöhnliche Verbindung zum Göttlichen her, zu der gesamten Seelenwelt und darüber hinaus. Sie werden zur Manifestation des heiligen Klangs.

Eine Möglichkeit für universale Harmonie

Alles, was ich darüber gesagt habe, dass Seelengesang Mutter Erde mehr Harmonie bringt, gilt auch für das Universum. Jeder Teil des Universums hat sein eigenes Lied, seine eigene Schwingung und seine eigene Frequenz. Denken Sie an die Sterne, die Planeten, die

Asteroiden und die Räume zwischen ihnen. Denken Sie an all das Durcheinander, das um Mutter Erde herum durch den Weltraum fliegt, und an die Dinge auf dem Mond. Alles hat sein eigenes Lied und eine eigene Schwingung. Auch alle Seelen, die im Universum existieren, haben ihr eigenes Lied. Manche Lieder stehen in einer wunderbaren Resonanz und großen Harmonie. Andere tönen eher schrill und unstimmig. Und in manchen Teilen des Universums ist tiefe Heilung nötig.

Wenn Sie Ihren Seelengesang anstimmen, erstreckt sich der Nutzen davon bis weit ins Universum hinein. Es wäre hilfreich, wenn Sie ab und zu dem Universum durch Ihr Seelenlied Segen zukommen ließen. Die Macht und die Energie, die in den Weiten jenseits von Mutter Erde existieren, sind enorm. Wie gesagt, jenseits von Mutter Erde gibt es viele Seelen, die Mutter Erde in diesen Zeiten gerne durch ihr Licht, durch ihre Kraft und ihren Dienst zur Seite stehen möchten. Sie möchten dies auch im ganzen Universum tun. Durch Ihren Gesang verbinden Sie sich mit diesen Seelen und können deren Bemühungen unterstützen.

Seelengesänge bringen alle Aspekte des Universums in größere Harmonie. Das wird eine Weile dauern. Das Universum ist unermesslich und die im Universum benötigte Heilung ist ebenso unermesslich. Doch es ist äußerst wichtig, den Heilungsprozess in Gang zu setzen und zu wissen, dass er durch die Seelengesänge beschleunigt wird. Die Seelenlieder schicken kraftvolle und zugleich sanfte Frequenzen durch das Universum, die selbst in die am stärksten blockierten Bereiche gelangen.

Diese Bereiche werden eine Art Morgendämmerung erfahren, das erste zarte Schimmern des Lichts, das die Dunkelheit durchbricht. Die Seelengesänge wirken im Universum auf ähnliche Weise: Das freigesetzte Licht, die Energie und die Schwingung beginnen, jene Bereiche in Schwingung zu versetzen, die zuvor kein Licht und keine Liebe zuließen. Das führt zu den erstaunlichsten Transformationen.

Es wird auch bedeutende Widerstände geben. Doch wenn die Seelengesänge immer weiter gesungen werden, verwandeln sich die Widerstände allmählich. Ein wundervoller Dienst! Das Lied des Universums ist zurzeit etwas gedämpft. Wenn die Schwingung und die Frequenz des Universums durch all die Seelengesänge transformiert werden, wird das Lied des Universums sehr viel lebendiger, voller, reichhaltiger und harmonischer.

Auch die Widerstände, auf welche die Seelengesänge treffen, haben ihr eigenes Lied. Es ist jedoch gekennzeichnet durch Missklang und Disharmonie. Wenn das Lied des Universums transformiert wird, werden auch die Lieder der Widerstände hinsichtlich ihrer Qualität verwandelt. Der Missklang wird auf eine wahrhaft schöne Weise ein Teil vom Lied des Universums. Er wird die Harmonie vergrößern, weil er das Vorhandene ergänzt. Ein jedes wird wie ein Hintergrund für das andere sein. Die Harmonie wird es ermöglichen, den umgewandelten Missklang wertzuschätzen. Der transformierte Missklang wird es ermöglichen, die Harmonie vollständiger zu hören und zu genießen.

Sobald dies geschieht, gelangt die Frequenz des Universums immer mehr mit dem Göttlichen und den höchsten Ebenen der Seelenwelt in Einklang. Das Seelenlied des Universums ist von außerordentlicher Schönheit. Es hat ein enormes Potenzial und ist schon jetzt von unvorstellbarer Kraft. Wenn sich Ihr Seelengesang mit diesem Aspekt des Liedes des Universums verbindet, wird es immer kraftvoller. Wie Ihr Seelengesang in Ihnen selbst die erstaunlichsten Transformationen bewirkt und zu anderen hinstrahlt, so tut es auch der Seelengesang des Universums. Das Lied des Universums kann sich selbst ebenfalls transformieren.

Sie leisten einen großen Dienst, wenn Sie Ihren Seelengesang anstimmen, um dem Universum Heilungssegen zu schicken. Es ist wichtig, dass Sie Ihren Segen ausschließlich zur Heilung verwenden. Schicken Sie keinen Segen, um Konflikte im Universum zu beenden. Sie verfügen nicht über genügend spirituelle Verdienste und Werte, um das zu bewirken. Falls Sie sich daran versuchen, könnte es sehr unangenehm für Sie werden; Sie könnten zum Beispiel ernsthaft erkranken. Folgen Sie bitte unbedingt diesem Rat!

Ich wiederhole noch einmal: Versuchen Sie nicht, Konfrontationen zu beenden. Das ist jenseits Ihrer Möglichkeiten. Es ist jedoch angemessen, wenn Sie Heilungssegen schicken; das ist etwas ganz anderes. Diese Segnungen gelten den Verletzungen, die aus den Konfrontationen entstehen. Es ist angemessen für Sie, Ihren Seelengesang zu bitten, jenes zu heilen, was geschehen ist. Wenn Sie irgendwelche Zweifel haben, ob es für Sie richtig ist, Ihr Seelenlied auf diese Weise einzusetzen, rate ich Ihnen davon ab. Allein die Frage signalisiert Ihnen, dass Sie zurzeit noch nicht stark genug sind.

Obwohl alle diese Vorsichtsmaßnahmen sehr wichtig sind, sollen Sie wissen, dass es dem Universum jedes Mal dient, wenn Sie Ihr Lied singen. Ihr Seelengesang hat eine Qualität und eine Verbindung mit dem Göttlichen, die über Mutter Erde hinausreichen. Er trägt zu einer größeren Harmonie im Universum bei, selbst wenn das nicht Ihrer bewussten Absicht entspricht. Das Lied jedes Einzelnen ist so winzig, dass es die kleinsten Teilchen und die winzigsten Zwischenräume in Ihnen erreicht – und gleichzeitig strahlt es weit über Sie hinaus und verbindet sich mit den Schwingungen des ganzen Universums.

All dies ist möglich, weil die Seelengesänge eine einzigartige Verbindung mit dem Klang der Seelenwelt haben. Ihr Seelengesang verbindet sich auf ganz besondere Weise mit dem Göttlichen und den höchsten Ebenen. Er kann am Klang der höchsten Ebenen der Seelenwelt teilhaben, selbst wenn es nicht Ihrem Seelenrang entspricht. Stellen Sie es sich wie ein Konzert vor: Die Klänge aller Instrumente verschmelzen. Ein einzelnes Instrument mag einen besonders hohen Ton erzeugen, ein anderes ein Solo spielen und wieder ein anderes ist vielleicht für den lautesten Teil des Konzertes verantwortlich. Doch alle Instrumente sind wichtig, weil sie einander ergänzen. Mit ihrer einzigartigen Schwingung tragen alle zur Schönheit des Konzertes bei.

So ähnlich geschieht es auch mit Ihrem Seelengesang. Selbst wenn Ihr Seelenrang noch nicht so hoch ist wie jener der höchsten Heiligen, trägt Ihre Schwingung doch zum Gesamtklang und zum Konzert bei. So hilft Ihr Lied, im Universum mehr Harmonie zu erzeugen. Die Vielfalt der Klänge dieser Harmonien ist wirklich unvorstellbar. Es reicht nicht aus, zu sagen, dass ihre Schönheit, Kraft und Macht ganz außerordentlich sind.

Es ist eine besondere Gabe, dass Ihr Seelengesang mit all dem in

Resonanz treten kann. Es ist sowohl ein Geschenk an Sie als auch ein Geschenk von Ihnen. Mit jedem Menschen, der sein Lied anstimmt, wird die Verwirklichung einer größeren Harmonie im Universum beschleunigt. Natürlich dauert es eine Weile, bis der Prozess Früchte trägt und bis die Transformation vollständig ist. Doch was in unserem Universum geschieht, wird auch in anderen Universen geschehen. Alle helfen einander. Es ist ein Segen, dass etwas so Freudvolles wie das Singen des eigenen Seelengesangs so machtvoll und transformierend sein kann. Es ist wirklich ein besonderer Segen und ein großes Geschenk.

Das Lied des Himmels

Im Seelengesang kann die menschliche Stimme einen Teil vom Lied des Himmels zum Ausdruck bringen. Wenn Sie Ihr Lied singen, verbinden Sie sich mit einem Aspekt der höchsten Bereiche, der bislang nicht zugänglich war. Dies ist ein angemessener Augenblick in der Geschichte von Mutter Erde, um das Lied des Himmels auf die Erde zu bringen. Jeder Mensch, der sein Seelenlied anstimmt, ist ein privilegierter Botschafter, ein privilegierter Sänger jenes Teils des himmlischen Liedes, der durch ihn offenbart wird.

Das Lied des Himmels übersteigt das menschliche Vorstellungsvermögen. Jeder Mensch, der ein Seelenlied empfängt und anstimmt, kann ein bisschen Himmel auf die Erde bringen und als Lied manifestieren. Es ist ein Zeichen der großen Güte und Großzügigkeit des Göttlichen, dass es uns in diesen Zeiten so ein Geschenk macht.

Zu wissen, dass man buchstäblich »die Stimme des Himmels« ist, wenn man sein Seelenlied singt, ist eine besondere Ehre, die dazu beiträgt, jene Aspekte des Ego zu transformieren, die möglicherweise immer noch in Ihren Geisteshaltungen, Einstellungen und Überzeugungen vergraben sind. Es ist schwierig, das Leben aus einer egozentrischen Haltung anzugehen, wenn einem klar ist, dass man die Stimme des Himmels auf Erden hörbar machen kann.

Viele, die Ihr Seelenlied singen, setzen dabei auch große Freude frei. Viele lächeln unwillkürlich beim Singen. So kann man sagen, dass im himmlischen Lied auch das Lächeln des Himmels präsent ist. Wenn Sie Ihren Seelengesang singen, vergegenwärtigen Sie das Lächeln des Himmels auf der Erde.

Sie können beim Singen auch andere Erfahrungen machen. Vielleicht sind Sie zu Tränen gerührt, ohne recht zu wissen, warum. Manchmal wird mit diesen Tränen einfach etwas losgelassen. Zuweilen wirken sie heilend. Manchmal bringen sie eine große Traurigkeit zum Ausdruck. All dies gehört zu jenem, was in den höchsten Bereichen existiert, und kann deshalb – mit dem Lächeln des Himmels – auch auf Erden vergegenwärtigt werden.

Es mag Sie überraschen, zu hören, dass es in den höchsten Reichen Traurigkeit gibt. Diese Traurigkeit unterscheidet sich jedoch von jener, die wir hier auf Erden erfahren. Sie entspricht eher der Betrübnis von Eltern, die sehen, wie sich ihr Kind entscheidet, etwas Schädliches zu tun; jedoch liegt in dieser Traurigkeit keine persönliche Bindung, keine Verwicklung in das Gefühl. Wenn dieser Aspekt des Himmels auf die Erde gebracht wird, heilt und transformiert er all die Traurigkeit, die es in menschlichen Herzen gibt. Wenn Sie sich also von Ihrem Seelengesang manchmal zu Tränen gerührt fühlen, dürfen Sie das ebenfalls als Geschenk betrachten. Was auch immer geschieht, Sie bringen diesen Aspekt aus den höchsten Bereichen auf die Erde, indem Sie ihm Ihre Stimme leihen. Dies ist eine unsagbare Ehre und Verantwortung.

Je mehr Sie Ihr Lied singen, desto mehr werden Sie Anteil haben an der Kraft und Macht des himmlischen Liedes auf Erden. Wie auch immer Sie Ihren Gesang empfinden: Er ist stets voller Licht, Liebe, Vergebung, Frieden, Heilung, Harmonie und Segen. Egal wie Sie sich beim Singen fühlen: Sie sind mit all diesen Qualitäten verbunden, weil diese ein Teil des himmlischen Liedes sind, wie auch immer es sich ausdrückt oder erfahren wird. Das Lied des Himmels ist auch ein Dienst, eine der höchsten Formen des Dienens, die sich in dieser Zeit hier auf Erden manifestiert haben. Jeder Aspekt des Seelengesangs ist ein Ausdruck dieses wundervollen Dienstes.

Das Lied des Himmels ist der Klang, der zu jeder Zeit in den höchsten Bereichen existiert. Es gab ihn schon vor der Zeit. In jedem

Bereich hat er eine andere Qualität. Jetzt im Moment verbinden wir uns mit dem Lied des Himmels, wie es im *Jiu Tian*, also den *neun Himmeln,* existiert. (Es gibt einige wenige, die sich auch mit *Tian Wai Tian* – dem *Himmel über den Himmeln* – verbinden.) Das ist ein ganz außerordentliches Geschenk. Es ist eine große Ehre, Botschafter eines Teils des himmlischen Lieds zu sein.

Ja, das Lied des Himmels ist ein Lied des Lichts. Wenn Sie Ihr Lied singen, setzen Sie nicht nur Klang frei, sondern auch Licht. Die Fähigkeit, diesen machtvollen Dienst zu leisten, ist ein neues Geschenk des Göttlichen in dieser Zeit. Indem Sie singen, erfüllen Sie Ihre gesamte Umgebung mit Licht. Und das Licht strahlt weit über Sie hinaus. Erinnern Sie sich auch, dass sich Ihr Seelenlied mit dem Seelengesang von allem in Ihrer Umgebung verbindet. Also ist die Chance, die Gegenwart des göttlichen Lichts zu vermehren, unendlich groß und liegt weit jenseits der Vorstellungskraft. Selbst jene, deren drittes Auge geöffnet ist, können das ganze Ausmaß dieser Möglichkeit nicht absehen.

Dies ist eine weitere Facette des außergewöhnlichen Dienstes, den Sie jedes Mal leisten, wenn Sie Ihr Seelenlied anstimmen. Das Singen Ihres Seelengesangs während des Tages wird Ihren Alltag kraftvoll transformieren. Sie werden in der Lage sein, jenen Teil des Himmels auf die Erde zu bringen und sich selbst und Ihre Aktivitäten darin einzubetten. Wie wundervoll ist es doch, zu wissen, dass auf diese Weise der Himmel auf Erden bei Ihnen ist, vor allem in einer Zeit, in der so viele Menschen sich gestresst, entmutigt oder überfordert fühlen.

Wenn Sie Ihren Seelengesang singen und einen Teil des Himmels auf die Erde bringen, sind Sie von göttlichem Licht umgeben und strahlen es aus. Das wird transformierend sein. Wenn Sie sich wirklich auf diese Erfahrung einlassen, merken Sie, wie sich Ihr Stress, Ihre Entmutigung und Ihr Gefühl der Überforderung deutlich verändern. Die Segnungen, die mit dem Lied des Himmels einhergehen, sind grenzenlos. Bitten Sie um Segen und singen Sie dann Ihr Seelenlied. Sie werden unglaubliche Segnungen voller Licht empfangen.

Gleichzeitig müssen Sie sich an die Notwendigkeit erinnern, frei von Vorstellungen und Erwartungen zu bleiben. Im ersten Teil über die Seelensprache bin ich ausführlich auf dieses Thema eingegangen. An dieser Stelle möchte ich Sie einfach nochmals daran erinnern. Wenn Sie dankbar bleiben für alles, was Sie empfangen, wird Sie das Göttliche überschwänglich beschenken. Die Großzügigkeit der Segnungen, die Ihnen geschenkt werden, ist unvorstellbar.

Der Spruch »Wenn man ihm den kleinen Finger gibt, nimmt er gleich die ganze Hand« muss hier umgekehrt lauten: »Wenn man dem Göttlichen den kleinen Finger gibt, reicht es einem gleich die ganze Hand.« Schenken Sie durch Ihren Seelengesang Dankbarkeit: Sie wird mit reichlichem Überfluss und mit unglaublicher Großzügigkeit erwidert!

All dies gehört dazu, wenn man das Himmelslied auf Erden gegenwärtig macht. Die Qualitäten der Liebe, der Vergebung, des Friedens, der Heilung, der Harmonie, des Segens und des Lichts, die Sie erfahren und ausstrahlen, werden sich außerordentlich verstärken. Die Vorzüge des himmlischen Liedes werden auf der Erde sehr deutlich. Das ist zu diesem Zeitpunkt der Erdgeschichte sehr wichtig. Es wird bei der Läuterung und Transformation von Mutter Erde sehr hilfreich sein. Es ist ein großer Dienst, an diesem Prozess teilzuhaben.

Das Lied des Himmels ist auch auf stille Weise auf der Erde präsent. Das mag verwunderlich erscheinen, aber es ist wahr. Sie haben es vielleicht schon selbst erlebt, wenn Sie in sich selbst Musik wahrgenommen haben: Das mag eine Melodie sein oder auch ein Lied mit Worten. Dies ist die Gegenwart des himmlischen Liedes. Manche von Ihnen kennen diese Erfahrung vielleicht schon seit ein paar Jahren. Wenn dem so ist, können Sie sich geehrt fühlen, dass Sie zu der Bereitschaft beigetragen haben, das Lied des Himmels zu offenbaren.

Das Lied des Himmels ist in allen gegenwärtig, die auf der Erde leben. Manchmal fühlen oder hören Sie vielleicht, wie Teile Ihrer Umgebung harmonisch mit Ihnen singen. Vielleicht singen sie sogar etwas, das Ihrem Seelengesang ähnelt, nur in einer anderen Tonlage. Möglicherweise hören Sie auch Seelengesänge, aus denen im Zusammenklang mit Ihrem Lied ein wundervoller Klang entsteht. Alle diese Erfahrungen tragen zur Vergegenwärtigung des himmlischen Liedes auf Erden bei.

Während dies geschieht, werden auf allen Ebenen des Körperlichen, Mentalen, Emotionalen und Spirituellen tiefe Transformationen stattfinden. Das wird zu außergewöhnlichen Veränderungen führen und den Prozess des Segnens, der Läuterung und der Transformation stark beschleunigen. Immer mehr Menschen werden die Präsenz des Göttlichen auf kraftvolle Weise erfahren. Die Anerkennung und Verwirklichung der Vorrangstellung der Seele in allen Aspekten der Existenz wird stark zunehmen. Alle diese Segnungen sind Teil der wundervollen Kombination der Seelengesänge.

Die Veränderungen werden auf den winzigsten subzellulären Ebenen genauso stattfinden wie auf der Ebene der Organe und Systeme. Selbst die Strukturen, die von Menschen erschaffen wurden, erfahren diese Transformation. Sie werden auch an der Zunahme des göttlichen Lichts und der göttlichen Gegenwart teilhaben. Natürlich dauert dieser Prozess eine Weile, aber er hat bereits begonnen.

Dieser Prozess wird der Erde zum Wohl dienen, während sie durch die Zeit der Läuterung geht. Er wird dem ganzen Universum und darüber hinaus von großem Nutzen sein. Die höchsten Bereiche tragen das Geschenk ihrer Lieder bei. Jeder Bereich hat seinen eigenen, besonderen Klang. *Jiu Tian* hat einen anderen Klang als *Tian Wai Tian,* und die Klänge jenseits von *Tian Wai Tian* sind wiederum anders. Alle Bereiche werden synchron und harmonisch sein. Wenn Mutter Erde schließlich ganz mit dem Lied von *Jiu Tian* im Einklang ist, wird sie bereit sein, mit *Tian Wai Tian* und sogar den Reichen jenseits davon in Resonanz zu gehen. Die Möglichkeiten sind unbegrenzt.

Was für Mutter Erde und alle ihre Wesen möglich ist, können wir uns kaum vorstellen. Im gegenwärtigen Augenblick weiß niemand, wie sich dieser Prozess entwickeln wird, wie er aussieht oder sich manifestiert. Wir wissen nur, dass die Transformation weitergeht. Die Großzügigkeit des Göttlichen und der höchsten Heiligen wird fortgesetzt. Die Gegenwart des Lichts und aller Aspekte des Göttlichen und der höchsten Heiligen wird sich mehr und mehr manifestieren. Wir sind sehr privilegiert und zutiefst gesegnet.

Der Urklang und die Klänge vor der Schöpfung

Die Lehren dieses Abschnitts sind etwas ganz Besonderes. Sie wurden noch nie der Öffentlichkeit zugänglich gemacht, doch ist es nun an der Zeit, sie all jenen zur Verfügung zu stellen, die dafür bereit sind und die sich die Informationen wünschen, damit sie ihre Seelenreisen beschleunigen und ihren spirituellen Rang zunehmend erhöhen können. Jeder, der sich dieser Informationen auf andere Weise bedienen will, wird sie nicht vollständig verstehen und die Segnungen dieser Lehren bleiben ihm verschlossen. Diese Lehren sind sehr heilig und werden nur zum Dienen angeboten.

Der Urklang war ganz einfach. Im Lauf der Zeit ist immer wieder versucht worden, den Urklang zu erzeugen; manche Gruppen haben es auch geschafft. Dieser Klang ist ein vollkommener Ausdruck der göttlichen Seele. Man kann sagen, dass es Klang gab, bevor alles existierte. Er war sozusagen das Urlied. Das Urlied wurde Licht. Und aus diesem Licht ging alles Leben hervor. Wir können sagen, dass der Klang das Leben geboren hat. Der Urklang ist eine ungemein kraftvolle und sehr reine Manifestation des Göttlichen.

Die Fähigkeit, den Urklang mit der Stimme zu erzeugen, erfordert große Reinheit, Schlichtheit sowie vollkommene Dankbarkeit, Treue, Hingabe und absoluten Gehorsam. Wer diese Qualitäten lebt, kann die »Verbindung von Seele zu Seele« mit dem Göttlichen herstellen – die Seelenverbindung, welche diesen Klang hervorruft. Das Urlied ist ein sehr heiliger Klang. Zum gegenwärtigen Zeitpunkt ist er nur einer Handvoll Menschen gegeben, die einen sehr hohen spirituellen Rang erlangt haben. Sie sind in der Lage, das Lied zu singen und Mutter Erde und ihren Bewohnern Heilung zu spenden.

Weil der Urklang sehr kraftvoll und transformierend ist, muss er mit großer Achtsamkeit und Hingabe verwendet werden. Für diese heilige Verbindung bedarf es einer großen Reinheit. Viele von Ihnen mögen jetzt denken: Was kann das für ein Klang sein? Andere meinen vielleicht, diesen Klang zu kennen, weil er schon in vielen Workshops und Retreats gelehrt worden sei, und fragen sich, warum ich so ein großes Aufheben darum mache. Und wieder andere denken vielleicht: Ich kenne diesen Klang, denn ich habe ihn erlernt; ich war in Gruppen, wo er gelehrt wurde, und ich verstehe genau, warum er so wichtig ist. Jenen, die zur zweiten Gruppe gehören und sich wundern, warum ich diese Lehre so betone, möchte ich sagen, dass ihre Gedanken durchaus richtig sind – bis auf einen kleinen Bereich, in dem ihr Verständnis noch der Transformation bedarf.

Wer an Seminaren teilgenommen hat, in denen der Urklang gelehrt wurde, hat sich oft mit diesem heiligen Klang auf der Ebene des Geistes, der Emotionen und des Körpers verbunden, wodurch alles in ihm anders zu schwingen begann und in den Transformationsprozess hin zu strahlenderem Licht eintrat. Doch wahrscheinlich wurde nicht in dem notwendigen Umfang die Fähigkeit entwickelt, mit dem Göttlichen und mit der Seele des Klangs in eine Herz-zu-Herz-Verbindung, eine Seele-zu-Seele-Verbindung zu treten. So konnten die Teilnehmer dann zwar den Klang produzieren, hatten aber nicht unbedingt die Seelenverbindung mit dem Klang hergestellt.

Die Lehrer dieser Seminare mögen ausgezeichnet, hingebungsvoll und ganz ihrer Aufgabe verpflichtet sein. Viele von ihnen haben jedoch nicht den spirituellen Rang, um eine Seelenverbindung mit dem Göttlichen herzustellen. Sie verfügen nicht über die Befugnis, der Seele die Anweisung zu geben, sich in der notwendigen Tiefe mit der Seele des Göttlichen zu verbinden. So können die Teilnehmer dieser Seminare den Klang zwar erzeugen, aber nicht in der Qualität, die ich beschrieben habe.

Alles, was ich darüber gesagt habe, wie Ihr eigenes Seelenlied mit anderen Seelengesängen, mit dem Seelengesang von Mutter Erde und über sie hinaus in Resonanz steht, gilt natürlich auch für den heiligen Urklang. In den meisten Traditionen wird er als *OM* dargestellt. Aber es ist unmöglich in *geschriebene* oder *gesprochene* Worte zu fassen, was geschieht, wenn der Urklang *gesungen* wird. Näher als mit dem Wörtchen *OM* kommen wir durch die »(Be-)Schreibung« nicht heran. Am besten beginnen Sie also, diesen Klang zu singen. Wenn Ihre Seelenreise weiter fortschreitet und sich beschleunigt, können Sie die Seele dieses Klangs bitten, Sie mit einer tieferen Verbindung mit ihm und mit dem Göttlichen zu segnen.

Es ist wichtig, um diese Segnungen zu bitten. Neben Ihrer eigenen Anstrengung brauchen Sie auch den göttlichen Segen, um diesen heiligen Klang zu erzeugen. Das Urlied wird derzeit auf der Erde erst von den ganz wenigen gesungen, die dazu bereit sind. Wenn diese Menschen damit fortfahren, werden sie das Licht, die Energie und die Präsenz des Urklangs vermehren, sodass es für andere leichter wird, sich damit zu verbinden. Das ist ein allmählicher Prozess. Dieser Klang existierte bereits vor dem Licht und vor der Schöpfung. Es ist ein Segen und ein Privileg höchster Ordnung, sich damit verbinden und ihn manifestieren zu können. Wer diese Gabe hat, ist ganz besonders gesegnet. Setzen Sie sie ein, um anderen sowie Mutter Erde und den Bereichen darüber hinaus zu dienen.

Es gab auch andere Klänge vor der Schöpfung. Man kann sie als Helfer des Urklangs bezeichnen. Sie liefern den Hintergrund für das Urlied, das nun in seiner ganzen Fülle zum Ausdruck kommen darf. Dieser Hintergrund gestattet es auch jenen, welche die Gabe des Urliedes empfangen haben, seine Kraft, Macht und Herrlichkeit anzuerkennen. Die anderen Klänge aus den »Zeiten« vor der Schöpfung stehen mit dem Urklang in vollkommener Harmonie. Sie klingen wie Variationen seines Themas, sind ausnehmend einfach, reichhaltig, tief und schön. Sie können jene, die bereit sind, dafür ausrüsten und transformieren, die Gabe des Urliedes zu empfangen.

Die Klänge, die bereits vor der Schöpfung existierten, erfüllen viele Rollen. Sie sind nicht nur Helfer, sondern auch besondere Lehrer. In mancher Hinsicht sind sie die Hüter des Urklangs. Als solche ermöglichen sie es dem Urklang, weiter ungestört zum Ausdruck zu kommen. Ihnen ist es zu verdanken, dass sich nur jene Seelen mit diesem kostbaren Lied verbinden können, die dafür bereit sind. Sie wirken wie eine Brücke, die Mutter Erde und ihre Bewohner sowie alle anderen Wesen mit dem Urlied verbindet.

Die Schönheit, die Intensität und das Licht dieser Klänge, die bereits vor der Schöpfung waren, sind sehr machtvoll und außerordentlich transformierend. Diese Qualitäten sind jedoch etwas gedämpft, sodass der Übergang von dem, was im Moment existiert, zu dem, was existieren kann und wird, ermöglicht wird. Ihre Rolle als Brücke erleichtert den Übergang. Wer ernsthaft den Urklang übt, wird in seinem Läuterungsprozess unterstützt, sodass er allmählich in der Lage sein wird, eine Seelenverbindung mit dem Göttlichen einzugehen. Die Klänge, die schon vor der Schöpfung existiert haben, wurden auch in niedrigere Frequenzen übersetzt. In dieser Form stehen sie allen zur Verfügung, deren Herz offen ist und die sich ernsthaft ihrer Seelenreise und ihrem universalen Dienst widmen.

Wenn Sie Ihr Seelenlied anstimmen, können Sie sich auch mit den unteren Frequenzen der Klänge verbinden, die schon vor der Schöpfung existierten: Dann beginnt der Prozess, der es Ihnen letztendlich gewährt, die für die Manifestation des Urklangs nötige Seelenverbindung einzugehen. Die Klänge, die schon vor der Schöpfung existierten, sind besondere Diener, ganz besondere Seelen einer sehr hohen Ebene. Wir können ihnen gar nicht genug danken. Wir können sie gar nicht genug lieben und ehren.

Fazit

Dieser Abschnitt über die Seelengesänge präsentiert einen besonderen Schatz. Ich bin davon überzeugt, dass Ihnen seine Lehren in unseren Zeiten sehr hilfreich sind. Die Segnungen dieses Abschnitts und des ganzen Buches sind sehr kraftvoll. Nutzen Sie das Buch als ein Werkzeug, als einen ganz besonderen Weisheitslehrer und behandeln Sie es mit großem Respekt. Die Lehren bieten Ihnen die Möglichkeit, Ihr Leben bedeutend zu ändern. Sie helfen Ihnen bei der Transformation von Mutter Erde. Sie können an diesem Heilungsprozess teilnehmen und ihn beschleunigen, indem Sie anwenden, was Sie hier lernen.

Der Abschnitt über die Seelengesänge als besonderes Geschenk für unsere Zeiten wird Ihnen zu erkennen helfen, dass es sehr viel mehr ist als nur ein Buch. Es ist ein Werkzeug der göttlichen Gegenwart. Tragen Sie das Buch möglichst den ganzen Tag bei sich, damit es physisch bei Ihnen ist – was auch immer Sie tun. Diesem Buch wohnt die Fähigkeit inne, die auf seinen Seiten beschriebenen Segnungen auszustrahlen. Es vergegenwärtigt auch die Weisheiten und Lehren, die auf seinen Seiten beschrieben sind.

Wenn Sie dies wissen, erkennen Sie, wie wichtig es für Sie ist, das Buch immer bei sich zu haben. Es wird Ihnen helfen, zu verstehen, welche erstaunlichen Segnungen für Sie daraus hervorgehen. Der Segen wird weit über Sie hinausstrahlen. Folgen Sie meinen Ratschlägen, dann werden Sie hoch erfreut die Veränderungen in Ihrer Umgebung feststellen. Diese Umwandlung kann schon allein daraus entstehen, dass Sie dieses Buch immer bei sich tragen.

Die Nähe des Buches wird Sie immer wieder daran erinnern, im Lauf des Tages Seelensprache zu sprechen und Seelengesänge anzustimmen, sei es laut oder leise. Sie leisten einen großen Dienst, indem Sie das Buch einfach bei sich haben. Der Dienst kann durch die Anwendung von Seelensprache und Seelengesang verstärkt werden. In Ihnen und um Sie her wird sich vieles verändern. Achten Sie diese Veränderungen; sie schenken Ihnen die Möglichkeit, sich zu bedanken und die Wandlungen durch Ihre Seelensprache und Seelenlieder zu segnen. Ich kann Ihnen gar nicht oft genug sagen, wie wichtig es ist, diesen Vorschlägen zu folgen. Sie werden erstaunt sein, was Sie dadurch erfahren und beobachten.

Alles, was ich hier gesagt habe, ist nur ein Hinweis auf die Möglichkeiten, die Ihnen und durch Sie auch unserer Mutter Erde und allem über sie hinaus zur Verfügung stehen. Wenn Sie den Hinweisen folgen, helfen Ihnen Ihre Erfahrungen dabei, immer besser die unendlichen Chancen wahrzunehmen. Es ist ein reicher Segen, diesen Dienst leisten zu können und an dem außerordentlichen Aspekt der göttlichen Gegenwart mitzuwirken.

Sie sind sehr gesegnet. Es ist mir eine Ehre, Ihnen auf diese Weise dienen zu dürfen.

3. Teil

Seelenbewegung

Uralte Übungen zur Belebung, Heilung,

Regeneration und Erleuchtung

von Seele, Geist und Körper

Einführung

In den Jahrtausenden der überlieferten Geschichte gab es unzählige energetische und spirituelle Praktiken. China, Indien, Ägypten und Hawaii brachten wie viele andere Orte solche Praktiken hervor – zu denen unter anderem der Taoismus, der Buddhismus, Yoga, Tai-Chi und Qigong gehören, um nur einige zu nennen –, die sich bis zum heutigen Tag gehalten haben. Diese Techniken bieten Weisheit, Wissen und Übungen an, um sich energetisch zu stärken und die Vitalität, Ausdauer und Abwehrkräfte zu steigern. Die Praktiken können heilen, Krankheiten vorbeugen, zur Regeneration beitragen und die Lebenserwartung erhöhen. Sie können Leben transformieren.

Viele dieser alten Weisheiten und Übungen sind nicht weit verbreitet. Viele heilige Lehren wurden geheim gehalten und in jeder Generation nur an ein bis zwei Hüter der Tradition weitergegeben. All dieses Wissen ist sehr kostbar, weil seine Wahrheit und seine Kraft im Lauf der Zeiten vielfach überprüft und verfeinert wurden. Die Techniken können die Gesundheit verbessern, Krankheiten heilen, zur Regeneration beitragen, Leben verlängern. Sie können jenen, die ihnen folgen, innere Freude und inneren Frieden bringen. Sie können die Menschheit transformieren.

Meine Ausbildung

Ich hatte in diesem Leben die Ehre, meine Tai-Chi-Ausbildung bereits im Alter von sechs Jahren und Qigong im Alter von zehn Jahren zu beginnen. Ich habe mich auch mit Feng-Shui, I Ging, Buddhismus, Taoismus und Konfuzianismus sowie mit Shaolin Kung-Fu (mit Stöcken, Schwertern und Messern) befasst. Ich war mit Chinas meist geschätzten Lehrern gesegnet. Ich habe im Westen ein Medizinstudium absolviert und abgeschlossen. Außerdem bin ich in Traditioneller Chinesischer Medizin, Akupunktur und Pflanzenheilkunde ausgebildet.

1986 begann meine Ausbildung in der sogenannten *Zhi Neng Medizin. Zhi Neng* bedeutet »die Intelligenz und Fähigkeiten des

Geistes und der Seele«. 1996 studierte ich bei meinem geliebten spirituellen Vater und Mentor, Meister Dr. Zhi Chen Guo, die von ihm entwickelte *Körper Raum Medizin*. Alle meine Meister und Lehrer, ganz besonders Meister Guo, haben mir geholfen, für die Entwicklung meiner Energie, Vitalität, Ausdauer und Spiritualität eine solide Grundlage zu schaffen. Sie haben mir bedeutendes heiliges und geheimes Wissen beigebracht, zu dem auch viele geheime Übungen gehören.

Meister Guo, der fünf wundervolle Töchter hat, adoptierte mich 1993 als seinen einzigen Sohn und wählte mich als seinen einzigen weltweiten Repräsentanten aus, um die Lehre der *Zhi Neng Medizin* und der *Körper Raum Medizin* weiterzugeben. Ich möchte auch die höchsten Meister des Taoismus und des Buddhismus ehren, die mir untersagt haben, ihre Namen zu nennen, weil sie reine, stille Diener des Universums bleiben möchten. Ich möchte allen meinen Lehrern für die Weisheiten und Übungen danken, die ich im Tai-Chi, Qigong, I Ging, Feng-Shui und im Taoismus, Buddhismus und Konfuzianismus erlernen durfte. Ich ehre sie alle aus tiefstem Herzen. Ohne ihre Lehren wäre ich nicht in der Lage gewesen, die Technik der *Seelenbewegung* zu entwickeln, die ich im Folgenden vorstellen möchte.

Im Jahr 2003 wurde ich vom Göttlichen als göttlicher Diener, göttliches Gefäß und göttlicher Kanal erwählt. Das Göttliche verlieh mir die große Ehre und Fähigkeit, der Menschheit dauerhafte göttliche Heilsegnungen zu übermitteln. In den wenigen Jahren, die seitdem vergangen sind, habe ich der Menschheit und allen Seelen des Universums unzählige dauerhafte Heilungen und Segnungen übermittelt. Ich habe die große Ehre, sowohl manche der größten Meister der physischen Welt zu meinen Lehrern zählen zu dürfen als auch von meinen spirituellen Vätern und Müttern der Seelenwelt sowie vom Göttlichen direkt belehrt worden zu sein. Alle diese heiligen Lehren haben es mir ermöglicht, die Weisheit, das Wissen und die Übungen zu integrieren und daraus die Lehre der Seelenbewegung zu entwickeln.

Einfach und sofort anwendbar

Seelenbewegungen sind sehr einfach und im Nu anwendbar. Sie mögen vielleicht zu schlicht erscheinen, aber eine wesentliche Erkenntnis lautet: *Die einfachsten Lehren sind die besten Lehren. Die einfachsten Übungen sind die besten Übungen.* Sie müssen sich nicht dreißig oder fünfzig Jahre lang abstrampeln, um eine bestimmte Sache meistern zu können. Ich selbst habe fast fünfzig Jahre damit verbracht, zu versuchen, die tiefste Weisheit zu finden. Sie können sich diese Zeit sparen. Wenden Sie die Weisheit, das Wissen und die Übungen in diesem Buch an. Seelenbewegungen dienen Ihrer Gesundheit wundervoll. Sie stärken Ihre Energie und Vitalität, heilen Sie und verbessern Ihre Lebenserwartung. Seelenbewegungen können jeden Aspekt Ihres Lebens transformieren.

Ein menschliches Wesen besteht aus Seele, Geist und Körper. Der Körper ist der Tempel, der Geist ist das Bewusstsein und die Seele ist die Essenz. Der Mensch kann ohne Seele nicht existieren. Sie ist unsere Botschaft, die Essenz unseres Lebens. Wenn Ihr drittes Auge offen ist, können Sie Ihre Seele sehen: Sie ist ein kleines goldenes Lichtwesen, das in Ihrem Körper lebt. Es hat einen Kopf, einen Körper, Arme und Beine. Dieses Wesen hat Emotionen, Vorlieben und Abneigungen. Es hat Bewusstsein, Träume und Wünsche. Dieses Wesen hat eine eigene Existenz, die Hunderte, ja Tausende von Leben umfasst.

Ihre Seele verfügt über unermessliche Möglichkeiten und Kräfte, Ihr Leben umzuwandeln. Sie haben vielleicht noch nicht erkannt, wie bedeutsam Ihr kleines goldenes Lichtwesen ist. Es kann Ihr Leben dramatisch verändern; der Unterschied kann so groß sein wie jener zwischen Himmel und Erde. Passen Sie gut auf Ihr kleines goldenes Lichtwesen auf! Nähren Sie es wohl. Ihre Seele kann heilen, Krankheiten vorbeugen, Ihnen Energie, Vitalität und Ausdauer verleihen, Körper, Geist und sich selbst regenerieren und Ihr Leben verlängern. Ihre Seele kann jeden Aspekt Ihres Lebens transformieren.

Seelenbewegungen nutzen die Macht der Seele, einschließlich der Macht Ihrer eigenen Seele. Sie nutzen auch die Macht »äußerer«

Seelen, was auch die Seelen der Natur, Ihrer spirituellen Mütter und Väter und die Seele des Göttlichen umfasst. Alle diese Seelen verfügen über große Kraft und Macht, jeden Aspekt Ihres Seins zu heilen, zu segnen, zu regenerieren und zu transformieren. Sie brauchen nur zu lernen, wie Sie zu dieser Macht Zugang bekommen. Die Kraft und Macht der Seele ist der Schlüssel zu den Seelenbewegungen. Diese Kraft und Macht ist der Grund, warum Seelenbewegungen funktionieren.

Es gibt verschiedene Formen der Seelenbewegung. Dieser Abschnitt zeigt Ihnen, wie Sie Seelenbewegungen im Liegen, Sitzen, Stehen oder Gehen ausüben. Jede dieser verschiedenen Arten, Seelenbewegungen durchzuführen, dient ihrem eigenen Zweck; jede ist wichtig. Eine vollständige Übungseinheit der Seelenbewegungen umfasst alle vier Arten. Dieses Buch erklärt Ihnen das Konzept und bietet ein paar praktische Vorgehensweisen dafür, wie Sie aus dieser alten und bislang geheimen Praxis den größtmöglichen Nutzen ziehen.

Die Seelenbewegungen haben eine große Zahl von Vorzügen. Unter anderem werde ich Ihnen zeigen, wie Sie mit Seelenbewegungen

- Energie und Ausdauer stärken
- heilen
- sich regenerieren
- Seele, Geist und Körper erleuchten können.

Seelenbewegungen umfassen Tausende von alten Prinzipien, Gesetzen und Übungen, die der Entwicklung der eigenen Energie und der spirituellen Reise dienen. Ich werde Ihnen spezifische Anleitungen dafür geben, wie Sie die Seelenbewegungen durchführen können, wozu sie dienen und wie sie funktionieren. Sie sind einfach zu erlernen und zu praktizieren; außerdem sind sie äußerst effektiv.

Ein Geschenk für die Menschheit

Die Technik der Seelenbewegung ist ein kostbares Geschenk für die Menschheit. Seelenbewegungen sind für jeden geeignet, der nach alten Weisheiten und Praktiken sucht, nach optimaler Gesundheit strebt oder einen chronischen oder gar lebensbedrohlichen Zustand heilen möchte. Nutzen Sie die Seelenbewegungen, um sich zu regenerieren, Ihr Leben zu verlängern und Ihre spirituelle Reise zu erfüllen. Seelenbewegungen sind wie Blumen, die erblühen, um zu dienen und Seele, Geist und Körper zu nähren. Sie sind wie Regenbogen-Lotusblumen, voll universalen Lichts und universaler Flüssigkeit, den Yin- und Yang-Aspekten der universalen Nahrung. Sie enthalten alle alten, heiligen Weisheiten, altes Wissen und alte Übungen. Ihre Prinzipien lassen sich in wenigen Sätzen zusammenfassen.

Ich fühle mich sehr geehrt, der Menschheit des 21. Jahrhunderts diese Lehren zu überbringen. Seelenbewegungen beruhen auf vielen alten Geheimnissen. Ich hatte die Ehre, diese Geheimnisse anvertraut zu bekommen. Empfangen bedeutet geben. Die alten Geheimnisse dürfen nun nicht mehr geheim bleiben; sie müssen offenbart werden. Sie müssen an unsere Zeit angepasst werden. Sie müssen mitgeteilt werden; sie müssen möglichst weit verbreitet werden. Sie müssen dienen dürfen. Erlauben Sie dem Geschenk der Seelenbewegungen, Ihnen zu dienen.

Zu geben bedeutet, zu empfangen. Ich weiß, dass ich in mir mehr Raum für neue Weisheiten erzeuge, indem ich Ihnen diese Geheimnisse aus ganzem Herzen mitteile. Ich hoffe, Sie werden meinem Beispiel folgen, indem Sie das Geschenk der Seelenbewegungen mit Ihren Freunden und Bekannten teilen. Dienen Sie anderen genauso wie sich selbst, und Ihre Großzügigkeit wird vielfach zu Ihnen zurückkehren. Mögen Sie das Geschenk der Seelenbewegungen auch nutzen, um anderen zu dienen.

Das Zeitalter des Seelenlichts

Während ich diesen Teil des Buches schreibe, stehen wir am Anfang des Zeitalters des Seelenlichts. Dieser 15 000 Jahre anhaltende Zyklus von Mutter Erde und dem Universum begann am 8. August 2003. In diesem Zeitalter wird die Macht der Seele allgemein anerkannt, voll entwickelt und Grundlage von allem werden. Die Seele wird jeden Aspekt des Lebens und der Kultur bestimmen, einschließlich der Wissenschaften, der Bildung, der Wirtschaft und der Politik. Die Seele wird die Hauptrolle spielen. Sie wird das Ruder übernehmen. Die Seele wird der Vorgesetzte und Anführer sein.

Meine Lebensaufgabe besteht darin, das Zeitalter des Seelenlichts zur Reife zu bringen. Ich möchte helfen, das Bewusstsein der Menschheit und der Seelen des Universums zu transformieren. Ich möchte, dass jedes Wesen die Bedeutung der Seele erkennt und schätzen lernt; dass jedes Wesen der Weisheit der Seele vertraut und sich von ihr in allen Lebensbereichen führen lässt. Warum? Weil die Seele im Lauf vieler Leben sehr viel Weisheit angesammelt hat. Der Seele wohnen enorme Kraft und Macht inne. Sie verfügt über große Liebe und Zuwendung. Die Seele möchte dienen, eher zum Wohl der anderen als zum eigenen Wohl. Sie wünscht sich Liebe, Frieden und Harmonie. Letztendlich will die Seele zu ihrer Quelle zurückkehren, zum Herzen des Göttlichen. Geist und Seele können nur miteinander harmonieren, wenn das Bewusstsein der Menschheit und aller Seelen diese Erkenntnisse transformiert haben. Nur dann können alle Seelen in Liebe, Frieden und Harmonie vereint sein. Nur dann können alle Seelen in Herz und Geist eins sein.

Meine Lebensaufgabe umfasst drei Aspekte, mit denen ich helfe, *Wan Ling Rong He,* die Vereinigung aller Seelen, zu erreichen. Der erste gilt dem Lehren des universalen Dienstes, um die Menschen darin zu bestärken, bedingungslose universale Diener zu sein. Die Botschaft des universalen Dienstes lautet:

> *»Ich diene der Menschheit und den Seelen des Universums*
> *bedingungslos.*
> *Ihr dient der Menschheit und den Seelen des Universums*
> *bedingungslos.*
> *Gemeinsam dienen wir der Menschheit und den Seelen des*
> *Universums bedingungslos.«*

Der zweite Aspekt: Heilung zu lehren und die Menschen darin zu bestärken, sich selbst und andere zu heilen. Die Botschaft der Heilung lautet:

»Ich habe die Kraft, mich selbst zu heilen.
Ihr habt die Kraft, euch selbst zu heilen.
Gemeinsam haben wir die Kraft, die Welt zu heilen.«

Der dritte Aspekt heißt, den Menschen die Seelenweisheit zu vermitteln und sie darin zu stärken, ihr Leben zu transformieren und ihre Seelen, ihren Geist und ihren Körper zu erleuchten. Die Botschaft der Seelenweisheit lautet:

»Ich habe die Kraft, mich selbst zu erleuchten.
Ihr habt die Kraft, euch selbst zu erleuchten.
Gemeinsam haben wir die Kraft, die Welt zu erleuchten.«

Der Geist und vor allem das logische Denken sind großartig. Mit ihrer Hilfe hat die Menschheit viel Großes entdeckt und erschaffen. Ohne das logische Denken gäbe es das uns bekannte Leben nicht. Doch es reicht nicht aus, sich ganz und gar auf den Verstand zu verlassen. Im Bereich von Gesundheit und Heilung zum Beispiel ist die Verbindung zwischen Geist und Körper wohlbekannt. Die Absicht des Geistes sowie seine Konzentrationsfähigkeit, sein Fokus, seine Vorstellungskraft, seine Beweglichkeit, seine Kreativität, seine Inspirationen und seine Manifestationen haben alle deutlich bewiesen, dass sie viel zu unserem Wohlbefinden und unserer Heilung beitragen können.

Die Überlegenheit des Geistes über die Materie ist großartig, reicht aber letztlich nicht aus. In meinem Buch *»Seele Geist Körper Medizin«* habe ich erläutert, dass die Überlegenheit der Seele über die Materie noch größer und kraftvoller ist. Die Seele kann Wunder bewirken, die der menschliche Geist nicht begreift.

Weil die Seelenbewegungen von der Seele gesteuert werden, nutzen sie vor allem die Kraft der Seele. Dank der Macht der Seele dienen die Seelenbewegungen allen drei oben genannten Aspekten meiner Lebensaufgabe. Durch die Macht der Seele können Seelenbewegungen dienen, heilen, Leben transformieren und Seele, Geist und Körper erleuchten. Seelenbewegungen sind im Zeitalter des Seelenlichts eine wichtige Lehre und Methode zur Transformation des Bewusstseins.

Doch bevor sich das Zeitalter des Seelenlichts ganz entfalten kann, müssen die Menschheit und Mutter Erde samt allen ihren Bewohnern einen Wandel durchmachen, um den Anstoß für die Transformation des Massenbewusstseins zu geben. Diese Veränderung wird für alle Wesen auf diesem Planeten ein Weckruf sein. Naturkatastrophen, Tsunamis, Wirbelstürme, Erdbeben, Überflutungen, Dürren, Temperaturextreme, Hungersnöte, Seuchen, politische und religiöse Kriege, Terrorismus und dergleichen sind Teil dieser Veränderung. Millionen Menschen leiden unter Depressionen, Ängsten, Ärger und Sorgen. In dieser Zeit ist das Bedürfnis nach Dienst, Heilung, Seelenweisheit und Erleuchtung sehr groß. Wie groß? Diese Bedürfnisse sind universal. Die Menschheit braucht Hilfe. Das Bewusstsein der Menschheit muss transformiert werden. Das Leiden der Menschheit muss beendet werden. Vor allem für die Zeit des Übergangs brauchen wir die Seelenbewegungen. Ich brauche diesen Schatz, Sie brauchen diesen Schatz, die Menschheit braucht diesen Schatz.

Seelenbewegungen sind universale Diener. Erlauben Sie ihnen, zu dienen. Üben Sie jeweils drei bis fünf Minuten lang. Das wird Ihre Energie stärken und Seele, Geist und Körper erfrischen. Wenn Sie fünfzehn bis dreißig Minuten lang üben, werden Sie regenerieren und Ihre Lebenserwartung wird sich erhöhen. Ich wünsche Ihnen, dass Sie von diesem universalen Diener großen Nutzen für Ihre Seele, Ihren Geist und Ihren Körper empfangen. Ich wünsche Ihnen, dass Ihr ganzes Leben daraus Vorteile zieht.

Öffnen Sie Ihr Herz und Ihre Seele. Praktizieren Sie Seelenbewegungen. Es wird Sie nähren und segnen. Sie werden in jedem Aspekt Ihres Lebens Transformation erfahren. Lernen Sie, wie Sie mit der Weisheit, dem Wissen und den Übungen der Seelenbewegungen jeden Tag Ihre Energie stärken, sich erholen und voll innerer Kraft,

Freude und Frieden leben. Würden alle von uns die Seelenbewegungen machen, würden sich unsere Familien transformieren. Die Gesellschaft würde sich umgestalten. Jede Stadt, jedes Land würde sich transformieren.

Diese alte, geheime Praxis wird weltweit Millionen Menschen helfen. Praktizieren wir sie gemeinsam. Nutzen wir sie gemeinsam. Danken wir all den Lehrern, die mich ausgebildet haben. Danken wir für die göttliche Nahrung. Danken wir dem universalen Wissen und der universalen Weisheit. Seien wir universale Lehrer füreinander, in unseren Herzen und Seelen verbunden, um Mutter Erde und dem Universum Harmonie zu schenken.

> *»Ich liebe mein Herz und meine Seele.*
> *Ich liebe die ganze Menschheit.*
> *Verbindet Herzen und Seelen miteinander.*
> *Liebe, Frieden und Harmonie,*
> *Liebe, Frieden und Harmonie.«*

Begleiten Sie Ihre Seelenbewegungen mit dem Seelenlied *»Love, Peace and Harmony«* – *»Liebe, Frieden und Harmonie«*. Auf unserer Website www.drsha.com können Sie sich den kompletten Text in Seelensprache, Chinesisch (Pinyin) und Englisch herunterladen. Wenn Sie diesen Seelengesang anstimmen, schenken Sie sich selbst, anderen und dem ganzen Universum vollkommene Liebe. Dieser Dienst der göttlichen Liebe wird Ihre Seele, Ihren Geist und Ihren Körper zutiefst transformieren. Wenn Sie das Lied während Ihrer Seelenbewegungen singen, wird es die wohltuenden Wirkungen beschleunigen. Sie werden Ihre Seele, Ihren Geist und Ihren Körper sehr schnell energetisieren, heilen, regenerieren, transformieren und erleuchten.

Seelenbewegungen dauern nur drei bis fünf Minuten pro Übung. Sie können sie in jeder Körperhaltung ausführen, im Liegen, Sitzen oder Gehen. Sie können sie überall und zu jeder Zeit machen – keine Begrenzungen, weder zeitlich noch räumlich. Seelenbewegungen können Sie in die *Leere* bringen, in jenen leeren Zustand, in dem Sie mit dem Universum verschmelzen, um unvorstellbare spirituelle Segnungen zu empfangen. Ihre Seele, Ihr Geist, Ihr Körper, ja Ihr ganzes Leben werden davon profitieren.

Mögen die Seelenbewegungen Ihnen, der Menschheit und allen Seelen in allen Universen dienen. Danke. Danke. Danke.

9

Grundlagen der Seelenbewegungen

Jeder versteht, was Bewegung bedeutet. Wenn Sie morgens spazieren gehen, bewegen Sie sich; wenn Sie joggen oder schwimmen, bewegen Sie sich; wenn Sie ins Fitness-Studio gehen, bewegen Sie sich. Auch Yoga, Tai-Chi und Qigong sind Formen von Bewegung.

Menschliche Wesen bewegen sich. Tiere bewegen sich. Pflanzen bewegen sich. Insekten bewegen sich. Bakterien bewegen sich. Zellen bewegen sich. Zelleinheiten bewegen sich, selbst unbelebte Objekte sind voller Bewegung, wenn man die atomare Ebene betrachtet. Flüsse bewegen sich. Bäume bewegen sich. Meere bewegen sich. Gletscher bewegen sich. Berge bewegen sich. Seelen bewegen sich auch. Bewegung ist Leben. Wenn Herz oder Lungen aufhören, sich zu bewegen, endet das Leben. Bewegung bedeutet Leben.

Wozu dienen die Bewegungen? Sie fördern den Energiefluss. Sportliche Betätigungen wie schnelles Gehen oder Laufen fördern den Energiefluss. Alte Übungspraktiken wie Tai-Chi und Qigong setzen langsame Bewegungen ein, um den Energiefluss zu fördern. Schnelle Bewegungen sind Yang. Sie beschleunigen die Zellschwingung, sodass viel Energie aus der Zelle ausstrahlt. Diese Energie fließt dann schnell durch die Energiekanäle, fördert den Stoffwechsel und stimuliert und wärmt den Körper. Deswegen schwitzt man nach einer Weile bei sportlichen Tätigkeiten und schnellen Bewegungen. Auch bei langsamen Bewegungen wie im Tai-Chi oder bei Meditationen mit behutsamer Bewegung können Ihr Kreislauf und Ihr Herzrhythmus beschleunigt werden. Doch langsame Bewegungen und Meditation könnten Ihren Blutdruck und Ihre Herzaktivität auch senken: Wenn Ihr Pulsschlag langsamer ist als normal, bedeutet es, dass Ihr Herz effektiver arbeitet; es kann die Bedürfnisse des Körpers mit weniger Herzschlägen erfüllen. Ausdauersportler haben oft einen relativ niedrigen Ruhepuls. Langsame Bewegungstechniken können zu ähnlichen positiven Wirkungen führen. Sie stärken die Fähigkeiten Ihres Herzens, Ihres Gehirns, Ihres Kreislaufs, Ihrer Atmung – all Ihrer Systeme und Organe.

Langsame, sanfte Bewegungen wie im Tai-Chi, die mit Meditation kombiniert werden, sind Yin-Bewegungen. Sie können sehr kraftvoll sein. Für eine optimale Gesundheit sind langsame Yin-Bewegungen sogar besser als schnelle Yang-Bewegungen. Bekanntlich haben Hochleistungssportler in ihrem späteren Leben oft große gesundheitliche Probleme. Das liegt daran, dass sie so viel mit schnellen, anstrengenden Bewegungen trainieren. Sie rennen, springen, stemmen Gewichte, um die Grenzen ihrer körperlichen Fähigkeiten zu erweitern. Doch sie erzwingen zu viel. Sie setzen sich zu sehr unter Druck und strengen sich zu sehr an, oft über ihre Grenzen hinaus. Das intensive Training und die Wettbewerbe fördern nicht die Gesundheit. Sie schaden auf lange Sicht sogar. Viele Hochleistungssportler über vierzig haben enorme Beschwerden.

Ich schlage allen Sportlern vor, auch langsame Übungen wie Tai-Chi und Seelenbewegungen zu machen. Die Kombination aus sanften und schnellen Bewegungen wirkt ausgleichend. Sie schafft ein Gleichgewicht zwischen Seele, Geist und Körper. Das wird Ihnen sehr guttun.

Seelenbewegungen sind einzigartig. Sie sind nicht unbedingt langsam oder schnell, Yang oder Yin. Ihre Seele weiß es am besten. Einmal mögen die Bewegungen schnell sein und im nächsten Augenblick langsam. Sie mögen zumeist eine halbe Stunde lang bedächtig sein, doch hin und wieder verspüren Sie den Drang nach Beschleunigung. Wer bestimmt das Tempo Ihrer Bewegungen? Ihre Seele.

»Tao Fa Zi Ran« – »Folgen Sie dem Weg der Natur«

Eine der höchsten Philosophien des Taoismus lautet »Tao Fa Zi Ran«. *Tao* ist das universale Gesetz, die universalen Prinzipien, der Weg. *Fa* heißt »Methode«. *Zi Ran* bedeutet »natürlich«. *Tao Fa Zi Ran* lässt sich daher folgendermaßen übersetzen: *Folgen Sie in Ihrem Leben dem natürlichen Fluss.* Diese Idee ist auf viele Arten zu veranschaulichen. Je mehr Sie zum Beispiel wollen, dass etwas Bestimmtes geschieht, desto weniger wahrscheinlich wird es eintreten. Wenn Sie es dagegen leichtnehmen und loslassen, dann geschieht es oft. Sie folgen dem natürlichen Fluss, indem Sie sich dem natürlichen Verlauf der Dinge hingeben. Wenn Sie einen Samen pflanzen, ihn gießen und düngen, wird er ganz natürlich wachsen. Erziehen Sie Kinder, bringen Sie ihnen grundlegende Verhaltensregeln bei: Sie lehren sie, wie man Achtung vor etwas hat und wie man Liebe schenkt. Dann werden sich Ihre Kinder auf natürliche Weise entfalten.

Es gibt immer natürliche Prinzipien, denen man folgen muss, sei es im Leben eines Menschen oder im Leben der Natur. Im Winter muss man genug anziehen, um sich warm zu halten. Doch wenn man im Sommer eine dicke Jacke anzieht, folgt man nicht dem Weg der Natur. Wenn es regnet, nehmen Sie einen Schirm. Dem natürlichen Fluss zu folgen bedeutet, mit den Veränderungen der Natur zu gehen. Es entspricht nicht dem natürlichen Fluss, zum Beispiel am Arbeitsplatz herumzuschreien und mit Gewalt und Zwang zu arbeiten. Stattdessen gehen liebevolle, mitfühlende Anleitungen mit dem natürlichen Fluss. Um gesund zu sein, müssen Sie etwas tun; Sie müssen sich bewegen, meditieren, Krankheiten vorbeugen. Es entspricht nicht dem natürlichen Weg, sich zu erschöpfen und lange Zeit ohne Pausen zu arbeiten. Es entspricht genauso wenig der Natur, emotional im Ungleichgewicht zu sein: verärgert, traurig, unfähig, etwas loszulassen. Sowohl auf Ihrer physischen als auch auf Ihrer spirituellen Reise wissen Sie manchmal, dass Sie gerade etwas tun, das sich dem natürlichen Fluss widersetzt. Aber Sie wollen nichts verändern; sie bestehen auf dem falschen Verhalten. Das ist nicht der natürliche Weg.

In einem Satz zusammengefasst: *Seelenbewegungen folgen dem natürlichen Fluss.* Wie geht das? Ihre wundervolle Seele weiß um den natürlichen Fluss besser als Ihr Verstand. Ihre spirituellen Mütter und Väter im Himmel kennen den natürlichen Fluss besser als Ihre Seele. Und das Göttliche erkennt den natürlichen Fluss am besten von allen.

Es gibt zwei Arten, Seelen anzurufen, um Seelenbewegung zu praktizieren: Erstens können Sie Ihre eigene Seele bitten, Ihre Bewegungen zu leiten. Zweitens können Sie die Seelen Ihrer spirituellen Mütter und Väter im Himmel oder das Göttliche bitten, Ihre Bewegungen zu leiten. Sie können auch beides miteinander kombinieren.

Wie ist es möglich, durch die Seelenbewegungen sowohl Ihre eigene Seele als auch die Seelen Ihrer spirituellen Mütter und Väter im Himmel anzurufen? *Das Universum ist eins.* Wir sind alle eins. Bitten Sie dieses Einssein, diese Einheit, Ihre Bewegungen zu leiten. Es ist ganz einfach.

Grundlegende Formel für die Seelenbewegungen

> *»Meine geliebte Seele,*
> *meine geliebten spirituellen Mütter und Väter in der physischen Welt und in den Himmeln,*
> *geliebtes Göttliches,*
> *ich liebe euch.*
> *Würdet ihr mich bitte in meiner Seelenbewegung anleiten.*
> *Ich bin sehr dankbar.*
> *Danke.«*

Nach dieser Anrufung lassen Sie los und gestatten Ihrem Körper, sich natürlich zu bewegen. Es spielt dabei keine Rolle, ob Sie liegen, sitzen, stehen oder gehen.

In den folgenden Kapiteln werde ich noch genauer erklären, wie Sie mithilfe von Seelenbewegung Ihre Energie stärken, sich heilen, regenerieren und Erleuchtung finden können. Im letzten Kapitel fasse ich alle diese Weisheiten, das Wissen und die Übungen zusammen. Wenn Sie möchten, gehen Sie gleich zum letzten Kapitel über; aber Sie können auch den gesamten Inhalt in ein bis zwei Stunden durchlesen. So empfangen Sie die Vorzüge der Seelenbewegung ganz direkt.

Die alten Weisheiten und Übungen liegen hier vor Ihnen. Ergreifen Sie die Chance. Nehmen Sie sie auf, lassen Sie sich davon nähren.

Erleuchten Sie Ihre Seele. Empfangen Sie den Dienst der Seelenbewegungen.

Danke, dass Sie dieses Buch lesen und die Seelenbewegungen praktizieren. Mögen Ihnen die Seelenbewegungen auf die reinste Weise dienlich sein.

10

Steigerung der Energie, Vitalität, Ausdauer und Abwehrkräfte

Es gibt ein Wort, ein Konzept, das die ganze Grundlage der Traditionellen Chinesischen Medizin beschreibt: *Chi*. Chi ist die Lebensenergie. Chi fließt durch die Meridiane, die Energiepfade, die sich die chinesische Medizin zunutze macht. Tai-Chi dient dazu, Chi zu produzieren und zu bewegen. Woher kommt Chi? Es stammt aus der Schwingung und Strahlung der Materie. Im Menschen entsteht Chi aus der Zellschwingung. Unsere Zellen sind ständig in Schwingung. Sie ziehen sich zusammen und erweitern sich. Diese Zellschwingung strahlt Energie aus, nämlich Chi. Ebenso strahlen Bäume und Pflanzen durch die Schwingung ihrer Materie Chi aus. Das Gleiche gilt für das Meer, für Berge, für Sonne und Mond, für jeden Planeten, jeden Stern, jede Galaxie, jedes Universum. Alles strahlt durch die Schwingung seiner Materie Chi aus.

In der physischen Welt besteht alles aus Materie. Materie schwingt und strahlt Energie aus. Auch die Energie selbst schwingt und strahlt aus. Alles hat eine Seele. Eine Seele strahlt und schwingt auch. Seelenbewegungen nutzen die Seelenschwingung, die Seelenstrahlung und den Seelenklang. Ihre Zellen befinden sich ständig in Schwingung und verströmen ständig Energie. Wenn Sie müde sind und es Ihnen an Kraft fehlt, ist Ihre Zellschwingung geschwächt. Um Ihre Energie, Ihre Lebenskraft und die Abwehrkräfte zu stärken, können Sie Seelenbewegungen machen. Seelenbewegungen helfen den Seelen Ihrer Zellen, wieder normal zu schwingen. Sobald sich die Zellschwingung normalisiert hat, fließt auch das Chi wieder normal. Das stärkt Ihre Energie, Ihre Ausdauer, Ihre Vitalität und Ihre Abwehrkräfte.

Sie können die Seelenbewegungen, die dies bewirken, in jeder der vier Grundhaltungen durchführen: im Liegen, Sitzen, Stehen oder Gehen. Ich empfehle, alle vier Positionen am Morgen in Ihre tägliche Praxis einzubeziehen. Natürlich können Sie auch jederzeit nur in einer dieser Haltungen üben.

Im Liegen

Der Tag gehört dem Yang. Die Morgendämmerung ist der Anfang des Yang. Im Lauf des Morgens steigt die Sonne immer höher und gewinnt an Kraft und Intensität. Deswegen ist der Morgen, direkt nachdem Sie aufgewacht sind, der perfekte Zeitpunkt, um mithilfe Ihrer Seelenbewegungen Ihre Energie, Vitalität, Ausdauer und Abwehrkräfte zu stärken.

Das können Sie folgendermaßen tun: Sobald Sie aufgewacht sind, begrüßen Sie – noch im Bett liegend – Ihre Seele:

> *»Guten Morgen, geliebte Seele.*
> *Guten Morgen, alle meine spirituellen Mütter und Väter auf allen Ebenen der Himmel.*
> *Guten Morgen, Seele der Natur.*
> *Guten Morgen, Göttliches.*
> *Ich liebe euch.*
> *Bitte führt die Bewegungen meiner Arme und Beine, meiner inneren Organe und Systeme, meiner Zellen, meiner DNS und RNS.*
> *Ich bin sehr dankbar.«*

Dem können Sie hinzufügen:

> *»Liebe Seele, lieber Geist und lieber Körper des Seelenliedes*
> *›Love, Peace and Harmony‹,*
> *ich liebe euch.*
> *Bitte heilt, segnet und stärkt meine Energie, meine Ausdauer, meine Vitalität und meine Abwehrkräfte.*
> *Ich bin sehr dankbar.«*

171

Dann beginnen Sie, still »*Love, Peace and Harmony*« zu singen. Es könnte Ihre Energie erschöpfen, im Liegen laut zu singen. Befreien Sie sich von allem, was Ihre Bewegungen behindert. Vielleicht legen Sie sich auf Ihre Decke. Beginnen Sie dann, Arme und Beine sanft zu bewegen. Sie können dazu auch die CD »*Love, Peace and Harmony*« hören. Tun Sie dies direkt nach dem Aufwachen und singen Sie im Stillen mit. Fangen Sie dann an, sich zu bewegen.

Führen Sie diese Seelenbewegungen drei bis fünf Minuten lang durch. Da Sie gerade aufgewacht sind, befinden Sie sich noch in einem tiefen Yin-Zustand. Durch die sanften Bewegungen werden Ihr Körper, Ihre Organe, Systeme und Zellen anfangen, immer mehr, aber sachte zu schwingen. Energie wird erzeugt und der Energiefluss gefördert. Das Yin beginnt, sich in Yang zu verwandeln.

Nach etwa fünf Minuten Seelenbewegungen im Liegen sind Sie bereit, Seelenbewegungen in der zweiten Körperhaltung, im Sitzen, durchzuführen.

Im Sitzen

Falls es Ihnen möglich ist, setzen Sie sich auf. Sie können sich im Lotussitz, im halben Lotussitz oder mit gekreuzten Beinen hinsetzen. Machen Sie es sich ruhig auf einem Kissen bequem. Singen Sie weiter »*Love, Peace and Harmony*« und beginnen Sie mit den Seelenbewegungen. Folgen Sie dem natürlichen Fluss. Vielleicht sehen Sie schon innerlich, wie sich Ihre Arme und Ihr Körper bewegen werden. Strecken und beugen Sie Ihren Rücken gemäß den Anleitungen Ihrer Seele. Vielleicht spüren Sie die Bewegung schon im Voraus. Einmal setzen Sie sich vielleicht ganz gerade auf, dann wieder liegen Sie fast auf dem Rücken, auf der Seite oder nach vorne gebeugt. Lassen Sie die natürlichen Bewegungen gemäß den Anleitungen Ihrer Seele und der Seele des Göttlichen zu.

Falls Sie aus körperlichen Gründen nicht in der Lage sind, sich im Bett aufzusetzen, nehmen Sie auf einem Stuhl neben dem Bett Platz und machen Sie Ihre Seelenbewegungen dort. Üben Sie etwa drei Minuten lang im Sitzen – das reicht, um Ihre Zellen und Ihr Sein stärker in Schwingung zu versetzen. Ihre Bewegungen mögen dabei etwas schneller sein als im Liegen. Das Yin zieht sich weiter zurück und das Yang verstärkt sich. Ihre Bewegungen könnten aber auch langsamer sein als im Liegen. Es geht hier ebenso darum, keine Erwartungen oder Absichten zu haben. Folgen Sie den Impulsen Ihrer Seele. Das Üben im Sitzen wird Ihre Zellen stärker aktivieren, mehr Energie erzeugen und den Energiefluss verbessern. Nach drei Minuten Seelenbewegungen im Sitzen sind Sie bereit, zum Stehen überzugehen.

Im Stehen

Stehen Sie auf. Beginnen Sie, im Stehen Seelenbewegungen zu machen. Sie brauchen dabei nicht umherzugehen; Sie können einfach Ihren Rücken, Ihre Arme und Beine strecken und beugen. Folgen Sie den natürlichen Impulsen. Sie können dabei »*Love, Peace and Harmony*« singen – vielleicht begleitet durch die CD. Üben Sie drei Minuten lang im Stehen, um Ihre Energie, Ausdauer, Vitalität und Abwehrkräfte weiter zu stärken. Danach sind Sie dafür offen, Seelenbewegungen in der vierten Haltung zu machen, also im Gehen.

Im Gehen

Jetzt sind Sie bereit, umherzugehen. Spazieren Sie in Ihrem Schlafzimmer oder Wohnzimmer umher. Am besten wäre es, Sie könnten draußen durch die Natur wandern. Singen Sie weiter »*Love, Peace and Harmony*«, während Sie Ihre Seelenbewegungen machen. Ich empfehle, dies mindestens eine Viertelstunde lang zu praktizieren – noch besser wäre eine halbe Stunde oder länger. Doch auch eine Viertelstunde wirkt sich schon deutlich auf Ihre Energie, Ausdauer, Vitalität und Abwehrkräfte aus. Es wird Ihre Lebenskraft deutlich verstärken und das Yang ganz aufwecken. Wenn Sie weniger Zeit haben, machen Sie es, so lange Sie können. Selbst drei Minuten sind schon hilfreich, doch eine Viertelstunde Seelenbewegungen im Gehen werden Sie weit vorwärtsbringen.

Im ersten wichtigen Textbuch der Traditionellen Chinesischen Medizin »Der Klassiker des Gelben Kaisers zur Inneren Medizin« wird als grundlegendes Prinzip festgestellt: »Wenn das *Chi* fließt, ist der Mensch gesund. Wenn das *Chi* behindert ist, ist der Mensch krank.«

Wenn Sie die Seelenbewegungen regelmäßig in allen vier Haltungen durchführen, wird sich Ihre Energie enorm schnell entwickeln. Sie werden sich wohl, strahlend, frisch und energiegeladen fühlen. Vielleicht spüren Sie dabei eine gewisse Wärme, ein Kribbeln, eine Schwingung, eine Erweiterung oder eine Bewegung in Ihrem Körper. Sie werden sich nicht nur voller Lebenskraft fühlen, sondern auch eine große mentale Klarheit erleben, vielleicht sogar buchstäblich klarer sehen. Jeder Aspekt Ihres Alltags und Ihres Lebens wird von den Seelenbewegungen profitieren.

11

Heilung

Seelenbewegungen können heilen. Vielleicht ist Ihre Gesundheit geschwächt, eventuell sind Sie krank, haben Schmerzen, Entzündungen, Tumore, Krebs, Aids oder eine ansteckende Krankheit. Möglicherweise leiden Sie unter Depressionen, Ängsten, Sorgen, Kummer oder Schuldgefühlen. Vielleicht verwirren oder belasten Sie bestimmte Gedanken, die Sie nicht loslassen können. Vielleicht fehlt es Ihnen auch an einer klaren Richtung für Ihre spirituelle Reise. Seelenbewegungen können zur Heilung des physischen, emotionalen, mentalen und spirituellen Körpers beitragen. Hier ist eine einfache Formel:

»Liebe Seele, lieber Geist und lieber Körper meiner geliebten Körperseele, Systemseelen, Organseelen, Zellseelen, Zellorganellenseelen, DNS- und RNS-Seelen,
ich liebe euch.
Liebe Seelen meiner spirituellen Mütter und Väter auf der Erde und in der spirituellen Welt,
liebe Seelen der Natur,
liebe Seelen des Göttlichen,
ich liebe euch alle.
Ich kann euch gar nicht genug ehren.
Bitte leitet mich zu Seelenbewegungen an, die meinen physischen, emotionalen, mentalen und spirituellen Körper vollständig heilen.
Ich bin dankbar.
Danke.

Liebes Seelenlied ›Love, Peace and Harmony‹ – ›Love, Peace and Harmony‹, ich liebe dich.
Bitte segne mich mit der vollständigen Heilung meines phy-sischen, emotionalen, mentalen und spirituellen Körpers.
Ich bin sehr dankbar.
Danke.«

Und dann machen Sie drei bis fünf Minuten lang Seelenbewe-gungen. Wenn Sie unter einer chronischen oder lebensbedrohlichen Krankheit leiden, versuchen Sie, eine Viertel- bis halbe Stunde lang zu üben. Singen Sie dabei immer das Seelenlied *»Love, Peace and Harmony«*, während Sie die Seelenbewegungen machen.

Sie können Seelenbewegungen zur Heilung im Liegen, Sitzen, Stehen oder Gehen machen. Es gibt keine Einschränkungen. Wel-che Haltung Sie auch einnehmen mögen: Seelenbewegungen können Ihre Seele, Ihren Geist und Ihren Körper vollständig heilen.

Seelenbewegungen wirken heilend, weil die Seele über große Heil-kraft verfügt. Die Essenz meines Buches *»Seele Geist Körper Medizin«* ist, dass die Seele heilen kann. Wir wissen, dass der Geist heilen kann. Medikamente können heilen. Andere Heilmittel können heilen. *Doch die Seele ist die mächtigste Heilerin.* Alles hat eine Seele – das Gehirn, das Herz, die Lungen, die Schultern, die Knie, der Rücken. Wenn Sie in diesen Bereichen Probleme haben, können Sie diese Seelen darum bitten, sich selbst zu heilen. Wenn Sie es ausprobieren, werden Sie feststellen, dass sie über große Kraft verfügen. Und wenn Sie dem noch die »äußeren« Seelen der Natur, Ihrer spirituellen Mütter und Väter, des Göttlichen, des Seelengesangs und der Seelenbewegungen hinzufügen, wird die Kraft noch vervielfacht.

Ein Schlüssel zu allen Seelenheilungen, auch zum Heilen mit See-lenbewegungen: Erweisen Sie den Seelen, die Sie um Hilfe bitten, Ihre Wertschätzung, Liebe und Dankbarkeit. Schenken Sie ihnen immer Liebe. Selbst wenn Ihr Rücken schmerzt, selbst wenn er höl-lisch schmerzt, schenken Sie Liebe! Sagen Sie diese Worte mit großer Aufrichtigkeit und Dankbarkeit. Selbst wenn Ihr Zustand chronisch ist und Sie vielleicht bereits seit zehn Jahren unter Rückenschmerzen leiden oder seit zwanzig Jahren Migräne haben, selbst wenn Sie Krebs haben: Ärgern Sie sich nicht darüber. Kämpfen Sie nie mit den Seelen Ihrer Krankheit. Schenken Sie Ihrer Krankheit immer Liebe. *Schenken Sie allen Seelen immer Liebe.* Liebe ist die absolute Grundlage der *Seele Geist Körper Medizin,* der Seelenheilung und der Seelenbewegungen. *Liebe löst alle Blockaden auf.*

Seelenbewegungen sind eine so einfache und gleichzeitig kostbare Art des Heilens. Sie können sie jederzeit und überall ausführen. Seelenbewegungen dienen Ihnen. Sie schenken Ihnen Genesung, auf der physischen, emotionalen, mentalen und spirituellen Ebene. Praktizieren Sie sie. Genießen Sie sie. Nutzen Sie sie. Danke. Danke. Danke.

12

Verjüngung und Regeneration

In aller Welt werden große Anti-Aging-Konferenzen abgehalten. Eine ganze Reihe von Forschungsinstituten widmen sich dem Prozess des Alterns und den Zusammenhängen zwischen Alter, Krankheiten, Erbfaktoren, Ernährung und Lebensstil. Stammzellenforschung und regenerative Medizin befassen sich ebenfalls sehr aktiv mit den biochemischen Aspekten des Alterns.

Ich danke vielen Forschern, Lehrern und Ärzten für ihre großen Bemühungen, durch die wir den Prozess des Alterns und sein Gegenstück – die Verjüngung oder Regeneration (beide Begriffe bedeuten in unserem Zusammenhang das Gleiche) – besser verstehen konnten. Was ich hier anbiete, ist jedoch eine einzigartige Art der Regeneration: die Seelenverjüngung. Natürlich ist der Schlüssel dazu die Seelenkraft. Das grundlegende Prinzip lautet: *»Verjünge zuerst deine Seele, dann werden die Verjüngung des Geistes und des Körpers folgen.«*

Wie kann Ihre geliebte Seele verjüngt werden? Ihre geliebte Seele begleitet Sie seit vielen Leben, doch sie *kann* jünger und jünger werden. Regenerieren Sie Ihre Körperseele. Sie können auch die Seelen all Ihrer Organe, Systeme, Zellen, sogar die Ihrer DNS und RNS verjüngen.

Worin besteht das Geheimnis? Grüßen Sie sie! Sprechen Sie die Seelen Ihres Körpers, Ihrer Systeme, Organe, Zellen, DNS und RNS an. Das wird diese Seelen sehr erfreuen. Sie werden antworten: »Ich bin dankbar. Ich bin ganz aufgeregt vor Freude. Du hast mich noch nie darum gebeten, mich zu regenerieren. Ich weiß, dass ich in dieser Hinsicht viel für dich tun kann. Ich habe schon darauf gewartet, dass du mich darum bittest. Endlich tust du es. Ich werde es gut machen.«

Dann wird Ihre geliebte Seele anfangen, zu schwingen und Licht auszustrahlen. Dieses Seelenlicht wird allmählich die dunklen, grauen und schwarzen Flecken und Bereiche in Ihren Systemen, Organen und Zellen auflösen. Die dunklen Bereiche repräsentieren Energieblockaden. Werden sie durch das Seelenlicht entfernt, verschwindet auch die Krankheit. Ihre Systeme, Organe und Zellen werden sich erholen und regenerieren. So funktioniert Seelenverjüngung.

Verjüngung jeglicher Seelen

Alles hat eine Seele: Meere, Flüsse, sogar der Swimmingpool. Wenn Sie schwimmen, können Sie sagen: »Liebe Seele, lieber Geist und lieber Körper des Wassers, bitte nährt mich, während ich schwimme.« Die Seele des Wassers wird antworten: »Es ist mir ein Vergnügen, dich zu nähren. Es ist mir ein Vergnügen, dich zu verjüngen.« Wenn Sie am Strand sitzen, können Sie das Meer auf diese Weise ansprechen. Wenn Sie am Fuß eines Berges sitzen, können Sie zum Berg »Hallo« sagen. Wenn Sie durch einen Wald gehen, können Sie den Wald begrüßen: »Liebe Seele des Waldes, liebe Seelen der Bäume, der Blätter, der Erde, bitte nährt mich. Bitte heilt mich. Bitte regeneriert und verjüngt mich.«

Wenn Sie diese Weisheit noch ein wenig weiterführen, brauchen Sie nicht einmal am Strand oder am Fuß eines Berges zu sein. Sie brauchen nicht im Wald oder im Garten zu sein. Sie können überall sein und jederzeit um Hilfe bitten – was immer Sie wollen. In diesem Augenblick, da mir die Inspiration für dieses Buch geschenkt wird, gebe ich in einem Konferenzraum ein Seminar. Alle meine Schüler sitzen vor mir und lauschen auf das, was durch mich fließt. Üben wir gemeinsam, während Sie dieses Buch lesen.

Setzen Sie sich aufrecht hin.

Umfassen Sie Ihren linken Daumen mit Ihrer ganzen rechten Hand.

Greifen Sie mit ungefähr achtzig Prozent Ihrer maximalen Kraft zu.

Halten Sie die Hände in dieser Yin-Yang-Haltung nahe vor Ihren unteren Bauch, ohne ihn zu berühren.

Halten Sie den Rücken weiter gerade.

Ziehen Sie Ihr Kinn ein wenig in Richtung Hals.

Legen Sie Ihre Zungenspitze möglichst nahe an den Gaumen, ohne ihn zu berühren.

Ziehen Sie leicht das Perineum zusammen.

Entspannen Sie vollständig.

Außer Ihren Händen ist Ihr ganzer Körper entspannt.

Die Yin-Yang-Handhaltung ist in Kombination mit der vollständigen Entspannung das Geheimnis der schnellen energetischen Aufladung.

Jetzt sprechen Sie leise:

»Meine geliebte Körperseele,
ich liebe dich.
Meine geliebten Systemseelen,
ich liebe euch.
Meine geliebten Organseelen,
ich liebe euch.
Geliebte Seelen meiner Zellen, geliebte Seelen
meiner Zellverbände, geliebte Zellkerne,
ich liebe euch.
Geliebte Seelen meiner DNS und RNS,
ich liebe euch.
Bitte leitet meine Seelenbewegungen.
Liebe Seelen von Mutter Erde meiner Gegend,
liebe Seelen des Wassers in meiner Nähe,
ich liebe euch.
Liebe Seelen der Bäume in meiner Umgebung,
liebe Seelen meines Gartens,
ich liebe euch.

Liebe Seele der Sonne, liebe Seelen der Sterne, [*]
ich liebe euch.
Liebe Seelen der Planeten, Galaxien und Universen,
ich liebe euch.
Liebe spirituelle Väter und Mütter aller Ebenen
des Himmels,
ich liebe euch.
Liebe Seele des Göttlichen,
ich liebe dich.
Bitte stärkt meine Energie, heilt meinen physischen, emotionalen, mentalen und spirituellen Körper und verjüngt meine
Seele, meinen Geist und meinen Körper.
Ich bin so dankbar.
Liebe Seele des Seelenliedes »Love, Peace and Harmony«,
ich liebe dich.
Bitte segne mich, um meine Seele, meinen Geist und meinen
Körper zu verjüngen.
Ich bin sehr dankbar.
Danke. Danke. Danke.«

Singen Sie jetzt »*Love, Peace and Harmony*«, während Sie beginnen, Ihre Arme zu bewegen. Stehen Sie nach zwei bis drei Minuten auf. Stehen Sie in einer lockeren Haltung. Beugen Sie die Knie, drehen und wenden Sie Ihren Körper so, wie Sie sich geleitet fühlen. Folgen Sie dem natürlichen Fluss zwei bis drei Minuten lang.

Beginnen Sie jetzt umherzugehen und fahren Sie dabei mit den Seelenbewegungen fort. Ihre Bewegungen können weit und ausladend sein oder sanft und zurückhaltend. Folgen Sie dem natürlichen Fluss. Folgen Sie Ihrer Seele.

Als Diener, Gefäß und direkter Kanal habe ich in jede Seele des Universums mein Seelenlied heruntergeladen. In jeder Ihrer Zellen gibt es dieses Seelenlied; wir können sie jetzt anrufen.

---

* Es spielt keine Rolle, ob es Tag oder Nacht ist oder ob der Himmel klar ist; Sie können jederzeit mit der Sonne und den Sternen Kontakt aufnehmen.

»Liebe Seele, lieber Geist und lieber Körper von Zhi Gang
Shas Seelenlied ›Love, Peace and Harmony‹ in all meinen
Zellen mit Blockaden,
  ich liebe euch, ich ehre euch, ich schätze euch.
Bitte werdet aktiv, um meine Blockaden zu entfernen.
Liebe Seele, lieber Geist und lieber Körper von Zhi Gang Shas
Seelenliedes »Love, Peace and Harmony« in all meinen unaus-
geglichenen Systemen, Organen und Zellen,
  ich liebe euch, ich ehre euch, ich schätze euch.
Bitte werdet aktiv, um mich mit göttlicher Heilung zu seg-
nen.
Ich bin so dankbar.
Danke. Danke. Danke.«

Singen Sie, während Sie sich weiterbewegen. Es ist belanglos, ob
Ihre Bewegungen ausladend oder sanft sind. Wenn möglich, wechseln Sie zwischen Yang und Yin hin und her. Alle Seelenbewegungen
werden Ihre Zellschwingung erhöhen und energetische und spirituelle Blockaden entfernen. Sie werden Heilung erfahren. Sie werden
der Verjüngung teilhaftig.

Das Seelenlied ist eine goldene, göttliche Seele. In dem Augenblick, wo Sie sie ansprechen, beginnt alles zu strahlen. Aktivieren Sie
sie in jeder Zelle. Sie können damit erstaunliche Resultate erzielen.

»Liebe Seele jeder Zelle, jeder DNS und jeder RNS, singt mit mir.
Bitte singt auch weiter, während ich heute Nacht schlafe.«

So nutzen Sie die Seelenbewegung sowie das Seelenlied zur Verjüngung. Verbinden Sie sich mit den Seelen, sowohl den inneren als
auch den äußeren, wie wir es am Anfang getan haben. Lassen Sie sich
bei der Seelenbewegung ein paar Minuten lang im Sitzen von den
Seelen führen, dann ein paar Minuten lang im Stehen und schließlich ein paar Minuten lang im Gehen. Das wird Ihnen sehr helfen,
alle Ungleichgewichte und Krankheiten des physischen, emotionalen,
mentalen und spirituellen Körpers zu heilen: Der Chi-Fluss wird
gefördert und die Kraft der Seele eingesetzt. Ihre Seele, Ihr Geist,
Ihre Körpersysteme, Organe und Zellen werden von Seelenlicht und

Seelenflüssigkeit sowie von universalem Licht und universaler Flüssigkeit genährt. Verbinden Sie sich mit den Seelen des Universums sowie mit den Seelen Ihrer spirituellen Mütter und Väter im Himmel: Wenn Sie gleichzeitig mit diesen Seelen genauso kommunizieren wie mit den inneren Seelen Ihres Körpers, Ihrer Organe und Zellen bis hin zur DNS und RNS, erhalten Sie aus Ihrem Körper heraus, aus der Natur um Sie herum und aus dem ganzen Universum alle möglichen Formen der Seelennahrung. Vor allem aber erfahren Sie eine Verjüngung der Seele. *Verjüngen Sie zuerst die Seele, dann wird die Verjüngung von Geist und Körper folgen.*

Mithilfe dieser kurzen Übung werden Sie sich wohlfühlen, friedvoll und wachsam sein. Sie werden sich großartig fühlen, weil Ihre innere Energie, Ihr Chi, besser fließt. Ihre Zellen werden aktiv schwingen und ausgeglichen sein.

Der Energiefluss ist die Grundlage der Verjüngung. Die Technik der Seelenbewegung schenkt Ihnen den Segen Ihres eigenen Seelenlichts und Ihrer eigenen Seelenflüssigkeit sowie des Seelenlichts und der Seelenflüssigkeit der Natur, Ihrer spirituellen Mütter und Väter und des Göttlichen. Seelenlicht ist ein Yang-Segen, während Seelenflüssigkeit einen Yin-Segen darstellt. Nur wenn Sie die Yin- und Yang-Segnungen in ausgeglichenem Maß erhalten, erfahren Sie wirklich die Verjüngung von Seele, Geist und Körper. Sie brauchen nur zu üben. Je mehr Sie üben, desto mehr werden Sie davon profitieren. Es wird Ihnen von großem Nutzen sein. Ich wünsche Ihnen, dass Sie Ihre Sache gut machen. Üben Sie die Seelenbewegungen, um ihren Segen zu genießen. Danke. Danke. Danke.

13

Erleuchtung

Wie ich bereits in anderen Büchern gelehrt habe, bedeutet Seelenerleuchtung, dass Ihr Seelenrang eine gewisse Ebene erreicht hat. Es
gibt neun Ebenen des Himmels. Ihr Seelenrang spiegelt sich darin,
wo Ihre Seele in Ihrem Körper lebt. Wenn Ihr geliebtes kleines goldenes Wesen in Ihrem Botschaften-Zentrum oder Herzchakra sitzt,
haben Sie Seelenerleuchtung erlangt. Wenn Ihr drittes Auge, Ihr
medizinischer Intuitionskanal offen ist, können Sie Ihre eigene Seele
sehen oder die Seele eines anderen. Sitzt dieses kleine goldene Lichtwesen im Botschaften-Zentrum, wissen Sie, dass dieser Mensch Seelenerleuchtung erlangt hat.

»Love, Peace and Harmony« – »Liebe, Frieden und Harmonie«

Während Sie die Seelenbewegungen machen, singen Sie das Seelenlied
»Love, Peace and Harmony«. Es ist ein göttliches Mantra und enthält
eine göttliche Botschaft des Dienens. Wir wollen es ein wenig näher
betrachten, um seine Botschaft besser zu verstehen.

Die erste Zeile des Liedes lautet: *»I love my heart and soul«* – *»Ich
liebe mein Herz und meine Seele.«* Dies ist Dienst durch Liebe. Sie
müssen zuerst Ihr eigenes Herz und Ihre eigene Seele lieben. Wie
könnten Sie sonst andere bedingungslos lieben? Ihr Herz und Ihre
Seele zu lieben bedeutet, Ihr Herz und Ihre Seele zu läutern, zu energetisieren und die Qualität Ihres Herzens und Ihrer Seele zu transformieren. Sie initiieren die Transformation und versetzen sich in den
Prozess der Erleuchtung.

Die zweite Zeile lautet: »*I love all humanity*« – »*Ich liebe die ganze Menschheit.*« Sie schenken immer noch Liebe durch Ihre Gedanken und Ihre Seele, während Sie das Lied singen. Ihre Stimme trägt die Frequenz der Liebe zu anderen – zur ganzen Menschheit, zu allen Seelen des Universums. Spüren Sie es zutiefst: Ihre Liebe für die ganze Menschheit bedeutet, dass Sie der Menschheit im Augenblick des Singens dienen. Dieser Dienst wird Ihnen in der Akasha-Chronik große Werte und Verdienste einbringen. Wenn Sie immer mehr und mehr davon ansammeln, bereitet sich Ihre Seele darauf vor, erhoben zu werden und sich selbst zu erheben. Wenn Sie durch Ihren Dienst ausreichend Verdienste angesammelt haben, wird Ihre Seele aus den Akasha-Aufzeichnungen eine spirituelle Anweisung erhalten. Ihre Seele wird sich von ihrem gegenwärtigen Aufenthaltsort, der vielleicht in der Nähe Ihres Nabels liegt, an einen höheren Ort begeben. Plötzlich wird Ihre Seele in Ihrem Botschaften-Zentrum sitzen. Dies ist ein spiritueller Aha-Moment, die Seelenerleuchtung.

Die nächste Zeile des Liedes lautet: »*Join hearts and souls together*« – »*Verbindet Herzen und Seelen miteinander.*« Das beschreibt nicht mehr und nicht weniger als den Sinn des Lebens. Wir sind da, um zu dienen, um uns mit den Herzen und Seelen anderer zu vereinen, um unsere Herzen und Seelen mit allen Herzen und Seelen zu verbinden und uns mit dem universalen Bewusstsein und dem göttlichen Bewusstsein in Einklang zu bringen.

Das Lied endet mit: »*Love, Peace and Harmony*« – »*Liebe, Frieden und Harmonie.*« Das ist das Ziel, das Endergebnis unseres Dienens: uns selbst, unserer Umgebung, der ganzen Menschheit, allen Seelen, allen Universen Liebe, Frieden und Harmonie zu schenken.

Auf der Seelenebene stellt es einen großen Dienst dar, dieses Seelenlied zu singen. Es ist auch auf der Bewusstseinsebene ein großer Dienst. Deshalb ist dieser Seelengesang ein wesentlicher Bestandteil der Seelenbewegungen. Wenn Sie sich bewegen und gleichzeitig singen, läutern, reinigen und entfernen Sie die dunklen und grauen Bereiche in Ihrer Seele, Ihrem Geist und Ihrem Körper. Wenn Sie dieses Lied singen, während Sie Seelenbewegungen machen, empfangen Sie den Segen der Seelen der Natur, Ihrer spirituellen Mütter und Väter im Himmel und des Göttlichen. Sie empfangen auch den Segen Ihrer eigenen Seele. Alle diese spirituellen Segnungen unterstützen Sie dabei, sich zu energetisieren, zu heilen und zu läutern. Sie können Ihnen helfen, Krankheiten vorzubeugen, sich zu verjüngen, Ihr Leben zu verlängern, Ihre Seele, Ihren Geist und Ihren Körper zu transformieren und ein hohes Maß spiritueller Werte zu sammeln. So können Sie schließlich den Aha-Moment der Seelenerleuchtung erfahren.

Ein spiritueller Aufruf

Seelenbewegungen sind ein spiritueller Aufruf, ja sogar eine Aufforderung an die Menschheit. Sie bieten Ihnen und der ganzen Menschheit die einfachste Übung für die Energetisierung und Heilung, die Stärkung von Lebenskraft und Abwehrkräften, die Verjüngung und die Erleuchtung von Seele, Geist und Körper. Sie sind von grenzenloser Wohltat.

Seelenbewegungen werden Ihnen den größten Segen für die Erleuchtung von Seele, Geist und Körper schenken. Seelenbewegungen können den Segen sogar anderen Seelen zukommen lassen. Diejenigen unter Ihnen, deren drittes Auge geöffnet ist, nehmen deutlich wahr, wie bei ihren Seelenbewegungen viele andere Seelen herbeiströmen und mittanzen. Dies wird durch die dritte Zeile des Liedes ausgelöst: *»Verbindet Herzen und Seelen miteinander.«* So dienen wir mit den Seelenbewegungen und dem Seelengesang, und unzählige Seelen stimmen mit uns ein. Deswegen hilft dieser universale Dienst dabei, der Menschheit, Mutter Erde, ja allen Planeten, Sternen, Galaxien und Universen Liebe, Frieden und Harmonie zu schenken.

Je mehr Sie Seelenbewegungen praktizieren und *»Love, Peace and Harmony«* singen, je mehr Sie sich selbst, die Menschheit und alle Seelen des Universum lieben, desto mehr Liebe, Frieden und Harmonie wird da sein – für Sie selbst, Ihre Familie, Ihre Organisationen, Ihre Stadt, Ihr Land, Mutter Erde, die Planeten, Sterne, Galaxien und Universen, selbst für *Jiu Tian (neun Ebenen des Himmels)* und

Tian Wai Tian (Himmel jenseits der neun Ebenen). Machen Sie Ihre Sache gut!

So tragen Sie dazu bei, das Universum zu erleuchten. Welch ein unglaubliches Potenzial einer einfachen Übung! Seelenbewegungen sind eine spirituelle Zusammenkunft für alle Seelen von *Jiu Tian, Tian Wai Tian* und darüber hinaus – bis in die Unendlichkeit. Seelenbewegungen versammeln auch die Seelen in der Hölle. Es gibt keinen Unterschied – lichte Seite, dunkle Seite –, wir sind alle eine Familie. Lassen Sie uns unsere Herzen und Seelen vereinen, um für alle Liebe, Frieden und Harmonie zu erzeugen. Durch unseren universalen Dienst werden wir dieses göttliche Ziel erreichen. Es ist eine große Ehre, diesen Dienst leisten zu dürfen. Es ist eine Ehre, Seelenbewegungen machen zu dürfen. Danke. Danke. Danke.

14

Zusammenführung

In den vorigen Kapiteln habe ich beschrieben, wie Seelenbewegungen zur Energetisierung, Heilung, Regeneration und Erleuchtung beitragen können. In diesem Kapitel will ich das Geheimnis offenbaren, wie Sie alle wesentlichen Vorzüge der Seelenbewegungen durch eine einzige Übung erzielen können. Sie kann jederzeit und überall und in jeder Haltung durchgeführt werden. Seelenbewegungen sind eine Übung fürs Leben – jeden Tag. Üben Sie während einer Pause bei Ihrer Arbeit. Üben Sie, wenn Sie sich zu Hause ein wenig erschöpft fühlen. Drei Minuten Seelenbewegungen können heilsam wirken. In drei Minuten können Sie Ihre Energie, Ausdauer, Vitalität und Abwehrkräfte steigern. In drei Minuten können Sie Ihre Seele, Ihren Geist und Ihren Körper verjüngen. In drei Minuten können Sie universal dienen und spirituelle Verdienste ansammeln, um Ihre Seele zu erleuchten.

Das Tao üben

Im zehnten Kapitel habe ich Ihnen gezeigt, wie Sie früh am Morgen direkt nach dem Aufwachen Seelenbewegungen machen können. Dabei ging es von den Seelenbewegungen im Liegen über jene im Sitzen und Stehen hin zu Seelenbewegungen im Gehen. Diese Entwicklung entspricht dem Gesetz der Natur. Von der Morgendämmerung bis zum Mittag steigt die Sonne auf und nimmt an Intensität zu. Der Tag wird immer mehr Yang. Die Entwicklung vom Liegen über das Sitzen und Stehen zum Gehen entspricht dem natürlichen Fortschreiten vom Morgen zum Tag. Es entspricht dem Weg der Natur.

Der Abend ist Yin-Zeit. Das Yin nimmt am Abend immer mehr zu. Wenn Sie Schwierigkeiten mit dem Einschlafen haben oder nicht durchschlafen, weil es in Ihrer Seele, Ihrem Geist oder Ihrem Körper irgendwelche Blockaden gibt, können Ihnen Seelenbewegungen helfen, die Qualität Ihres Schlafes zu steigern.

Hier ist eine Übung für Seelenbewegung am Abend vor dem Einschlafen: Bereiten Sie sich wie gewohnt auf das Zubettgehen vor, aber beginnen Sie dann, drei Minuten lang im Gehen Seelenbewegungen zu machen. Lassen Sie darauf drei Minuten Seelenbewegungen im Stehen und im Sitzen folgen. Legen Sie sich nun ins Bett und machen Sie drei Minuten lang Seelenbewegungen im Liegen.

Diese Zwölf-Minuten-Übung wird Sie von Yang nach Yin befördern. Sie wird Seele, Geist und Körper den Übergang von dem stimulierenden Yang zum ruhigen Yin erleichtern. Auch dies entspricht dem natürlichen Gesetz. Dies ist das *Tao* für den Schlaf (*Tao* = der Weg, die Methode, das universale Prinzip und Gesetz). Die Kombination der Abendübung vor dem Einschlafen und der Morgenübung nach dem Aufwachen folgt dem Tao. Sie folgt dem Gesetz von Yin und Yang.

Es gibt einen berühmten alten Spruch: »*Tian Ren He Yi.*« *Tian* bedeutet »Himmel«, *Ren* heißt »Mensch«, *He* meint »verbinden« und *Yi* bedeutet »eins«. Der Himmel und der Mensch verbinden sich zu einer Einheit. Weil der Himmel die große Natur repräsentiert und der Mensch die kleine Natur, lehrt uns dieser Spruch, dass die große Natur und die kleine Natur eins sind. Was in der großen Natur geschieht, ereignet sich auch in der kleinen Natur. Um die große Natur zu begreifen, müssen wir erst die kleine Natur verstehen. Sobald Sie die kleine Natur des Menschen durchschaut haben, werden Sie auch die große Natur des Himmels verstehen. Die große und die kleine Natur müssen harmonisiert werden. Wenn Sie sich beim Aufwachen mit Ihren Seelenbewegungen von Yin nach Yang entwickeln, folgen Sie dem Gesetz der großen Natur. Wenn Sie sich vor dem Einschlafen mit Ihren Seelenbewegungen von Yang nach Yin entwickeln, folgen Sie ebenfalls den Gesetzen der großen Natur. Dies ist die Praxis des Tao. Dies ist die Praxis des *Tian Ren He Yi.*

Universale Seelenbewegungen

Nun werde ich Ihnen das Geheimnis der universalen Seelenbewegungen enthüllen. Sie haben alle Weisheiten dazu bereits in den vorigen Kapiteln gelernt. Viele von Ihnen haben sich auch mit Qigong, Tai-Chi, Energieheilung und spirituellem Heilen befasst. Ist Ihnen bewusst, dass die Essenz all dieser verschiedenen Lehren in der Weisheit der Seelenbewegungen enthalten ist? Seelenbewegungen sind ein großartiges Beispiel für die Überlegenheit der Seele über die Materie. Die Seele kann heilen, Krankheiten vermeiden, verjüngen, das Leben verlängern und jeden Aspekt des Lebens transformieren, auch Beziehungen und geschäftliche Angelegenheiten. Das ist die Überlegenheit der Seele über die Materie.

Wie können Sie mithilfe der Seelenbewegungen Ihre Beziehungen verbessern? Machen Sie die Seelenbewegungen mit Ihrem Partner. Machen Sie mit Ihren Arbeitskollegen Seelenbewegungen. Selbst zu Hause, wenn Sie alleine sind, können Sie die Seelen von allen, mit denen Sie Ihre Beziehungen verbessern möchten, einladen, mit Ihnen Seelenbewegungen zu machen. Sie werden merken, wie sich Ihre Beziehungen verbessern.

Hier ein Geheimnis, wie Sie Ihre Geschäfte verbessern können: Sprechen Sie die Seelen von allen an, mit denen Sie geschäftlich umgehen. Sprechen Sie auch die Seelen der Organisationen, Städte und Länder an, die damit zu tun haben. Sagen Sie zu ihnen: »Lasst uns zusammen Seelenbewegungen machen. Lasst uns zusammen *Love, Peace and Harmony* singen.« Ihr Geschäft wird es Ihnen danken. Wenn Sie die Weisheit der Seele wirklich verstanden haben, können Sie auf der Seelenebene alles bewirken, was Sie wollen. Verbinden Sie Seelenkraft mit Seelenbewegungen. Seelenkraft kennt keine Grenzen. Seelenkraft kann Ihnen in jedem Bereich Ihres Lebens dienlich sein.

Zu guter Letzt möchte ich Ihnen noch eine »Formel« geben, von der Sie unendlich profitieren können – eine Methode, die Seelenbewegungen herbeizurufen. Sprechen Sie wie folgt:

»Liebe Seelen meines Körpers, meiner Systeme, meiner Organe,
Zellen, Zellverbände, DNS und RNS,
liebe Seelen meiner spirituellen Mütter und Väter in allen
Ebenen der Himmel,
liebe Seelen meiner Lieben,
liebe Seelen meiner Kollegen,
liebe Seelen meiner Mitarbeiter und Gesellschafter,
liebe Seelen der Natur,
liebe Seele des Tao,
liebe Seele des Göttlichen,
ich liebe euch alle.
Ich ehre euch alle.
Bitte vereint euch mit mir in den Seelenbewegungen.
Liebe Seele, lieber Geist und lieber Körper des Seelengesangs
›Love, Peace and Harmony‹,
ich liebe euch und ehre euch.
Alle ihr lieben Seelen, die ich angesprochen habe,
lasst uns dieses Seelenlied gemeinsam singen.
Lasst uns zusammen Seelenbewegungen machen.
Bitte energetisiert, heilt, verjüngt und erleuchtet mich und
alle anwesenden Seelen.«

Dies ist ein viel größerer Dienst als das Energetisieren, Heilen, Verjüngen und Erleuchten Ihrer selbst. Es ist ein Dienst an der Menschheit, ein Dienst an allen Seelen des Universums. Sie können dann fortfahren:

»Bitte schenkt mir vollständige Heilung.
Bitte schenkt anderen vollständige Heilung.
Bitte segnet meine Beziehungen und meine Geschäfte.
Bitte segnet die Beziehungen und Geschäfte anderer.«
(Bitten Sie, worum auch immer Sie wollen.)

Beginnen Sie dann zu singen:
»Lu La-a Lu La Li
Lu La-a Lu La La Li

Lu La-a Lu La-a Li Lu La
Lu La-a Li Lu La
Lu La-a Li Lu La«

»I love my heart and soul
I love all humanity
Join hearts and souls together
Love, peace and harmony
Love, peace and harmony«

(»Ich liebe mein Herz und meine Seele.
Ich liebe die ganze Menschheit.
Verbindet Herzen und Seelen miteinander.
Liebe, Frieden und Harmonie,
Liebe, Frieden und Harmonie.«)

Das ist der Weg. Laden Sie alle Seelen ein, sich mit Ihnen zu verbinden. Singen Sie zusammen das Seelenlied *»Love, Peace and Harmony«*, um zu dienen. Dienen bedeutet empfangen. Dienen bedeutet Heilung. Dienen bedeutet energetisieren. Dienen bedeutet Verjüngung. Dienen bedeutet, Seele, Geist und Körper zu erleuchten. Stellen Sie sich vor, hundert Menschen würden dies tun. Hundert Menschen und mehr würden davon profitieren. Wenn Millionen von Menschen dies praktizieren würden, würde es vielen Millionen zugute kommen. Wenn es alle Seelen täten, wäre es zum Wohl des gesamten Universums. Seelenbewegungen sind ein göttlicher Ruf und eine Versammlung. Sie sind ein universaler Ruf und eine universale Versammlung, um der Menschheit während der Übergangszeit von Mutter Erde und darüber hinaus zu helfen. Sie bieten einen wunderbaren Dienst für die Energetisierung, Heilung, Regeneration und Erleuchtung von Seele, Geist und Körper der Menschheit, von Mutter Erde und allen Universen.

Seelenbewegungen sind ein kostbarer Schatz, der auf alten Weisheiten und Übungen aufbaut. Wir danken allen Lehrern des Buddhismus, Taoismus, Konfuzianismus, Tai-Chi, Qigong, I Ging,

Feng-Shui und Yoga. Wir danken allen indischen Gurus und allen spirituellen Lehrern und Übenden. Wir danken allen spirituellen Müttern und Vätern in den Himmeln. Wir danken dem Tao, dem Weg. Wir danken dem Göttlichen. Wir danken den Millionen von Menschen, welche die Seelenbewegungen praktizieren werden – zum Wohl für ihr Leben. Wir danken jeder Seele des Universums. Wir danken dem Seelengesang:

»*Lu La Lu La Li*
Lu La Lu La La Li
Lu La Lu La Li Lu La
Lu La Li Lu La
Lu La Li Lu La«

»*Wo ai wo xin he ling*
Wo ai quan ren lei
Wan ling rong he mu shi sheng
Xiang ai, ping an, he xie
Xiang ai, ping an, he xie«

»*I love my heart and soul*
I love all humanity
Join hearts and souls together
Love, peace and harmony
Love, peace and harmony«

(»*Ich liebe mein Herz und meine Seele.*
Ich liebe die ganze Menschheit.
Verbindet Herzen und Seelen miteinander.
Liebe, Frieden und Harmonie,
Liebe, Frieden und Harmonie.«)

Alle Menschen und Seelen des Universums mögen sich in Herz und Seele miteinander verbinden, um Liebe, Frieden und Harmonie zu erschaffen – Liebe, Frieden und Harmonie in uns selbst, in unseren Familien, Organisationen, Städten, Ländern, auf Mutter Erde, allen

Planeten und Sternen, allen Galaxien und Universen. Vom Göttlichen durch *Tian Wai Tian, Jiu Tian* und die Hölle mögen sich die lichte Seite und die dunkle Seite miteinander verbinden. Mögen wir uns in unseren Herzen und Seelen miteinander verbinden, um Liebe, Frieden und ein harmonisches, erleuchtetes Universum zu kreieren. Segen vom Göttlichen. Segen von jeder Seele. *Hao.* Danke. Danke. Danke.

4. Teil

Seelentapping

Fortgeschrittene Seelenheilungen für Menschen

von 8 bis 108 Jahren

Einführung

Am Morgen des 3. August 2006 hielt ich ein erstes »*Seele Geist Körper*«-Seminar. Mein Buch »*Soul Mind Body Medicine*« war weniger als drei Monate zuvor erschienen (deutsche Ausgabe: »*Seele Geist Körper Medizin*«, 2007). Ich empfing plötzlich eine göttliche Inspiration: Die göttliche Weisheit, das Wissen und die Praxis des Seelentappings muss der Menschheit offenbart werden! Ich verbrachte den Morgen damit, die grundlegenden Aspekte des Seelentappings zu erläutern und allen Teilnehmern das Seelentapping beizubringen. Nach einem einfachen Mittagessen legte ich mich für einen Moment hin. Sofort sprach das Göttliche zu mir: »Zhi Gang, schreibe jetzt dieses Buch. Erschaffe weltweit Seelentapping-Praktizierende und beginne sofort damit.«*

Während meiner jahrzehntelangen spirituellen Reise empfing ich die göttlichen Rufe und Inspirationen immer völlig unabhängig von meinen Lebensumständen. Es ist mir eine Ehre, den göttlichen Anweisungen zu folgen. Es ist mir eine Ehre, das zu tun, was mir das Göttliche aufträgt. Sodann empfing ich den gesamten Inhalt dieses Kapitels in einer einzigen, kurzen Übertragung. Mit Inhalt meine ich nicht nur die Worte und die Informationen, sondern auch die Weisheiten, Übungen, Segnungen und das Heilungspotenzial – alles, was dazugehört. Dies geschah durch ein violettes Licht, die höchste Frequenz des göttlichen Lichts, die zurzeit möglich ist. Die Übertragung, die dauerhaft in meiner Seele bleibt, ist eine direkte Verbindung zur Seele, zum Geist und zum Herzen des Göttlichen. Daher entspricht dieser Text genau dem, was das Göttliche den Menschen zu dieser Zeit mitteilen möchte: Er enthält göttliche Liebe, Mitgefühl, Gnade und Vergebung sowie viele Botschaften des Göttlichen über Heilung. Für viele von Ihnen wird es der Beginn für eine Vertiefung Ihrer Seelenreise sein.

Während ich mit dem Workshop fortfuhr, sagte ich eines Nach-

---

* Ursprünglich sollte dieser Abschnitt über das Seelentapping ein eigenes kleines Buch werden.

mittags zu den Teilnehmern: »Ich werde heute diesen Text *fließen lassen.*«* Ich empfand das als eine große Anerkennung durch das Göttliche, denn die Lehre bietet Ihnen die einfachsten göttlichen Weisheiten und Übungen des göttlichen Heilens, der Vorbeugung von Krankheiten, der Verjüngung, Verlängerung der Lebenserwartung und der Transformation aller Aspekte Ihres Lebens.

Die grundlegende Lehre der *Seele Geist Körper Medizin* lautet: *»Die Seele kann heilen, Krankheiten vorbeugen, verjüngen, die Lebenserwartung verlängern und jeden Aspekt des Lebens transformieren.«* Sie lehrt auch vier Krafttechniken: Körperkraft, Klangkraft, Geisteskraft und Seelenkraft. *Der Schlüssel liegt in der Seelenkraft. Bedingungslose Liebe, Vergebung, Mitgefühl und Licht sind die Essenz der Seelenkraft. Liebe lässt alle Blockaden schmelzen. Vergebung schenkt Frieden. Mitgefühl verbessert Kraft, Vitalität und Abwehrkräfte. Licht heilt, segnet, beugt Krankheiten vor, verjüngt und verlängert das Leben.*

Die *Seele Geist Körper Medizin* bietet der Menschheit viele Kostbarkeiten. Ich bin dankbar für die wunderbare weltweite Reaktion auf dieses Buch. Jetzt hat mich das Göttliche gebeten, eine noch einfachere Technik vorzustellen: das Seelentapping.

Seelentapping ist ein von der Seele angeleitetes »Tapping« (»Klopfen«) zur Heilung, Vorbeugung, Verjüngung, Lebensverlängerung und Lebenstransformation. Sie haben eine Hand. Ich habe eine Hand. Jeder hat eine Hand. Eine Hand kann klopfen – aber es geht hier nicht um gewöhnliches Klopfen, sondern um ein von der Seele geführtes Klopfen.

Es gibt zwei Ebenen des Seelentappings: Auf der ersten Ebene lassen Sie sich beim Klopfen von Ihrer eigenen Seele leiten. Auf der zweiten Ebene folgen Sie mit dem Klopfen einer göttlichen Übertragung. Während der Mittagspause in jenem Workshop sagte mir das Göttliche: »Zhi Gang, vermittle den Teilnehmern meine Übertra-

---

* Dr. Zhi Gang Sha bezeichnet den Prozess als »flowing«: Es ähnele dem Channeln. »Ich nenne es den Mund ausleihen.« Er gebrauche nicht den Verstand; bewusste Gedanken würden ausgeschaltet – was auch immer aus seinem Mund fließe. Dieses Buch sei in seine Seele heruntergeladen (downgeloadet) worden. Seine Seele verbinde sich mit seinem Botschaften-Zentrum und seinem Mund, während das Bewusstsein umgangen werde. (Anm. d. Redakt.)

gung, damit sie mithilfe meiner Kraft dienen können.« Das ist das göttliche Seelentapping. Zuerst lernen Sie es auf der ersten Ebene. Wenn Sie sich entscheiden, ein göttlicher Seelentapping-Meisterheiler zu werden, können Sie an meinem Ausbildungsprogramm »Divine Soul Healer« (»Göttlicher Seelenheiler«) teilnehmen. Der göttliche Seelentapping-Meisterheiler stellt die vierte Ebene dieses Programms dar, das Ihnen eine Vorstellung von der außergewöhnlichen Kraft und den besonderen Fähigkeiten eines göttlichen Seelentapping-Meisterheilers vermittelt. Beginnen Sie mit der ersten Ebene des Seelentappings und erfahren Sie seine Kraft. Gehen Sie dann allmählich zu der Ebene des göttlichen Seelentapping-Meisterheilers über, wenn Sie dafür bereit sind.

Meine Mission

Anfang des Jahres 2006 leitete mich das Göttliche an, die Internationale Bewegung für Heilung und Frieden zu gründen. Seit April jenes Jahres habe ich mich verpflichtet, mindestens drei Wochen pro Monat durch die Welt zu reisen, um Heilung, Seelenweisheit und universalen Dienst zu lehren. Meine Mission besteht darin, *das Bewusstsein der Menschheit und der Seelen des Universums zu transformieren.*

Meine Mission umfasst drei Aspekte: Der erste gilt der Lehre des universalen Dienstes, um die Menschen darin zu bestärken, bedingungslose universale Diener zu werden. Die Botschaft des universalen Dienens lautet:

> *»Ich bin ein universaler Diener.*
> *Ihr seid universale Diener.*
> *Jeder und alles ist ein universaler Diener.*
> *Ein universaler Diener bietet bedingungslos seinen universalen Dienst an, zu dem universale Liebe, Vergebung, Frieden, Heilung, Segen, Harmonie und Erleuchtung gehören.*
> *Ich diene der Menschheit und dem Universum bedingungslos.*
> *Ihr dient der Menschheit und dem Universum bedingungslos.*
> *Gemeinsam dienen wir der Menschheit und dem Universum bedingungslos.«*

Meine zweite Ermächtigung ist es, Heilung zu lehren, um die Menschen zu befähigen, sich selbst und andere zu heilen. Die Botschaft der Heilung lautet:

>*Ich habe die Kraft und die Macht, mich selbst zu heilen.*
Ihr habt die Kraft und die Macht, euch selbst zu heilen.
Gemeinsam haben wir die Kraft und die Macht, die Welt zu heilen.«

Der dritte Aspekt gilt dem Lehren der Seelenweisheit, um die Menschen zu ermächtigen, ihr Leben zu transformieren und ihre Seele, ihren Geist und ihr Körper zu erleuchten. Die Botschaft der Seelenweisheit lautet:

>*Ich habe die Kraft und die Macht, mein Leben zu transformieren und meine Seele, meinen Geist und meinen Körper zu erleuchten.*
Ihr habt die Kraft und die Macht, euer Leben zu transformieren und eure Seelen, euren Geist und euren Körper zu erleuchten.
Gemeinsam haben wir die Kraft und die Macht, die Welt zu transformieren und die Menschheit und alle Seelen zu erleuchten.«

Mutter Erde befindet sich, wie schon häufiger betont, in einer wichtigen Übergangsphase. Die Probleme nehmen immer mehr zu. Der Planet und die ganze Menschheit ringen nicht nur damit, sondern darüber hinaus mit emotionalen Schwierigkeiten wie Depression, Angst und Wut. Wie können wir der Menschheit helfen, diese schwere Übergangszeit zu überstehen? Wir müssen ihr die göttlichen Schätze der Selbstheilung, der Vorbeugung, der Erholung, der Lebensverlängerung und der Transformation aller Lebensbereiche anbieten. Wir müssen der Menschheit göttliche Liebe, Vergebung, Mitgefühl und Licht geben. Wir müssen unsere Herzen und Seelen vereinen, um der ganzen Menschheit zu dienen.

Liebe, Frieden und Harmonie

Ungefähr vor einem Jahr, als ich mich an der waldreichen Küste Kaliforniens in Marin County befand, fragte mich einer meiner Assistenten: *»Meister Sha, könntet ihr um ein Lied des Göttlichen bitten?«* Ich hielt das für eine großartige Idee, streckte meine Hand gen Himmel und verband mich mit Gott. Ich sagte: *»Lieber Gott, liebes Göttliches, bitte übermittelt mir ein Lied!«* Violettes Licht schoss auf mich herab und durch mich hindurch. Das Licht durchflutete meinen ganzen Körper. Ich öffnete meinen Mund, und ein einfaches, aber wunderschönes Lied in Seelensprache floss heraus.

*»Lu La Lu La Li
Lu La Lu La La Li
Lu La Lu La Li Lu La
Lu La Li Lu La
Lu La Li Lu La«*

Weil ich Chinese bin, bat ich das Göttliche um die genaue Bedeutung des Liedes auf Chinesisch. Ich empfing sofort die Übersetzung:

*»Wo ai wo xin he ling
Wo ai quan ren lei
Wan ling rong he mu shi sheng
Xiang ai, ping an, he xie
Xiang ai, ping an, he xie«*

Dann bat ich das Göttliche, das Lied auch ins Englische zu übersetzen (hier die deutsche Übersetzung davon):

*»Ich liebe mein Herz und meine Seele.
Ich liebe die ganze Menschheit.
Verbindet Herzen und Seelen miteinander.
Liebe, Frieden und Harmonie,
Liebe, Frieden und Harmonie.«*

Das Zeitalter des Seelenlichts begann am 8. August 2003. Es war für das ganze Universum die Morgendämmerung eines neuen Jahrhunderts und einer neuen Ära. Dieses Zeitalter wird 15 000 Jahre dauern. Das empfangene Seelenlied – das ich ja im vergangenen Kapitel bereits angesprochen habe – ist ein Lied für das Zeitalter des Seelenlichts und heißt »*Love Peace and Harmony*«. Lesen Sie nochmals den Text des Liedes. Seine Essenz ist Liebe – nur ein Wort: Liebe. Liebe lässt alle Blockaden schmelzen. Liebe, heilt, beugt Krankheiten vor, verjüngt und verlängert Leben. Liebe transformiert jeden Aspekt des Lebens, einschließlich Beziehungen, geschäftlicher Angelegenheiten und Gemeinschaften. Liebe transformiert die Seele, das Herz, den Geist und den Körper. Liebe ist die Essenz des Zeitalters des Seelenlichts.

Nun, am 3. August 2006, nach nicht einmal drei Jahren des neuen Zeitalters, bat mich das Göttliche, diesen Text über das Seelentapping zu verfassen. Als Arzt, spiritueller Meister und vor allem als universaler Diener ist es mir eine große Ehre, der Menschheit durch die göttliche Weisheit des Seelentappings dienen zu dürfen. Diese Lehre ist voller Liebe, Frieden und Harmonie. Mein Seelenlied lehrt Sie, Ihrem Herzen und Ihrer Seele, ja der ganzen Menschheit Liebe anzubieten. Vereinen wir unsere Herzen und Seelen, um Liebe, Frieden und Harmonie zu erschaffen. Seelentapping ist ein universaler Diener, der Ihnen und der ganzen Menschheit Liebe, Frieden und Harmonie bringen kann. Ich hoffe, dass das Seelentapping Ihnen, Ihren Lieben, der ganzen Menschheit auf Mutter Erde und allen Seelen in allen Universen gut dienen möge.

Es ist mir eine große Ehre, ein universaler Diener zu sein. Es ist mir eine große Ehre, Ihnen durch den universalen Dienst des Seelentappings für immer dienlich zu sein.

Liebe, Frieden und Harmonie,
Liebe, Frieden und Harmonie.

15

Was ist Seelentapping?

Jeder weiß, wie man klopft.* Man kann mit den Fingern auf den Tisch trommeln oder mit den Füßen auf dem Boden trampeln. Wenn es einem irgendwo wehtut oder man verspannt ist, klopft man oft spontan ein paarmal auf die Stelle, um den Schmerz ein wenig zu lösen. Aber wahrscheinlich wissen Sie nicht, welches Potenzial im Klopfen liegt. Wahrscheinlich wissen Sie nicht, dass das Tapping eine enorme Chance zur Selbstheilung und zur Heilung anderer bietet. Seelentapping kann heilen, Krankheiten vorbeugen, verjüngen und Leben verlängern. Seelentapping kann jeden Aspekt des Lebens verändern.

Gewöhnliches Klopfen wird vom Verstand gesteuert: »Also gut, ich habe Schmerzen in meiner Schulter, ich klopfe ein wenig darauf. Oder mein Knie tut weh, ich werde mal ein wenig darauf klopfen.« Seelentapping ist anders – es ist etwas Einzigartiges. *Seelentapping wird von der Seele gesteuert.* Wenn Sie Knieschmerzen haben, klopfen Ihre Finger beim Seelentapping möglicherweise gar nicht auf das Knie: Vielleicht gehen Ihre Finger zunächst zu Ihrem Bauch und klopfen dort. Warum? Weil Ihre Finger beim Seelentapping zu dem Bereich gehen, wo die Wurzel der energetischen Blockade sitzt. Im Fall der Knieschmerzen mag der Schmerz wohl im Knie sein und anzeigen, dass dort eine energetische Blockade sitzt, aber die Wurzel der Blockade kann in Ihrem Bauch stecken.

Nehmen wir also an, Sie hätten Schmerzen im Knie und möchten sie gerne heilen. Weil das Seelentapping von der Seele gesteuert wird,

---

* Englisch »to tap« bedeutet: »klopfen«. Wir behalten jedoch den englischen Begriff »Seelentapping« bei, um das Besondere dieser Art des Klopfens hervorzuheben. (Anm. d. Übers.)

werden Ihre Finger nicht zu Ihrem Knie gehen. Sie werden genau zum Bereich der Wurzel der Blockade in Ihrem Bauch wandern. Das mag Ihnen zunächst merkwürdig erscheinen. »Ich habe doch um eine Heilung meines Knies gebeten. Warum klopfen meine Finger auf meinen Bauch?« Die Antwort ist einfach: Ihre Seele hat Ihre Finger zu der Stelle gelenkt, wo sie jetzt Heilung bewirken. Das ist das einzigartige Merkmal des Seelentappings. Sein Geheimnis liegt darin, dass die Seele das Tapping dorthin führt, wo die Wurzel der Blockade liegt. Ist die Wurzel der Blockade entfernt, werden Sie sich um ein Vielfaches schneller erholen, als wenn Sie direkt auf die schmerzhafte Stelle geklopft hätten.

Seelentapping kann für alle möglichen Krankheiten und Schmerzen verwendet werden, auch für Zysten, Tumore und Krebs. Es kann auch bei emotionalen Problemen wie Depression, Wut, Traurigkeit, Angst und Besorgnis eingesetzt werden. Es hilft bei mentalen Beschwerden wie Verwirrung, Konzentrationsmangel bis hin zu psychischen Krankheiten. Und schließlich kann es bei spirituellen Blockaden helfen. Wenn Sie einem Organ, einem Körpersystem oder einem Körperteil Seelentapping anbieten, können die spirituellen Blockaden dieses Bereichs im selben Atemzug geheilt werden.

Seelentapping verleiht Ihnen jedoch nicht die Fähigkeit, alle spirituellen Blockaden zu entfernen. Diese Art vollständiger Karma-Reinigung erfordert eine spezielle göttliche Anweisung, die nur wenige Menschen auf der Erde bislang erhalten haben. Doch Seelentapping kann genügend spirituelle Blockaden entfernen, um zutiefst bewegende Geschichten entstehen zu lassen. Es kann Ihnen, Ihren Lieben und der Menschheit auf großartige Weise dienen.

Die Bedeutung des Seelentappings

Das Seelentapping bietet unendlich viele wichtige Fähigkeiten und Vorzüge, die wir uns kaum vorstellen können.

Seelentapping ist fortgeschrittene Seelenheilung

Seelentapping ist ein kostbares göttliches Mittel zur Selbstheilung, zur Heilung anderer, zur Gruppenheilung und zur Fernheilung. Durch Seelentapping können Sie sich selbst, einen anderen Menschen oder Tausende von Menschen heilen. Es macht keinen Unterschied. Seelentapping ist Seelenheilung. Seelenheilung ist Quantenheilung, unabhängig von Zeit und Raum.

Seelentapping kann Krankheiten vorbeugen

In dem fünftausend Jahre alten Text der Traditionellen Chinesischen Medizin »Der Klassiker des Gelben Kaisers zur Inneren Medizin« oder »*Huang Di Nei Jing*« heißt es: »*Der beste Arzt lehrt die Menschen, wie sie Krankheiten vermeiden können.*«

Wenn wir Krankheiten vorbeugen können: Warum sollten wir dann warten, bis wir krank sind und geheilt werden müssen? Vorbeugung ist sehr wichtig und Seelentapping ist dafür hervorragend geeignet. Seelentapping ist Seelenschutz und -prävention.

Seelentapping kann verjüngend wirken

Viele Ärzte, Wissenschaftler und andere Spezialisten erforschen die Möglichkeiten der Verjüngung. Sie befassen sich mit Vitaminen, Mineralien, Kräutern, Ernährung, Sport, Hormonen und überlieferten Wegen wie Tai-Chi, Qigong, Yoga, Meditation, Singen und anderen energetischen Übungen. Weltweit werden Anti-Aging-Konferenzen abgehalten. Seelentapping kann verjüngend wirken. Seelentapping bietet einzigartige Möglichkeiten der Seelenverjüngung.

Seelentapping kann die Lebenserwartung verlängern

Weil Seelentapping die Seele verjüngt, kann es auch die Lebenserwartung verlängern.

Verjünge zuerst die Seele, dann wird die Verjüngung von Geist und Körper folgen.

Seelentapping kann jeden Aspekt des Lebens transformieren

Wie transformiert man eine Beziehung? Wenn ein Paar einen Konflikt hat, bitten Sie ihre Seelen herbei. Dann behandeln Sie ihre Seelen mit Seelentapping. Sie schenken ihnen Liebe, Fürsorge und Mitgefühl. Bieten Sie Vergebung an! Die Seelen werden sich geliebt, umsorgt und bewegt fühlen. Sie werden einander vergeben. Wenn die Seelen transformiert sind, wird sofort auch die Beziehung transformiert sein.

Wie transformiert man ein Geschäft durch Seelentapping? Bitten Sie die Seele des Geschäfts, zu Ihnen zu kommen. Behandeln Sie sie mit Seelentapping. Wenn Sie über höher entwickelte spirituelle Fähigkeiten verfügen, können Sie die Seele des Geschäftes sehen. Eine gesunde Seele ist ein goldenes Lichtwesen. Wenn die Seele des Geschäfts klein, grau und dunkel erscheint, können Sie sich sicher sein, dass es sich hierbei nicht um ein gutes, erfolgreiches Geschäft handelt. Erscheint die Seele des Geschäfts groß, glänzend, golden, regenbogenfarben oder violett, brauchen Sie keine weiteren Fragen zu stellen. Dann ist garantiert, dass das Geschäft erfolgreich ist.

Dies ist ein Beispiel dafür, wie man Seelen »lesen« kann. Wenn Sie ein Geschäft mit einer kleinen, grauen, dunklen Seele sehen, setzen Sie Seelentapping ein, um die dunklen und grauen Bereiche zu entfernen. Dann wird sich auch das Geschäft verändern. Warum das funktioniert? *Transformiere zuerst die Seele, dann wird die Transformation des Geistes und des Körpers folgen.*

Dies ist höhere Seelenweisheit. Transformieren Sie zuerst die Seele, dann wird auch jeder Teil Ihres Lebens transformiert. Ein Geschäft hat eine Seele. Wenn die Seele des Geschäfts transformiert wird, erfolgt die Transformation von dessen Geist und Körper ebenfalls. Behalten Sie die Technik im Sinn; sie ist sehr einfach – vielleicht zu einfach, um sie zu glauben. Doch denken Sie daran: Die einfachsten Wahrheiten sind oft die besten. Wir leben im 21. Jahrhundert – dem Zeitalter des Seelenlichts. Lassen Sie die alten Denkweisen hinter sich. Entfernen Sie alle Geisteshaltungen, Vorstellungen, Überzeugungen und Einstellungen, die Ihnen nicht mehr dienen. Öffnen Sie Herz und Seele, um die einfachsten Weisheiten zu lernen.

Es gibt einen berühmten alten Spruch: »Wenn du wissen willst, ob eine Frucht süß ist, beiß hinein.« Wenn Sie wissen wollen, ob Seelentapping funktioniert, müssen Sie es ausprobieren. Öffnen Sie Ihr Bewusstsein, Ihr Herz und Ihre Seele, um die Weisheit, das Wissen und die Praxis des Seelentappings zu erfahren. Wenden Sie die Weisheiten, dieses Wissen und die Techniken an, um sich und andere zu heilen, um Gruppen zu heilen, um aus der Ferne zu heilen, um Krankheiten vorzubeugen, sich zu verjüngen, Ihre Lebenserwartung zu verlängern und jeden Bereich Ihres Lebens zu transformieren. Sie können viele tiefe Erkenntnisse gewinnen. Ich wünsche Ihnen, dass Sie größtmöglichen Nutzen daraus ziehen.

16

Wichtige Bereiche für Seelentapping

Seelentapping kann überall auf dem Körper erfolgen, aber es gibt bestimmte Bereiche, die eine besondere Bedeutung haben.

Seelentapping der Hand

Vor allem Therapeuten, welche die Traditionelle Chinesische Medizin ausüben, wissen, dass die Hand den gesamten Körper repräsentiert. Die Handinnenfläche steht für die Vorderseite des Körpers mitsamt allen inneren Organen. Der Handrücken steht für die Rückseite des Körpers. Daher ist die Hand eine wichtige Stelle, um Seelentapping durchzuführen. Wenn Sie zum Beispiel Schmerzen im Nacken, im Rücken oder in der Kniekehle haben, können Sie mit dem rechten Finger auf Ihren linken Handrücken klopfen. Das Seelentapping der Hand ist sehr wirkungsvoll.

Bei Schmerzen im unteren Rücken können Sie den Handrücken Ihrer linken Hand zu sich wenden. Halten Sie die rechte Hand in Gebetshaltung und sagen Sie: *»Liebe Seelen, lieber Geist und liebe Körper meiner Hände, bitte macht den Weisungen meiner Seele folgend ein Seelentapping. Meine liebe Seele, bitte steuere meine rechte Hand, um auf meiner linken Hand Seelentapping durchzuführen. Ich bin dir dafür sehr dankbar.«* Und dann erlauben Sie den Fingern Ihrer rechten Hand, auf die Oberseite Ihrer linken Hand zu klopfen. Sagen Sie dabei: *»Vollkommener unterer Rücken, vollkommener unterer Rücken. Liebe, Heilung. Danke. Liebe, Heilung. Danke. Liebe, Heilung. Danke. Liebe, Heilung. Danke. Vollkommener Rücken, vollkommener Rücken, vollkommener Rücken, vollkommener Rücken, vollkommener Rücken.*

Liebe, Heilung. Danke. Liebe, Heilung. Danke. Vollkommener Rücken,
vollkommener Rücken.«

Zur Beendigung dieser Übung sagen Sie dreimal »*Hao*«. Das
bedeutet: »Genese, gesunde – vollkommen, wunderbar, perfekt.« Im
Chinesischen ist es eine Affirmation und ein Befehl. Dann bedanken
Sie sich dreimal: Der erste Dank gilt dem Göttlichen, der zweite all
den spirituellen Vätern und Müttern sowie den spirituellen Wesen im
Himmel und der dritte Dank Ihrer eigenen Seele, Ihrem Geist und
Ihrem Körper.

Das alte Wissen um die Hände und den Körper ist sehr groß. Der
Mittelfinger repräsentiert zum Beispiel den Hals. Weil die Hand den
ganzen Körper repräsentiert, gibt es Handakupunktur und Hand-
massagen: Eine ganze Reihe von Reflexpunkten beziehen sich auf
bestimmte Körperteile. Dies alles ist tiefe Weisheit, doch ist es für das
Seelentapping nicht notwendig, diese Weisheiten zu kennen. Folgen
Sie einfach der an dem Beispiel gezeigten Methode und lassen Sie
Ihre Seele das Tapping steuern. Die grundlegenden Schritte sind:

1. Bereiten Sie sich vor.
Halten Sie Ihre linke Hand vor sich und Ihre rechte Hand in
Gebetshaltung.

2. Grüßen Sie.
Sagen Sie im Stillen: »*Liebe Seele, lieber Geist und lieber Körper mei-*
ner rechten Hand, ich liebe euch, ich ehre euch und schätze euch. Bitte
macht auf meiner linken Hand ein Seelentapping, um meine Organe
und Systeme zu heilen.« Sie können so um die Heilung jedes Organs,
Systems, Körperteils, jeder Zelle und jedes Gens bitten.

3. Wenden Sie Seelenkraft an.
Sagen Sie: »*Meine liebe Seele, ich liebe dich, ich ehre dich und ich*
schätze dich hoch. Bitte lenke meine rechte Hand, um auf meiner linken
Hand meiner Bitte entsprechend ein Seelentapping durchzuführen.«

4. Klopfen Sie.

Lassen Sie die klopfenden Finger Ihrer rechten Hand frei wandern, wohin sie wollen. Manchmal gehen sie vielleicht zu den Fingerspitzen Ihrer linken Hand. Nach ein paar Sekunden mögen sie zur Handinnenfläche, zum Daumen oder zum kleinen Finger wandern. Das einzige Prinzip, das es zu berücksichtigen gilt: Klopfen Sie bei Problemen auf der Rückseite Ihres Körpers auf den Handrücken.

Keine Erwartungen, kein Sinnieren, keine Begrenzungen! Lassen Sie Ihre Finger wandern, wohin Ihre Seele sie führt.

Folgen Sie Ihrer Seele! *Die Seele hat die Führung.* Angenommen, Sie wollen Ihren Magen heilen, dann sagen Sie während des Tappings: *»Vollkommener Magen ...«,* beziehungsweise: *»Heile meinen Magen.«* Sagen Sie immer weiter: *»Vollkommener Magen, Liebe für meinen Magen, Liebe, Heilung. Danke. Ich liebe meinen Magen. Vollkommener Magen, perfekter Magen, vollkommener Magen.«* Klopfen Sie ungefähr drei bis fünf Minuten lang.

5. Beenden Sie das Seelentapping.
Sagen Sie: *»Hao. Hao. Hao. Danke. Danke. Danke.«*

Solange Sie Ihre Hände bewegen und anheben können, können Sie an Ihren Händen Seelentapping durchführen, um jedem Bereich Ihres Körpers Heilung zukommen zu lassen. Selbst bettlägerige Menschen können auf diese Weise etwas für sich selbst und andere tun. Wenn man Seelentapping im Liegen ausübt, spricht man allerdings am besten nur ganz leise, um keine Energie zu verlieren.

Seelentapping des Ohrs

Auch das Ohr repräsentiert den gesamten Körper. Es gibt Ohr-Akupressur und Ohrenmassagen. Durch Seelentapping am Ohr können Sie alles Mögliche heilen. Sie brauchen nicht zu wissen, welcher Teil des Ohrs welchen Teil des Körpers vertritt. Die Seele weiß, welche Stelle Sie berühren müssen.

Fangen wir an. Legen Sie die Hände an Ihre Ohren. Sagen Sie: *»Liebe Seelen, lieber Geist, liebe Körper meiner Hände, ich liebe euch, ehre euch und schätze euch hoch. Bitte macht an meinen Ohren ein Seelentapping nach den Anweisungen meiner Seele. Meine liebe Seele,* *bitte leite meine Fingerspitzen, mir so auf die Ohren zu klopfen, dass es mich heilt.«* Sie können dabei um jegliche Art der Heilung bitten: bei Schmerzen, Entzündungen, Tumoren, Krebs, degenerativen Veränderungen und so weiter.

Wenn Sie zum Beispiel Arthritis in den Knien haben, können Sie während des Seelentappings im Stillen sagen: *»Vollkommene Knie, vollkommene Knie, vollkommene Knie, vollkommene Knie. Liebe, Heilung. Danke. Liebe, Heilung. Danke. Liebe, Heilung. Danke. Vollkommene Knie, vollkommene Knie. Heilt meine Knie, heilt meine Knie, vollkommene Knie. Liebe, Heilung. Danke.«*

Sollte es beispielsweise um Brustkrebs gehen, sagen Sie: *»Heilt meine Brust, heilt meine Brust, heilt meine Brust, vollkommene Brust, vollkommene Brust, vollkommene Brust, vollkommene Brust.«*

Krebs kann mit vielen verschiedenen Körperteilen in Verbindung stehen, mit vielen Systemen und Organen. Das Ohr repräsentiert den gesamten Körper, mitsamt allen Organen, Systemen und Zellen. Das Seelentapping des Ohrs wird Sie dazu anleiten, genau die Teile des Ohrs zu berühren, die zu den betroffenen Körperbereichen gehören. Das ist Seelenheilung: Heilung der Seele und Heilung durch die Seele. Die gesamte Heilung wird durch die Seele angeleitet. *Alle Heilung geschieht zuerst auf der Seelenebene.* Die Heilung des Geistes und des Körpers folgt dann daraus.

Das Seelentapping stimuliert bestimmte Bereiche Ihres Ohrs. Dadurch fließt Energie in die entsprechenden Körperteile und entfernt dort die Blockaden, die mit Ihrer Krankheit zu tun haben. So kann Ihre Gesundheit schnell wiederhergestellt werden. *Hao. Hao. Hao. Danke. Danke. Danke.* Vergessen Sie nicht, nach dem Seelentapping Danke zu sagen. Bedanken Sie sich dreimal. Der erste Dank gilt dem Göttlichen, dem Schöpfer, der Quelle. Der zweite Dank ist allen spirituellen Vätern und Müttern und allen göttlichen Wesen in allen Ebenen des Himmels gewidmet. Der dritte Dank gilt Ihrer eigenen Seele, Ihrem Geist und Ihrem Körper, einschließlich Ihrer Ohren und Hände.

Seelentapping der Füße

Legen Sie einen Fuß auf das Knie des anderen Beins. Wenn Sie auf der Vorderseite Ihres Körpers ein Problem haben, klopfen Sie auf die Fußsohle, wenn Sie ein Problem auf der Rückseite Ihres Körpers haben, klopfen Sie auf die Oberseite Ihres Fußes. Auch hier brauchen Sie nicht zu wissen, welche Teile des Körpers mit welchen Teilen des Fußes korrelieren.*

Angenommen, Sie hätten ein Problem mit dem Herzen, dann sagen Sie: *»Liebe Seelen, lieber Geist und liebe Körper meiner Hände, bitte macht auf meiner Fußsohle ein Seelentapping, um meinem Herzen Heilung zu geben. Meine geliebte Seele, bitte leite meine Fingerspitzen an, auf meiner Fußsohle ein Seelentapping zur Heilung meines Herzens zu machen.«*

Dann fangen Sie an zu klopfen. Gleichzeitig singen Sie: *»Vollkommenes Herz, vollkommenes Herz, vollkommenes Herz, vollkommenes Herz.«* Sie sagen das, weil es ein Seelenkommando ist. Sie sagen: *»Vollkommenes Herz, Liebe, Heilung. Danke. Liebe, Heilung. Danke.«* Liebe lässt alle Blockaden schmelzen. Bieten Sie Liebe an, dann wird Heilung stattfinden. Wenn Heilung stattfindet, bringen Sie Ihre Wertschätzung zum Ausdruck. *»Liebe, Heilung – danke«* ist Ausdruck von Liebe und Wertschätzung – ein Befehl und ein Mantra, das für jede Art von Krankheit geeignet ist.

Sie können für jedes Organ und für jedes System um Heilung bitten. *»Bitte heilt meine Leber. Vollkommene Leber, vollkommene*

---

* Der Autor weist an dieser Stelle in einer Anmerkung auf bestimmte Akupunkturpunkte an den Zehenspitzen hin, deren Behandlung im Notfall sogar Leben retten könne. Bei einem bewusstlosen oder komatösen Patienten entnehme man an dieser hochempfindlichen, aber mächtigen Stelle mit einer Akupunkturnadel einen Tropfen Blut. Dadurch könne der Patient sogar aus dem Koma erwachen. – Da die Gesetzgebung vor allem für körperliche Behandlungen in Deutschland streng ist, weisen wir darauf hin, dass man für die Anwendung dieser Methode eine entsprechende Ausbildung und Heilerlaubnis braucht! (Anm. d. Redakt.)

212

Leber, vollkommene Leber, vollkommene Leber. Liebe, Heilung. Danke.
Liebe, Heilung. Danke. Liebe, Heilung. Danke.« Klopfen Sie so ein
paar Minuten lang. *»Bitte heilt mein Gehirn. Vollkommenes Gehirn*
... Liebe, Heilung. Danke ... Bitte heilt meinen Magen. Vollkommener
Magen ... Liebe, Heilung. Danke ... Bitte heilt meine Gebärmutter. Voll-
kommene Gebärmutter ... Liebe, Heilung. Danke ...«
Denken Sie nur die beiden Sätze. Erstens: *»Vollkommenes Organ*
...« Und zweitens: *»Liebe, Heilung. Danke.«*

Jetzt vertraue ich Ihnen eine geheime und sehr heilige Lehre an.
»Liebe Seelen, lieber Geist und liebe Körper meiner zehn Finger, bitte
macht auf meinen Fußsohlen ein Seelentapping zur vollkommenen Hei-
lung meiner Seele, meines Geistes und meines Körpers.«
Es ist einerlei, welche Organe, Gelenke oder Zellen krank sind.
Es ist egal, ob es sich dabei um körperliche, emotionale oder spiritu-
elle Erkrankungen, Beschwerden oder Blockaden handelt. Bitten Sie
einfach um eine vollständige Heilung Ihrer Seele, Ihres Geistes und
Ihres Körpers. Dann wird sich jeder kranke Teil Ihres Körpers unwei-
gerlich öffnen. Das ist einfacher als die »Nahe-Hand-Ferne-Hand-
Technik«, die ich im Buch *»Seele Geist Körper Medizin«* beschreibe.
Klopfen Sie! Denken Sie nicht weiter nach. Sagen Sie immer wieder:
»Liebe, Heilung. Danke« oder: *»Gottes Licht. Hao. Hao. Hao. Danke.*
Danke. Danke.«

Seelentapping des Körpers

Sie können Ihrem eigenen Körper ein Seelentapping zukommen lassen. Sie können die gesamte Vorderseite und die Rückseite klopfen, so
weit Ihre Hände und Arme reichen. Angenommen, Sie haben Magen-
schmerzen oder Verdauungsstörungen, dann können Sie Ihre Hände
vor sich halten und einen Gruß sprechen, um eine Seelenverbindung
herzustellen: *»Liebe Seelen, lieber Geist und liebe Körper meiner Finger,*
ich liebe euch, ich ehre euch, ich schätze euch. Bitte macht nach den
Anweisungen meiner Seele ein Seelentapping auf meinem Bauch.« Dann
fahren Sie fort: *»Meine liebe Seele, bitte leite meine Finger an, ein See-*
lentapping zur Heilung meines Verdauungssystems zu machen. Ich bin

dafür sehr dankbar. Vollkommenes Verdauungssystem, vollkommenes Verdauungssystem, vollkommenes Verdauungssystem, vollkommenes Verdauungssystem ...«

Ich möchte Ihnen ein Beispiel zur Stärkung Ihrer Abwehrkräfte und zur Heilung Ihres Immunsystems geben. *»Liebe Seelen, lieber Geist und liebe Körper meiner Finger, ich liebe euch, ich ehre euch, ich schätze euch. Bitte stärkt mein Immunsystem, indem ihr nach den Anweisungen meiner Seele ein Seelentapping auf meinem Körper macht. Meine liebe Seele, bitte leite meine Finger an, ein Seelentapping zur Heilung meines Immunsystems zu machen. Ich bin dafür sehr dankbar. Vollkommenes Immunsystem, vollkommenes Immunsystem, vollkommenes Immunsystem, vollkommenes Immunsystem ...«*

Sie wissen nicht, wo Ihre Hände klopfen werden. Lassen Sie Ihren Fingern freien Lauf. Vielleicht klopfen Sie sogar auf Ihre Arme oder Beine. Das Immunsystem steht mit allem in Kontakt.

Sie können zum Beispiel nach einer Mahlzeit aufstehen, umhergehen und sagen: *»Bitte stärkt mein Immunsystem«*, und dabei klopfen. Sie können dieses Seelentapping auch machen, wenn Ihr Immunsystem stark ist und das *Chi* gut durch Ihren Körper fließt. Sie können dabei sogar langsam joggen und leise vor sich hin murmeln: *»Vollkommenes Immunsystem, vollkommenes Immunsystem, vollkommenes Immunsystem, vollkommenes Immunsystem ...«*

Gewichtskontrolle durch Seelentapping

Seelentapping ist ein einfacher und wirksamer Weg, das Körpergewicht zu reduzieren. Es geht folgendermaßen:

»Meine lieben Finger, ich liebe euch und ehre euch. Bitte macht nach den Anweisungen meiner Seele ein Seelentapping zur Gewichtsreduktion. Meine geliebte Seele, ich liebe dich und ehre dich. Bitte leite meine Fingerspitzen an, auf meinem Körper ein Seelentapping zu machen, um mein Drüsensystem, mein Verdauungssystem, mein Herz-Kreislauf-System, mein Immunsystem, mein Nervensystem, meinen Stoffwechsel – alle meine Systeme und Organe – richtig einzustellen. Danke. Danke. Danke. Abnehmen, abnehmen, abnehmen.« Wenn Sie in bestimmten

Körperbereichen zu viel Fett abgelagert haben, können Sie dort klopfen. »*Abnehmen, abnehmen, abnehmen, abnehmen, Fett verbrennen, Fett verbrennen, Fett verbrennen, Feuer, Feuer, Feuer, Feuer, abnehmen, abnehmen, abnehmen, Fett verbrennen, Fett verbrennen, Fett verbrennen, Feuer, Feuer, Feuer, Feuer ...*« Machen Sie dies zweimal am Tag fünfzehn bis dreißig Minuten lang. Sie werden das Ergebnis kaum glauben können. Joggen Sie daneben noch ein wenig.

Wenn Sie zunehmen wollen, verwenden Sie das Mantra »*Zunehmen*«. Wenn Sie weder über- noch untergewichtig sind, verwenden Sie das Mantra »*Perfektes Gewicht*«. Es geht darum, dass *Zunehmen*, *Abnehmen* oder *Perfektes Gewicht* spirituelle Befehle, Seelenkommandos sind. Wenn Sie einer Seele einen Befehl geben, hören Körper und Geist zu. Das ist eine sehr fortgeschrittene Seelenweisheit, die ich hiermit zum ersten Mal veröffentliche – das absolute Geheimnis für die Seelenheilung mit allen ihren Aspekten der Vorbeugung, Verjüngung, Lebensverlängerung und Transformation. Sie brauchen nichts, was auch nur einen Deut komplizierter wäre. Sagen Sie einfach, was Sie wollen: *Zunehmen. Abnehmen. Vollkommenes Gewicht. Vollkommenes Herz. Vollkommene Leber. Vollkommenes Immunsystem. Vollkommenes Drüsensystem. Verjüngung. Jugendlichkeit. Schönheit. Attraktivität.* Alle diese Begriffe können als Mantra für das Seelentapping dienen. Bringen Sie Ihren Wunsch auf den Punkt. Dies ist die einfachste und wirksamste Seelenheilung für die Menschheit. Befehlen Sie der Seele – und es wird geschehen. Ihr Körper und Ihr Geist werden reagieren. Das ist Seelenkommando. Das ist Seelengesundheit. Das ist Seelenheilung. Das ist Seelenverjüngung. Das ist Seelentransformation für Beziehungen. Das ist Seelentransformation für Geschäfte. Das ist Seelentransformation für jeden Lebensaspekt.

17

Heilung emotionaler, mentaler und spiritueller Ungleichgewichte und Blockaden

Im vorigen Kapitel haben Sie gelernt, dass ein paar Körperbereiche für das Seelentapping besonders wichtig sind. Letztendlich gibt es für das Seelentapping keinen Standard und keine Grenzen. Sie können jeden Teil des Körpers klopfen. Auch wenn die Hand, der Fuß und das Ohr den ganzen Körper repräsentieren, sind Sie doch nicht auf diese Bereiche beschränkt.

Sie können zum Beispiel Ihren inneren Unterarm klopfen. Sie können sagen: *»Meine lieben Finger der rechten Hand, bitte macht ein Seelentapping zur Heilung meines Herzens, meiner Leber, meiner Nieren.«* Dann klopfen Sie auf Ihren linken inneren Unterarm. *»Heilt mein Herz, heilt meine Leber, heilt meine Nieren, heilt mein Herz, heilt meine Leber, heilt meine Nieren, heilt mein Herz, heilt meine Leber, heilt meine Nieren ...«* Auch auf Ihrem Unterarm gibt es Bereiche, die das Herz, die Leber oder die Nieren repräsentieren. Jeder einzelne Quadratzentimeter Ihres Körpers repräsentiert den gesamten Körper. Jede Zelle kann den gesamten Körper repräsentieren.

Dies ist die Medizin des 21. Jahrhunderts, dies ist Heilung im 21. Jahrhundert. Jeder Teil des Körpers kann jeden anderen Teil des Körpers repräsentieren. Klopfen Sie auf Ihren Oberschenkel und sagen Sie: *»Heilt mein Herz, vollkommenes Herz ...«* Klopfen Sie auf Ihre Schulter und sagen Sie: *»Heilt meine Leber, vollkommene Leber ...«* Klopfen Sie auf Ihren Kopf und sagen Sie: *»Heilt meine Zehen, vollkommene Zehen ...«* Es funktioniert!

Jetzt wollen wir uns der Heilung des emotionalen, mentalen und spirituellen Körpers zuwenden.

Heilung des emotionalen Körpers

In der Traditionellen Chinesischen Medizin steht die Leber mit der Emotion des Ärgers und der Wut in Verbindung. Das Herz hat etwas mit Ängstlichkeit und Niedergeschlagenheit zu tun, die Milz mit Besorgnis, die Lungen mit Kummer und Traurigkeit und die Nieren mit Angst. Wenn Sie wütend sind, können Sie auf Ihre Leber klopfen und sagen: »*Vollkommene Leber, vollkommene Leber, vollkommene Leber ... Liebe, Heilung. Danke.*« So heilen Sie Ihren Ärger.

Organe bilden den physischen Körper. Emotionen formen den emotionalen Körper – beides steht miteinander in Verbindung. Doch was ist, wenn Sie nicht wissen, was womit verbunden ist? Wie können Sie dann Ihren Ärger heilen? Selbst wenn Sie nicht wissen, dass die Leber mit Ärger zu tun hat, können Sie Ihren Ärger immer noch mittels Seelentapping heilen. Klopfen Sie zum Beispiel auf Ihren Oberschenkel. Jeder Bereich, auf den Sie klopfen, kann diese Gefühle repräsentieren. Sagen Sie: »*Heilt meinen Ärger, heilt meinen Ärger, heilt meinen Ärger ... Liebe, Heilung. Danke.*« Dieser Seelenbefehl wird automatisch eine Verbindung zur Leber herstellen. Sie werden eine Heilung Ihres Ärgers erfahren, selbst ohne zu wissen, dass Ihr Ärger etwas mit Ihrer Leber zu tun hat.

Die Weisheit besteht darin, dass jeder Teil des physischen Körpers, auf den Sie klopfen, jede Emotion repräsentieren kann. Ich weiß das seit Langem, aber ich konnte es bisher nicht veröffentlichen, weil der Zeitpunkt noch nicht gekommen war. Jetzt teile ich Ihnen dieses tiefe Heilungsgeheimnis mit. Jetzt kann ich Ihnen sagen, dass zum Beispiel das Knie jedes System, jedes Organ, jede Zelle, jedes Gefühl und jede DNS bzw. RNS Ihres Körpers repräsentieren kann. Es kann auch jedes spirituelle Zentrum repräsentieren. Es kann Mutter Erde repräsentieren. Es kann ganze Universen repräsentieren.

Um es zusammenzufassen: Seelentapping an der Leber unterstützt Sie dabei, Ärger loszulassen; Seelentapping am Herzen löst Niedergeschlagenheit und Ängstlichkeit auf; Seelentapping an der Milz befreit Sie von Besorgnis; Seelentapping an den Lungen löst Kummer und Traurigkeit auf; und Seelentapping an den Nieren befreit Sie von Angst. Doch man kann auf jedem beliebigen Körperteil ein Seelentapping durchführen, um irgendein emotionales Ungleichgewicht aufzulösen.

Wie funktioniert das? Wenn Sie auf Ihr Knie klopfen und sagen: »Heile meinen Ärger«, wird das Seelenlicht direkt von diesem Bereich zu Ihrer Leber fließen. Weil Sie das Seelenkommando »Heile meinen Ärger« gegeben haben, wird dieses Licht dazu beitragen, die Energien und spirituellen Blockaden in der Leber zu klären. Sagen Sie: »Heile meinen Kummer«, dann strömt das Licht zu Ihren Lungen. Sagen Sie: »Heile meine Niedergeschlagenheit«, wird sofort das Herzchakra oder das Botschaften-Zentrum Licht erfahren. Wenn Sie sagen: »Heile meine Angst«, werden die Nieren davon profitieren.

Heilung des mentalen Körpers

Das Gehirn erzeugt mentale Blockaden; das ist bekannt. Aber vielleicht wissen Sie noch nicht, dass jedes System, jedes Organ und jede Zelle mentale Blockaden hervorrufen kann. Den Geist zu heilen bedeutet, das Gehirn und seine Funktionen zu heilen. Doch wenn man diese Weisheit erweitert, heißt das: Die Heilung des Geistes bedeutet, das Bewusstsein jedes Systems, jedes Organs, jeder Zelle und jeder DNS zu heilen. Um mentale Blockaden und Störungen zu heilen, können Sie das Seelentapping folgendermaßen anwenden:

»Liebe Seelen, lieber Geist und liebe Körper meiner Finger, bitte macht nach den Anweisungen meiner Seele ein Seelentapping. Meine geliebte Seele, bitte leite meine Finger an, ein Seelentapping durchzuführen, um meine mentalen Blockaden oder Störungen zu heilen. Ich bin sehr dankbar.« Dann klopfen Sie sanft auf Ihr Botschaften-Zentrum und sagen wiederholt: *»Heilung mentaler Störungen.«* Benennen Sie das Problem möglichst genau!

Wie schon bei der Heilung des emotionalen Körpers erwähnt, können Sie Seelentapping zur Heilung mentaler Probleme auf allen Bereichen des Körpers machen.

Heilung des spirituellen Körpers

Spirituelle Blockaden zu entfernen bedeutet, die Aufzeichnungen Ihrer spirituellen Reise durch dieses und vorige Leben zu klären. Die

Dienste, die Sie in allen Leben geleistet haben, bilden zusammen Ihre spirituellen Verdienste und Werte, Ihr Karma – oder auf Chinesisch: Ihr *Te* (mit weichem T und lautlosem E gesprochen). Verschiedene Kulturen haben unterschiedliche Namen dafür, aber alle meinen das Gleiche: eine Aufzeichnung Ihrer Dienste. Es gibt zwei Arten von Dienst: Zum guten Dienst gehören Liebe, Fürsorge, Mitgefühl, Güte, Reinheit, Großzügigkeit, Integrität und so weiter. Unfreundlicher Dienst äußert sich im Morden, Übervorteilen, Verletzen, Stehlen, Betrügen und dergleichen. Guter Dienst wird in der Akasha-Chronik als farbige Punkte sowie als kleine oder große Blumen auf Ihrer Seele notiert. Die Punkte und Blumen sind rot, golden, regenbogenfarben und violett. Unangenehme Dienste werden mit dunklen, grauen oder schwarzen Punkten und Blumen aufgezeichnet.

Auch die Fehler aus vergangenen Leben werden durch dunkle, graue oder schwarze Punkte und Blumen repräsentiert. Karma zu klären heißt, diese dunklen Punkte und Blumen zu entfernen. Wie das möglich ist? Nur auf einem Weg: Indem man der Menschheit und den Seelen des Universums bedingungslosen Dienst anbietet. Wenn Sie gute Dienste leisten, werden die dunklen Punkte und Blumen durch rote, goldene, regenbogenfarbene und violette Punkte und Blumen ersetzt.

Gute Dienste zu leisten bedeutet also, schlechte Aufzeichnungen zu löschen. Viele Menschen bewirken mit ihrer Arbeit, ihrer Zeit oder ihrem Geld viel Gutes für die Menschheit, die Tiere, die Umwelt oder den Weltfrieden. Alle diese guten Dienste stellen sehr gute Wege dar, um ihr Karma zu verbessern.

Ich möchte Ihnen jetzt ein Geheimnis anvertrauen, wie Sie auf heilige Weise Ihr Karma klären und Ihr Leben transformieren können. Singen Sie einfach das Lied »*Love, Peace and Harmony*«:

»*Lu La Lu La Li*
Lu La Lu La La Li
Lu La Lu La Li Lu La
Lu La Li Lu La
Lu La Li Lu La«

»Ich liebe mein Herz und meine Seele.
Ich liebe die ganze Menschheit.
Vereint Herzen und Seelen miteinander.
Liebe, Frieden und Harmonie,
Liebe, Frieden und Harmonie.«

Singen Sie dieses Lied immer wieder still oder laut, wie ein Mantra. Singen Sie es fünf Minuten, fünfzehn Minuten, dreißig Minuten oder länger. Dieses Lied *ist* ein Mantra. Indem Sie es singen, übermitteln Sie der Menschheit seine Botschaft. Indem Sie es singen, übermitteln Sie allen Seelen seine Botschaft. Damit tragen Sie zur Transformation des Bewusstseins aller Seelen bei. Wenn Sie das Lied aufrichtig singen, versetzen Sie sich in den Zustand von Liebe, Frieden und Harmonie. Sie *sind* Liebe. Sie *sind* Frieden. Sie *sind* Harmonie. In diesem Zustand bringen Sie der Menschheit und den Seelen im Universum einen großen Dienst dar. Es ist einer der größten Dienste, die Sie leisten können. Er wird Ihnen viele rote, goldene, regenbogenfarbene und violette Blumen einbringen. Durch diesen Dienst werden Ihre dunklen Punkte und Blumen entfernt. Dies ist einer der schnellsten Wege, Ihr Karma aufzulösen: Singen Sie *»Love, Peace and Harmony«* – *»Liebe, Frieden und Harmonie«*.

Betrachten Sie nur die Übersetzung:
»Ich liebe mein Herz und meine Seele.
Ich liebe die ganze Menschheit.
Vereint Herzen und Seelen miteinander.
Liebe, Frieden und Harmonie,
Liebe, Frieden und Harmonie.«

Stellen Sie sich vor, jeder würde dieses Lied von Herzen singen. Würde jeder in seinem Bewusstsein, seinen Gedanken, seinem Handeln und seinem Verhalten Liebe erleben, erfahren, verbreiten und ausdrücken, dann würden Liebe, Frieden und Harmonie Wirklichkeit.

Karma

Schlechtes Karma ist die Wurzel aller Blockaden des Lebens. Schlechtes Karma blockiert Ihre Gesundheit, Ihre Beziehungen und Ihren beruflichen Erfolg. Es kann Ihre Liebesfähigkeit, Ihre innere Freude und Ihren inneren Frieden einschränken. Es kann auch die Harmonie zwischen Firmen, Religionen und Nationen blockieren. Würde jeder »Liebe, Frieden und Harmonie« singen und anwenden, gäbe es keine Konflikte. Die Barrieren zwischen Religionen und Nationen würden sich auflösen. Alle würden inneren Frieden und innere Freude erleben. Seele, Geist und Körper wären in Balance. Organisationen wären im Gleichgewicht – ebenso Städte, Nationen, Mutter Erde, die Planeten, die Sterne, die Galaxien – alle wären im Gleichgewicht. Alle Universen wären im Gleichgewicht. Das Seelenlied »Liebe, Frieden und Harmonie« ist ein göttliches Mantra für das 21. Jahrhundert und für das gesamte Zeitalter des Seelenlichts, die 15 000 Jahre während Ära, die am 8. August 2003 begann.

Singen bedeutet dienen. Dienen bedeutet, gute Verdienste als rote, goldene, regenbogenfarbene und violette Blumen anzusammeln. Diese Blumen werden die dunklen, grauen und schwarzen Punkte und Blumen in Ihrer Akasha-Chronik auslöschen. Ihre Seele, Ihr Geist und Ihr Körper werden geläutert. Ihr Denken wird sich völlig transformieren. Sie werden die Welt mit anderen Augen sehen. Sie werden viel liebevoller sein und mehr geliebt werden; Sie werden in der Lage sein, zu vergeben. Sie werden unglaublich tolerant sein können, selbst Menschen und Dingen gegenüber, die Sie zuvor sehr gestört haben. Sie werden ein gutes Beispiel für einen reinen Diener sein.

Im Leben geht es ums Dienen. Der Sinn des Lebens besteht darin, zu dienen. Der Sinn Ihres körperlichen Lebens ist es, Ihrem spirituellen Leben zu dienen. Das körperliche Leben ist beschränkt, das spirituelle Leben währt ewig. Wir leben hier auf Mutter Erde, einem Planeten aus rotem Staub, um Lektionen zu lernen, durch die wir unsere Seelen, unseren Geist und unsere Körper läutern. Wir lernen, wir tragen unsere karmische Schuld ab, läutern und reinigen uns immer weiter, um auf unserer spirituellen Reise fortzuschreiten und unseren Seelenrang zu erhöhen. Ein Mensch zu sein bedeutet, den Geist, den Körper und besonders die Seele immer weiter zu läutern. Auf der spirituellen Reise strebt die Seele nach Erleuchtung. Ihre Seele möchte ihren Rang erhöhen. Daran arbeiten wir Leben um Leben.

Wir sprachen bereits davon, dass es in der spirituellen Welt *Jiu Tian*, die *neun Ebenen des Himmels*, gibt. Es gibt auch *Tian Wai Tian*, den *Himmel jenseits der Himmel*. *Tian Wai Tian* hat unzählige Ebenen: Ganz oben in *Tian Wai Tian* ist das Göttliche. Ein spirituelles Wesen strebt auf der Himmelsleiter immer aufwärts. Das ist sehr mühsam. Der einzige Weg dorthin führt über bedingungslosen universalen Dienst. Es gibt keinen anderen Weg nach oben.

Während eines Seelen-Seminars im Jahr 2003 empfing ich eine direkte Lehre vom Göttlichen. Es zeigte mir ein universales Gesetz, ein Gesetz, das für alles physische Leben auf Erden und für alles spirituelle Leben der gesamten Seelenwelt gilt. Dieses *Universale Gesetz des universalen Dienstes* lautet:

>*»Ich bin ein universaler Diener.*
>*Ihr seid universale Diener.*
>*Jeder und alles ist ein universaler Diener.*
>*Ein universaler Diener bietet seinen universalen Dienst an,*
>*zu dem universale Liebe, Vergebung, Frieden, Heilung, Segen,*
>*Harmonie und Erleuchtung gehören.*
>*Wer ein wenig universalen Dienst leistet, erhält ein wenig*
>*Segen vom Universum.*
>*Wer mehr universalen Dienst leistet, erhält mehr Segen vom*
>*Universum.*
>*Wer bedingungslosen universalen Dienst leistet, erhält unein-*
>*geschränkten Segen vom Universum.«*

Manche Menschen dienen auf unerfreuliche Weise; sie morden, stehlen, betrügen und übervorteilen andere. Wenn jemand einen kleinen unerfreulichen Dienst erweist, wird er eine kleine Lektion lernen müssen. Wenn jemand größere unerfreuliche Dienste leistet, wird er größere Lektionen lernen müssen. Leistet jemand einen sehr großen unerfreulichen Dienst, wird er eine sehr große Lektion lernen müssen: Zu diesen Lektionen gehören Krankheiten, Beziehungsprobleme, berufliche Fehlschläge, emotionale Schwierigkeiten und mehr. Jeder Aspekt des Lebens kann schwierig werden.

Ich bin einem Arzt begegnet, der dreimal unter Gehirntumoren litt; zum ersten Mal im Alter von drei Jahren, dann mit zwanzig und schließlich mit gut vierzig Jahren. Als ich ihn kürzlich traf, sagte er: »Meister Sha, ich versuche zu ergründen, warum ich dreimal einen Hirntumor entwickelt habe. Ich bin zu dem Schluss gekommen, dass es sich um ein spirituelles, ein karmisches Problem handeln muss. Ist das richtig?« Ich antwortete, dass ich das für richtig halte, weil ich die Blockaden und seine schlechten Taten aus vergangenen Leben sehen konnte. In meinem Buch »*Seele Geist Körper Medizin*« habe ich erklärt, dass schlechtes Karma oder spirituelle Blockaden eine Hauptursache für Krankheiten und alle Blockaden im Leben sind, auch in Bezug auf Beziehungen und geschäftliche Dinge. Um schlechtes Karma aufzulösen, ist es notwendig, bedingungslosen universalen Dienst zu leisten. »Bedingungslos« heißt, dass man ohne Erwartungen dient; man dient einfach aus reiner Liebe. Missverstehen Sie mich nicht: Jeder muss sich in unserer physischen Welt seinen Lebensunterhalt verdienen. Es ist völlig in Ordnung, wenn Sie sich für Ihren normalen beruflichen Dienst auf normale Weise entlohnen lassen. Mit bedingungslosem universalem Dienst meine ich, dass Sie darüber hinaus keine Erwartungen an jene stellen, denen Sie dienen. Dienen Sie, um andere gesünder und glücklicher zu machen. Dienen Sie, um das Leben anderer Menschen zu transformieren. Dienen Sie, um Freude und inneren Frieden zu stiften. Dienen Sie, um die Menschheit in Liebe, Frieden und Harmonie für Mutter Erde zu vereinen. Dienen Sie, um alle Seelen in Liebe, Frieden und Harmonie für das Universum zu vereinen. Wir wollen uns alle als Menschen die Hände reichen. Wir wollen uns mit allen Seelen im Herzen vereinen, um eine liebevolle, friedvolle, harmonische Erde und ein liebevolles, friedvolles, harmonisches Universum zu erschaffen. Göttliches, segne uns alle! Universum, segne uns alle! Danke. Danke. Danke.

18

Gruppenheilung und Fernheilung

Seelentapping ist Quantenheilung. Es ist nicht auf eine bestimmte Anzahl Menschen, auf bestimmte Entfernungen oder Zeiten beschränkt. Ich will Ihnen erklären, wie Sie Seelentapping zur Heilung von Hunderten, ja Tausenden von Menschen einsetzen können, wie Sie damit Fernheilungen durchführen und vergangene und zukünftige Leben heilen können.

Gruppenheilung

Ein menschliches Wesen hat eine Seele. Ein System hat eine Seele, ein Organ hat eine Seele. Eine Zelle hat eine Seele. Selbst Zellverbände und die DNS haben eine Seele. Tiere, Pflanzen, Berge und Meere haben eine Seele. Alles hat eine Seele. Um Gruppenheilungen durch Seelentapping durchzuführen, bitten Sie die Seelen all jener, die Sie heilen wollen, vor Sie zu treten. Dann verbinden Sie sich mit Ihren Händen:

»Liebe Seelen meiner Finger, ich liebe euch, ich ehre euch, ich schätze euch hoch. Bitte führt nach den Anweisungen meiner Seele ein Seelentapping durch, um eine Gruppenheilung zu bewirken.«

Dann verbinden Sie sich mit Ihrer eigenen Seele:
»Meine geliebte Seele, bitte leite meine Finger an, um ein Seelentapping zur Gruppenheilung zu machen. Dafür bin ich dir sehr dankbar.«

Dann beginnen Sie mit Ihrem Seelentapping, während Sie im Stillen singen:

»Liebe heilt euch alle.
Liebe heilt euch alle.
Liebe heilt euch alle.«

Sie können auf diese Weise Tausenden von Menschen dienen. Beginnen Sie damit, all die Tausende von Seelen gleichsam vor Ihrer Brust zusammenzurufen. Dann folgen Sie genau der beschriebenen Vorgehensweise. Sie können jede Person einzeln auffordern, eine konkrete Bitte oder zehn konkrete Bitten zu äußern. Dabei bitten Sie um die Heilung des physischen Körpers, des emotionalen Körpers, des mentalen Körpers oder des spirituellen Körpers. Nachdem die Gruppe ihre Bitten formuliert hat, bitten Sie die Seelen all der Systeme, Organe und Gelenke, um deren Heilung gebeten wurde, sich vor Ihrer Brust zu versammeln. Dann machen Sie ein Seelentapping für alle diese Seelen und singen dabei leise:

»Liebe heilt euch alle.
Liebe heilt euch alle.
Liebe heilt euch alle.«

Vergessen Sie nicht, sich am Ende der Heilung dreimal aufrichtig zu bedanken. Der erste Dank gilt dem Göttlichen, der zweite all den spirituellen Müttern und Vätern in allen Ebenen des Himmels und der dritte Ihrer eigenen Seele, Ihrem Geist und Ihrem Körper, ganz besonders Ihren Händen.

Es dauert nur zwei bis drei Minuten, auf diese Weise Tausenden von Menschen einen Heilungssegen zu senden. Die Ergebnisse können unvorstellbar sein. Dies ist ein großes spirituelles Geheimnis. Es mag schwer zu glauben sein, und vielleicht können Sie es nicht so leicht akzeptieren. Aber ich bin sehr zuversichtlich und unerschrocken und fühle mich zutiefst geehrt, der Menschheit dieses Geheimnis anvertrauen zu dürfen. Mögen Sie Ihr Herz und Ihre Seele öffnen, um dieses Heilgeheimnis zu erlernen, anzuwenden und davon zu profitieren.

Fernheilung

Die Mehrzahl der Heiler auf Mutter Erde weiß, wie man das gegenwärtige Leben einer Person heilen kann. Doch kann man auch vergangene Leben heilen? Und wie kann man zukünftige Leben heilen? Man muss über genügend spirituelle Weisheit verfügen. Man muss tief darauf vertrauen, dass es keine Zeit und keinen Raum gibt. Man muss verstehen, dass Vergangenheit, Gegenwart und Zukunft *eins* sind. Dann ist man zu jeder Heilung der Vergangenheit, Gegenwart oder Zukunft fähig. Die Zukunft zu heilen bedeutet, zukünftige Erkrankungen zu vermeiden. Mit Seelentapping kann man Krankheiten vermeiden, die erst in ein, zwei oder gar zehn Jahren auftreten würden.

Bei der Seelenheilung stellen auch Raum und Abstand kein Hindernis dar. Seelenreisen finden augenblicklich statt. Es spielt keine Rolle, ob sich die Menschen, denen Sie helfen wollen, in Asien, Europa, Afrika oder Amerika befinden. Bitten Sie die Seelen, die der Heilung bedürfen, sich vor Ihnen zu versammeln. Wo auch immer die Seelen sind – sie brauchen nicht einmal eine Sekunde, um bei Ihnen zu sein. Wenn Sie irgendjemandem irgendwo auf der Welt eine Fernheilung anbieten möchten, rufen Sie die Seelen herbei. Dann verbinden Sie sich mit Ihren Fingern:

»Liebe Seelen, lieber Geist und liebe Körper meiner Finger und meiner Hände, ich liebe euch, ich ehre euch, ich schätze euch hoch. Bitte gebt all diesen Seelen, die aus verschiedenen Ländern und Erdteilen gekommen sind, eine Heilung durch Seelentapping. Folgt dabei den Anleitungen meiner Seele. Danke.«

Es ist sehr wichtig, dabei zu sagen: *»Folgt den Anleitungen meiner Seele.«* Wenn Sie sich mit Ihren Fingern und Händen verbunden haben, signalisieren Sie ihnen damit, dass sie diese Aufgabe nicht alleine erfüllen sollen. Sie befehlen ihnen, sich an die Anleitungen der Seele zu halten. Das ist die Essenz des Seelentappings. Jetzt sind Sie bereit, mit Ihrer Seele zu kommunizieren.

»Meine geliebte Seele, bitte leite meine Hände und Finger an, ein

Seelentapping zur Heilung all dieser Seelen vor mir durchzuführen. Ich bin dir dafür sehr dankbar.«

Dann beginnen Sie, zwei bis drei Minuten lang ein Seelentapping zu machen. Alle Seelen, die Ihrem Ruf gefolgt sind, werden augenblicklich Heilung erfahren, egal wo sich ihre physischen Körper aufhalten. Viele von ihnen werden Wunderheilungen erleben. Vielen werden Genesung oder bedeutende Verbesserungen zuteil. Manche erfahren eine kleine Besserung. Manche werden überhaupt keine Veränderung bemerken. Denken Sie daran: Selbst wenn der Empfänger eines Seelentappings keinen Effekt bemerkt, heißt dies nicht zugleich, dass keine Heilung stattgefunden hat; es bedeutet nicht, dass die Heilung nicht wirkt. Es zeigt nur, dass die Heilung dieser Person noch etwas Zeit braucht. Schließlich haben Sie nur zwei bis drei Minuten lang Heilung angeboten. Vielleicht geht es beim Empfänger um große energetische oder spirituelle Blockaden. Da könnte es länger dauern, bis Ergebnisse sichtbar werden.

Ich veröffentliche dieses spirituelle Geheimnis jetzt, weil Mutter Erde sich in einer wichtigen Übergangsphase befindet. Wir können nicht mehr warten. Diese Weisheit muss unter möglichst vielen Menschen verbreitet werden, um die Menschheit zu retten und Mutter Erde mit allen ihren Bewohnern zu helfen, eine schwierige Zeit durchzustehen. Keiner sollte mehr Geheimnisse zurückhalten. Wir sollten die göttlichen Weisheiten, das Wissen und die Praktiken veröffentlichen, über die wir verfügen, um der Menschheit und den Seelen des Universums zu dienen. Dies ist eine sehr dringliche Aufgabe. Ich wünsche mir, dass jeder von Ihnen diese Dringlichkeit und meinen reinen Dienst verstehen und nachvollziehen kann. Ich bin ein »GOLDener« Diener der Menschheit und der Seelen im Universum.*

Ergreifen Sie diese Weisheit, das Wissen und die Praktiken. Setzen Sie sie zum Wohl der Menschheit ein. Je mehr Sie dienen, desto mehr

---

* Im Englischen ist dies ein Wortspiel des Autors: »I am a total GOLD servant ...« G steht hier für »gratitude« (Dankbarkeit), O für »obedience« (Gehorsam), L für »loyalty« (Treue), D für »devotion« (Hingabe). (Anm. d. Redakt.)

segnet Sie das Göttliche. Je mehr Sie dienen, desto besser werden Sie Ihr physisches Dasein erfüllen. Je mehr Sie dienen, desto mehr werden Sie Ihr spirituelles Leben erfüllen. Je mehr Sie dienen, desto schneller werden wir zu Weltfrieden finden. Je mehr Sie dienen, desto schneller werden Liebe, Frieden und Harmonie universell werden. Je mehr Sie dienen, desto schneller werden sich alle Seelen als eins verbinden.

Je mehr Sie dienen, desto leichter werden Mutter Erde und alle ihre Bewohner diesen wichtigen Übergang bewältigen. Dies ist unsere unmittelbare, überaus dringende Aufgabe. Sie folgt einem göttlichen Ruf, einem universellen Ruf. Seien Sie sich der Kostbarkeit dieses Wissens und dieser Weisheiten bewusst, die ich auf diesen Seiten offenbare. Gehen Sie mit diesem Schatz nicht fahrlässig um. Fühlen Sie sich geehrt, dass Sie dieses Buch lesen und seine Weisheit, sein Wissen und seine Techniken einsetzen, um zu dienen. Je mehr Sie die göttlichen Weisheiten ehren, desto mächtiger werden Sie sein. Denken Sie immer daran: Je bescheidener Sie sind, desto mehr werden Sie wachsen und sich weiterentwickeln. Erinnern Sie sich immer daran, dass es noch höher entwickelte Menschen gibt. Denken Sie immer daran, dass es über dem Himmel noch weitere Himmel gibt. Die Weisheit ist unendlich. Die Kraft ist unbegrenzt. Wenn Sie ins Ego gehen, behindern Sie Ihre eigene Reise. Dann kommen Sie nicht mehr voran, sondern fallen zurück.

Dienen Sie mit reinem Herzen. Dienen Sie, so viel Sie können. Dienen Sie bedingungslos. Sie werden unvorstellbaren Segen empfangen.

19

Die Kraft zum Seelentapping
ist bei jedem anders

Jeder Mensch hat eine Seele. Der Seelenrang jeder Seele ist unterschiedlich. Ihre Seele könnte auf dem Rang einer gewöhnlichen Menschenseele sein oder auf dem eines Heiligen. Ihre Seele könnte auch den Rang eines spirituellen Vaters haben. Ihre Seele könnte sogar auf dem Rang eines der höchsten spirituellen Väter stehen.

Bei manchen Menschen scheint ein Seelentapping zur Heilung nichts zu bewirken, während einige erstaunliche Ergebnisse erzielen. Bei anderen liegt das Resultat vielleicht irgendwo zwischen diesen Extremen. Warum entstehen diese Unterschiede? Da das Seelentapping von der Seele gesteuert wird, hängt es vom Rang der jeweiligen Seele ab. Wo steht Ihre Seele? Je höher Ihre Seele in der spirituellen Welt rangiert, desto mehr Kräfte und Fähigkeiten stehen Ihnen zur Verfügung. Der Seelenrang spielt vor allem eine Rolle, wenn es um die Fähigkeit geht, spirituelle Blockaden zu entfernen. Wie bereits in Kapitel siebzehn beschrieben, liegt die Wurzel vieler Krankheiten in spirituellen Blockaden, die aus schlechtem Karma entstanden sind. Wenn Ihnen die entsprechende göttliche Anweisung erteilt wird, erhalten Sie die Fähigkeit, das Karma des gesamten Lebens einer Person zu klären. Der Seelenrang wird gewöhnlich durch die Akasha-Chronik beschrieben. Die höchsten Ebenen der Seelenränge werden direkt vom Göttlichen bestimmt.

Ihre Seele hat vermutlich bereits Hunderte, wenn nicht Tausende von Leben hinter sich. Wahrscheinlich hat Ihre Seele in all diesen Leben viele Hochs und Tiefs durchlebt. In manchen Leben haben Sie Ihre Sache gut gemacht und waren ein treuer Diener – was Ihren

Seelenrang erhöht hat. In anderen Leben haben Sie sich vielleicht verirrt und Ihren Seelenrang durch schlechten Dienst verringert. Der Himmel hat neun Ebenen. Deswegen nenne ich den Himmel *Jiu Tian*, also *neun Himmel*. Die Seele eines Tieres steht auf Ebene fünf oder sechs. Die Seelen der meisten Menschen stehen auf Ebene drei oder vier. Die Seele eines Heiligen steht auf Ebene eins oder zwei. Es gibt auch Seelen, die über der ersten Ebene stehen, jenseits von *Jiu Tian*. Diese Sphären werden *Tian Wai Tian* genannt, der *Himmel jenseits der Himmel*. Wenn Ihre Seele auf der Ebene von *Tian Wai Tian* steht, brauchen Sie kein Seelentapping mehr. Allein ein Gedanke reicht dann aus, um wundersame Heilungen zu bewirken. Seelentapping bewirkt also bei verschiedenen Menschen unterschiedliche Ergebnisse, und diese hängen vor allem vom Seelenrang des Klopfenden ab. Der Himmel und das Göttliche verleihen den Seelen auf den verschiedenen Ebenen unterschiedliche Kräfte.

Wenn Sie ein besserer Diener sein wollen, müssen Sie Ihren Seelenrang erhöhen. Je höher Ihr Seelenrang, desto bessere Ergebnisse werden Sie erzielen. Wenn Sie Seelentapping anwenden und nicht viel dabei herauskommt, kann es nur daran liegen, dass Ihr Seelenrang nicht hoch genug ist. Seien Sie nicht enttäuscht. Läutern Sie Ihre Seele. Widmen Sie sich dem Dienen. Doch auch wenn Sie wundervolle Ergebnisse erzielen, könnten sie immer noch besser sein. Um sich zu verbessern und um noch mehr dienen zu können, müssen Sie darauf achten, sich zu läutern. Bestehen Sie spirituelle Prüfungen und heben Sie Ihren Seelenrang an. Es gibt keinen anderen Weg. Öffnen Sie Ihr Herz und Ihre Seele dem universalen Dienst. Selbstsucht und Ego bringen Sie keinen Schritt weiter. Sie müssen bescheiden sein, bedingungslos dienen und die himmlische Leiter erklimmen. So kommen Sie immer höher. Sie werden verstehen, dass Weisheit unendlich ist und es unermessliche Kräfte gibt. Sie werden unbegreifliche Heilergebnisse erzielen. Wir leben im Zeitalter des Seelenlichts. Ich lehre nicht, mit *Chi* oder Energie zu heilen. Ich lehre Seelenheilung. Seelentapping ist Seelenheilung. Seelenheilung beruht auf Seelenkraft. Ich ehre die Überlegenheit des Geistes über die Materie, aber darum geht es hier nicht. Ich rede von der Überlegenheit der

Seele über die Materie. Sie bewirkt, dass die Seele Dinge geschehen lassen kann. Die Seele kann heilen, Krankheiten vorbeugen, verjüngen, Leben verlängern und jeden Aspekt des Lebens transformieren. Erhöhen Sie Ihren spirituellen Standpunkt, um Ihre Seelenkraft zu stärken. Erhöhen Sie Ihren spirituellen Standpunkt, um Ihr physisches und spirituelles Leben zu erfüllen. Erhöhen Sie Ihren spirituellen Standpunkt, um der Menschheit und den Seelen des Universums ein besserer Diener zu sein.

20

Die Erhebung der Seele

Jetzt wissen Sie, dass das Geheimnis eines machtvollen Seelentapping-Heilers in seinem Seelenrang liegt. Wie können Sie Ihren Seelenrang erhöhen?

Um Seele, Geist und Körper zu läutern, gilt es zunächst, das Karma zu klären. Wenn Sie schlechtes Karma mit sich herumtragen, können Sie keine großen Seelenkräfte entwickeln. Dann sind Sie durch Ihr schlechtes Karma blockiert. Wenn Sie schlechtes Karma haben, werden zu Ihren Heilungen Seelen kommen, die Sie hindern, statt Sie zu unterstützen. Die Seelen, denen Sie durch Ihre Missetaten karmisch etwas schulden, kommen zu Ihnen und sagen: »Wie kommst du dazu, Seelenheilungen anzubieten? Trage erst einmal deine Schuld bei mir ab!« Die Menschen werden ärgerlich sein, vielleicht sogar zornig; sie erheben Anspruch auf Rückzahlung dessen, was Sie ihnen in vergangenen Leben angetan haben. Sie werden Ihnen keine Unterstützung bieten; sie werden die Heilungen blockieren, sodass Sie keine wunderbaren Heilwirkungen erzielen.

Lösen Sie Ihr schlechtes Karma auf, indem Sie bedingungslos dienen und Ihre Liebe anbieten. Der Schlüssel liegt in der Selbstlosigkeit. Geben Sie ein wenig Ihre Egozentrik auf, dann werden Sie auch ein wenig Fortschritte machen. Wenn Sie mehr Egozentrik aufgeben, werden Sie mehr Fortschritte machen. Wenn Sie ganz selbstlos sind, werden Sie sehr schnell wachsen, schier unbegreiflich. Ich habe es Ihnen bereits mitgeteilt: Einer der besten Wege zur Klärung von persönlichem Karma besteht darin, das Seelenlied *»Liebe, Frieden und Harmonie«* zu singen. Warum? *»Ich liebe mein Herz und meine Seele«* löst alle Blockaden in Ihrem eigenen Herzen und Ihrer eigenen

Seele auf. »*Ich liebe die ganze Menschheit*« bedeutet: Ich biete meine Dienste an. Wenn Sie aufrichtig und mit wahrer Liebe »*Ich liebe die ganze Menschheit*« singen, dienen Sie auf großartige Weise. Die Hüter der Akasha-Chronik werden rote, goldene, regenbogenfarbene und violette Blumen über Sie ergießen. Ihre dunklen Aufzeichnungen werden sich allmählich auflösen. Manche Menschen haben riesige karmische Probleme. Sie müssen vielleicht zehn, zwanzig oder dreißig Jahre lang singen, um alles aufzulösen. Aber sind nicht Hunderte von künftigen Leben dreißig Jahre Singen wert?

Spirituelle Prüfungen bestehen

Ihre Bemühungen, Ihr Karma aufzulösen, können zu sehr schwierigen Erfahrungen führen. Ist es Ihr Wunsch zu dienen? Ihre Egozentrik könnte Ihnen im Weg stehen. Ihr Partner könnte dabei hinderlich sein. Andere Familienmitglieder oder Verwandte könnten Sie aufhalten. Ihr bester Freund oder Ihre liebste Freundin könnte Ihnen im Weg stehen. Diese Menschen meinen vielleicht, Sie hätten sich einer Gehirnwäsche unterzogen. Eventuell steigen aufgrund der Botschaften von nahestehenden Menschen Zweifel in Ihnen auf und Sie beginnen, Ihrer spirituellen Reise zu misstrauen. Sie fangen an, die Idee des Dienens gänzlich infrage zu stellen. Vielleicht fühlen Sie sich niedergeschlagen und enttäuscht. Möglicherweise entstehen körperliche Leiden, emotionale Schwankungen, Beziehungsprobleme oder berufliche Schwierigkeiten.

Ich will Ihnen ein Geheimnis verraten: Das ist alles völlig normal! Wenn Sie sich mit hochrangigen spirituellen Lehren beschäftigen und sich mit dem Leben von großen spirituellen Lehrern und Meistern befassen, werden Sie Ähnliches entdecken. Kein spiritueller Meister, kein echter spiritueller Lehrer hatte ein einfaches Leben. Sie haben mehr gelitten als normale Menschen. Sie wollten sich vollkommen läutern – und das ist ein langer, intensiver Prozess, den gewöhnliche Menschen nicht durchmachen. Je erfolgreicher ein spiritueller Meister ist, je höher die Ebene, die er erreicht hat, desto mehr hat er auch die bitteren Früchte des Lebens gekostet.

Ohne Fleiß kein Preis. Ohne Schweiß kein Preis. Das ist ein ernst zu nehmendes spirituelles Gesetz. Das Göttliche wird jedem echten spirituellen Meister ernste spirituelle Prüfungen auferlegen. Das Göttliche verlangt von ihm, alle bitteren Früchte zu kosten, alle möglichen Leiden zu durchleben, um das tiefe Leiden der Menschheit und der Seelen des Universums tiefer zu verstehen. Ein spiritueller Meister muss voller Liebe, Fürsorge und Mitgefühl sein, um der Menschheit und den Seelen des Universums gut dienen zu können. Deswegen ist der Prozess der Läuterung so wichtig – einschließlich der schweren spirituellen Prüfungen. Wenn Sie die spirituellen Prüfungen des Himmels und des Göttlichen nicht bestehen können, werden Sie keine Fortschritte machen.

Vollständige Läuterung von Seele, Geist und Körper

Auf Mutter Erde sind Millionen, vielleicht sogar Milliarden von Menschen bewusst auf ihrer spirituellen Reise. Doch nur sehr wenige Menschen haben göttliche Fähigkeiten. Warum? Weil die meisten nicht die Läuterungen durchmachen, die Ihnen durch die spirituellen Prüfungen auferlegt werden. Sie halten schon am Anfang der Reise inne. Manche bleiben auch auf halbem Weg stehen. Einige schaffen es fast bis zum Ende, aber hören dann auf, weichen zurück, geben auf. Das ist sehr schade, denn so sind all die Jahre, all die Leben der Bemühungen umsonst.

Wie schwierig ist diese Reise? Sie ist überhaupt nicht einfach. Wenn Sie ein göttliches Wesen werden wollen, dann wird Sie das Göttliche ein Drittel Ihres Lebens mit göttlichen Prüfungen ausbilden. Angenommen, Sie sind sechzig Jahre alt, dann können Sie sich auf zwanzig Jahre ernste Prüfungen einstellen. Können Sie zwanzig Jahre lang eine ernsthafte Prüfung nach der anderen durchstehen? Wenn nicht, können Ihnen keine göttlichen Kräfte verliehen werden. Sie können lediglich begrenzte Kräfte und Fähigkeiten erhalten.

Wie können Sie spirituelle Prüfungen bestehen? Wie können Sie Seele, Geist und Körper vollständig läutern? Der goldene Schlüssel ist allumfassende Liebe, Dankbarkeit, Gehorsam, Treue und Hingabe gegenüber dem Göttlichen, gegenüber der Menschheit und gegenüber dem Dienen. Es ist nicht von Bedeutung, wie schwierig der Prozess der Läuterung und der spirituellen Prüfungen ist. Es ist nicht von Bedeutung, durch welche Leiden Sie gehen. Es ist belanglos, ob Ihre Lieben Sie für verrückt, verwirrt oder in die Irre geleitet halten. Solange in Ihnen das Bewusstsein herrscht, dass Sie durch spirituelle Prüfungen gehen, ist all das nicht von Bedeutung. Wenn Sie Ihre spirituelle Reise vervollständigen wollen, müssen Sie einen klaren Geist behalten. Sie müssen auf den Prozess Ihrer spirituellen Reise vertrauen.

Anleitung durch einen wahren spirituellen Meister

Wenn es Ihnen mit Ihrer spirituelle Reise ernst ist, empfehle ich Ihnen sehr, einen wahren spirituellen Meister zu finden, der Sie anleitet. Manchmal meinen Sie vielleicht, auf dem richtigen Weg zu sein. Dennoch könnte es sich um einen großen Fehler handeln; Sie könnten eine falsche Richtung einschlagen. Ein wahrer spiritueller Meister, der voller Liebe und mit sehr viel Erfahrung spirituelle Schüler anleitet, kann Ihnen eine große Hilfe sein.

Es gibt viele wahre spirituelle Mütter und Väter auf der Erde und in den Himmeln. Aber wie erkennt man, ob jemand ein wahrer Meister ist? Schließlich gibt es auch solche, die keine »wahren« Meister sind. Der Maßstab ist schlicht: Ist der spirituelle Meister oder die Meisterin selbstlos oder nicht? Ist er oder sie von vollkommener Hingabe an das Dienen erfüllt oder nicht? Wenn Sie beide Fragen klar mit Ja beantworten, haben Sie einen wahren Meister gefunden, den Sie um Hilfe bitten können.

Die Himmelsleiter

Das erste Ziel beim Erklimmen der himmlischen Leiter ist Seelenerleuchtung. Was ist Seelenerleuchtung? Sie denken jetzt vielleicht: »Ich bin ganz von Liebe, Fürsorge und Mitgefühl erfüllt. Ich fühle mich, als wäre ich erleuchtet.« Ich muss Ihnen jedoch sagen, dass diese Interpretation ein Irrtum ist. Nach meinem Verständnis ist Seelenerleuchtung ein hoher spiritueller Rang, der direkt vom Göttlichen verliehen wird. Wenn jemand diese hohe spirituelle Würdigung erfährt, übertragen die Hüter der Akasha-Chronik die Aufzeichnungen seiner Seele an einen bestimmten Ort, der ganz den erleuchteten Seelen vorbehalten ist.

Seelenerleuchtung ist ein hohes Ziel auf der Reise der Seele, doch wie bereits erwähnt, gibt es noch einen Himmel jenseits der Himmel. Wenn Sie das Tor der Erleuchtung durchschritten haben, haben Sie tatsächlich erst die erste Stufe der Erleuchtung erreicht. Es gibt insgesamt sieben Stufen der Erleuchtung. Um die siebte und höchste Stufe zu erreichen, muss Ihr Seelenrang in den *Tian Wai Tian,* den *Himmel jenseits der Himmel,* erhoben werden. Erreicht Ihre Seele diese Ebene, braucht sie nicht mehr zu reinkarnieren. Ihre Seele wird für immer im Reich Gottes ruhen und jeden Tag direkte Lehren und Segnungen erfahren. Das ultimative Ziel jeder Seelenreise ist, *Tian Wai Tian* zu erreichen.

Die erste Stufe der Erleuchtung hat vier Unterstufen: Jede lässt sich durch den Sitz der Seele im Körper erkennen. Wer ein offenes drittes Auge hat, kann nicht nur sehen, wo sich seine eigene Seele als kleines goldenes Lichtwesen im Körper befindet, sondern auch, wo die Seelen anderer sitzen.

Es gibt im Körper sieben mögliche »Behausungen« für die Seele. Je höher Ihre Seele im Körper sitzt, desto höher ist Ihr Seelenrang. Die Seele eines Menschen kann sich in folgenden Bereichen aufhalten:

- Bereich des Schoßes
- Bereich zwischen Schoß und Nabel
- Bereich des Nabels
- Botschaften-Zentrum (Herzchakra)
- Halsbereich
- Gehirn
- über dem Kronenchakra, direkt über dem Kopf

Bei den meisten Menschen sitzt die Seele unterhalb des Botschaften-Zentrums. Befindet sich Ihre Seele im Botschaften-Zentrum, im Halsbereich, im Gehirn oder über Ihrem Kopf, dann sind Sie ein erleuchtetes Wesen auf der ersten Stufe der Erleuchtung.

Vielleicht ist es Ihr Wunsch, dass Ihre Seele in Ihrem Botschaften-Zentrum sitzt. Vielleicht ist es Ihr Wunsch, ein erleuchtetes Wesen zu sein. Aber die Entscheidung darüber liegt nicht bei Ihnen. Die spirituelle Welt entscheidet, wo sich Ihre Seele aufhalten kann. Und das wiederum hängt von Ihren Verdiensten und Werten im Himmel ab. Wenn Sie nicht über genügend spirituelle Verdienste verfügen, kann Ihre Seele nicht in Ihrem Botschaften-Zentrum sitzen. Erst wenn Sie ausreichend Verdienste angesammelt haben, wird das Göttliche eine Anweisung erteilen. Dann wird Ihre Seele aufspringen und in Ihrem Botschaften-Zentrum Platz nehmen.

Um Seelenerleuchtung zu erlangen, bedarf es großer Bemühungen. Es erfordert vollkommenen Dienst. Dabei tun Sie gut daran, sich zu erinnern, über das Gute, das Sie tun, zu schweigen. Viele Menschen tun Gutes, aber sie wollen, dass es alle wissen. Sie lieben es, wenn über sie berichtet und geredet wird. Das ist nicht sehr bescheiden und auch nicht sehr klug.

Ich will Ihnen erklären, wie die Akasha-Chronik funktioniert: Wenn Sie Gutes tun und es öffentlich anerkannt wird, erhalten Sie einige rote, goldene, regenbogenfarbene oder violette Blumen, jedoch in begrenzter Anzahl. Das sind Yang-Verdienste. Besser ist es, wenn niemand weiß, was Sie Gutes getan haben. Tun Sie es im Stillen, mit ganzer Seele und von ganzem Herzen. Niemand muss es wissen. Erwarten Sie keine Anerkennung oder Belohnung. Es geht hier um *bedingungslosen universalen* Dienst. Die Akasha-Chronik ist vierundzwanzig Stunden am Tag geöffnet. Sie wird jeden Ihrer Dienste verzeichnen. Für jeden dieser Yin-Dienste werden Sie ein Vielfaches mehr an Blumen erhalten als für einen Yang-Dienst.

Falls Sie gute Dienste also um der Anerkennung willen leisten, bleibt der spirituelle Lohn gering. Leisten Sie jedoch bedingungslosen universalen Dienst, ohne dass es jemand weiß, wird es in der Akasha-Chronik verzeichnet. Vielleicht werden Sie den Segen, der daraus erwächst, nicht in diesem Leben ernten. Eventuell bleibt Ihr ganzes gegenwärtiges Leben hart und schwierig oder Sie erleben keine wesentliche Veränderung. Aber in Ihrem nächsten Leben, in Ihren nächsten zehn Leben und darüber hinaus werden Ihre Gesundheit, Ihre Beziehungen und Ihre Geschäfte unglaublich gesegnet sein.

Seien Sie vorausschauend. Ein Leben ist kurz. Sie haben bereits viele Leben gelebt und werden noch viele leben. Denken Sie an die ewige Reise Ihrer Seele.

Ich veröffentliche diese tiefen Seelengeheimnisse, damit jeder, der sich auf seiner spirituellen Reise befindet, das letztendliche Ziel der Reise erkennt und weiß, wie es zu erreichen ist. Wenn Sie *Tian Wai Tian* erreicht haben, dürfen Sie wirklich sagen, dass Sie Ihre Seelenreise vervollständigt haben. Natürlich ist es nicht so leicht, an dieses Ziel zu gelangen. Es kann Hunderte, ja Tausende von Leben dauern. Geduld! Stellen Sie sich vollständig in den Dienst. Erklimmen Sie die Himmelsleiter Stufe um Stufe. Nehmen Sie immer höhere Stufen der Seelenerleuchtung ein. Halten Sie durch. Entfernen Sie alle Blockaden, die Ihrer spirituellen Reise im Wege stehen. So werden Sie endlich Ihr höchstes Ziel erreichen.

Das Göttliche erwartet Sie im *Tian Wai Tian*. Das ist für jede Seele, die sich verpflichtet hat, dem Göttlichen immer näher zu kommen, die größte Ehre. Das ist der Weg der Seele hin zur Erleuchtung. Dies ist das letztendliche Ziel *jeder* Seele. Gehen Sie vorwärts! Sie *werden* im *Tian Wai Tian* ankommen.

Der Himmel ist höchst gerecht

Ja, der Himmel ist höchst gerecht. Manche Menschen sind in diesem Punkt anderer Meinung. Wahrscheinlich haben Sie schon bemerkt, dass es sehr reiche und mächtige Menschen gibt, die ihre Macht missbrauchen und ihr Geld selbstsüchtig ausgeben. Sie scheinen das Gegenteil eines guten Menschen zu sein. Sie fragen sich vielleicht, wie der Himmel gerecht sein kann, wenn solche Menschen über so viel Geld und Macht verfügen. Sie selbst sind dagegen vielleicht ein sehr reiner Mensch; Sie mögen schon seit Jahrzehnten selbstlos gedient, Geld für wohltätige Zwecke gespendet, ehrenamtliche Arbeit geleistet haben und so weiter. Sie fragen sich vielleicht, warum Sie sich dann immer noch mit Geldproblemen und vielen anderen Schwierigkeiten herumplagen müssen. Wie kann das gerecht sein? Die Antwort ist einfach. Es gibt da keinen Widerspruch: Menschen mit viel

Geld und Macht haben in ihren vorigen Leben gute Dienste geleistet. Falls sie ihre Macht missbrauchen und in diesem Leben keine guten Dienste leisten, müssen sie im nächsten und in zukünftigen Leben entsprechende Lektionen lernen. Wer dagegen freundlich und rein ist und viele gute Dienste leistet, wird in seinem nächsten und allen zukünftigen Leben viel Segen erfahren.

Um spirituelle Gesetze und spirituelle Segnungen zu verstehen, darf man nicht nur ein einziges Leben betrachten. Schauen Sie auf fünf, zehn, hundert Leben. Seien Sie nicht kurzsichtig. Seien Sie besser vorausschauend. So werden Sie die spirituelle Reise in ihrer ganzen Tiefe verstehen. Und Sie werden begreifen, dass der Himmel sehr gerecht ist.

Erheben Sie Ihre Seele immer weiter

Seelenerleuchtung ist nicht das Ende Ihrer spirituellen Reise. Viele Menschen meinen, mit der Erleuchtung den Höhepunkt erreicht zu haben. Das ist ein großer Irrtum. Erleuchtung ist erst der Anfang der Erleuchtungsreise. Es gibt noch höhere Stufen der Erleuchtung, unzählige Stufen. Allein im *Jiu Tian* können Sie Ihre Seele immer weiter erhöhen, bis Sie auf die erste Stufe, die Ebene der Heiligen, gelangen. Nach vielleicht tausend weiteren Leben haben Sie möglicherweise Ihre Seele bis zum *Tian Wai Tian* erhoben, dem *Himmel jenseits der Himmel*. Im *Tian Wai Tian* kann es weitere tausend Leben dauern, immer weiter hinaufzusteigen. Schließlich können Sie so die Ebene erreichen, wo Sie neben Gott sitzen – sodass Ihre spirituelle Reise vollständig ist. Das alles dauert sehr, sehr lange, viele Jahrhunderte, viele Zeitalter. Selbst für die spirituellsten Wesen ist es schwierig, sich ständig vorwärtszubewegen. Es gibt immer Blockaden; es gibt immer Prüfungen. Bedenken Sie das spirituelle Gesetz: »*Erfolge und Niederlagen gehen Hand in Hand.*« Je erfolgreicher Sie sind, desto mehr Blockaden wird Ihnen die spirituelle Welt auferlegen. Was können Sie da tun? Sehen Sie den Blockaden ins Gesicht und entfernen Sie sie. Dann werden Sie immer weiter voranschreiten. Bleiben Sie ruhig und gelassen, wenn Schwierigkeiten und Hindernisse auftauchen. Seien Sie nicht enttäuscht. Seien Sie *dankbar. Ohne Blockaden, ohne Konflikte gäbe es keinen Fortschritt. Das ist ein universales spirituelles Gesetz.* Denken Sie an die Geschichte: Fortschritte beruhen immer auf Konflikten. In jeder Dynastie, in jeder historischen Epoche gab es Konflikte und Kriege. Ohne Auseinandersetzungen geht die Geschichte nicht weiter. Wenn Ihnen das klar ist, werden Sie sich über Blockaden weder aufregen noch enttäuscht sein. Bleiben Sie ruhig. Sehen Sie den Schwierigkeiten ins Auge. Entfernen Sie sie. Dann können Sie fortschreiten. Sie werden Ihre Seele immer weiter erheben. Das höchste Ziel erwartet Sie. Denken Sie daran: Je höhere Ziele Sie sich stecken, desto bescheidener müssen Sie sein. Je höher Ihre Seele steht, desto mehr müssen Sie dienen. Je höher Sie aufsteigen, desto mehr Fähigkeiten werden Ihnen verliehen. Je höher Sie stehen, desto mehr Verantwortung haben Sie und desto mehr Aufgaben erhalten Sie. Sie dürfen sich geehrt fühlen, die göttlichen Aufgaben zu erhalten und der Menschheit und dem Universum dienen zu dürfen. Sie werden immer mehr gesegnet sein. So gelangen Sie an Ihr letztendliches Ziel. So vollenden Sie Ihre Seelenreise.

21

Meisterheiler des Seelentappings

In vielen Religionen und spirituellen Traditionen – Buddhismus, Taoismus, Christentum und anderen –, bei vielen tibetischen Lamas, indischen Gurus und hawaiianischen geistigen Führern kursieren Geschichten von geheimnisvollen Heilungen und anderen Wundern. Im Westen ist das Leben Jesu am bekanntesten. Haben Sie je darüber nachgedacht, was diese großartigen Menschen gemeinsam haben? Haben Sie je darüber nachgedacht, wie diese großen Lehrer, Heiler und Diener die Wunder vollbringen können?

Macht wird verliehen. Das Göttliche hat ihnen die Macht dazu verliehen. Vielleicht dachten Sie bisher, dass Jesus, die großen Buddhas und andere große Heiler mit diesen Kräften geboren worden seien. Das wäre möglich, aber in den meisten Fällen wurden ihnen die Kräfte später im Leben verliehen. Warum haben sie diese hohen göttlichen Kräfte erhalten? Wegen ihrer Verdienste. Gott verlieh ihnen Macht, weil sie sich ganz dem Dienen hingaben.

Am 12. Juli 2003 kam Gott während eines Seelen-Seminars in Toronto zu mir. Ich verbeugte mich 108-mal tief bis zum Boden, um Gottes Gegenwart zu ehren. Gott sprach zu mir: »Zhi Gang, von heute an erwähle ich dich als meinen Diener, mein Gefäß und meinen Kanal. Verbinde dich mit mir und ich werde Heilungen und Segen erteilen.« Ich war so tief bewegt davon, ein göttlicher Diener zu werden, dass mir Tränen über die Wangen liefen. Welch unglaubliche Ehre, als Diener des Göttlichen auserwählt zu werden, als Diener der Menschheit, als Diener aller Seelen! Von diesem Tag an bot ich der Menschheit und allen Seelen göttliche Übertragungen an, die wir »*Downloads*« nennen. Es handelt sich dabei um dauerhafte göttliche Heilungen und Segnungen. Ich kann mich gar nicht genug vor dem Göttlichen dafür verbeugen, dass ich sein Diener sein darf. Seit ich ein göttlicher Diener geworden bin, vergeht kaum ein Tag, an dem kein Heilungswunder, keine Segnung von Beziehungen oder Geschäften geschieht. Aber wann immer mich jemand dafür ehren will, sage ich: »*Dankt dem Göttlichen, alle Ehre gebührt dem Göttlichen.*« Ich bin ein bescheidener Diener und ein Gefäß. Ohne das Göttliche könnte kein Wunder bewirkt oder irgendetwas erreicht werden. Ich bin nicht derjenige, der diese Arbeit tut. Das Göttliche schenkt Heilung und Segen. Ich bin ein demütiger Diener und fühle mich zutiefst geehrt, als Botschafter des Göttlichen diese bleibenden Schätze an die Menschheit übertragen zu dürfen.

Zu den göttlichen *Downloads*, mit denen ich geehrt wurde, gehören Seelensoftware, Seelenflüssigkeit, Seelenakupunktur, Seelenkräuter, Seelennahrung, Seelen-Selbstmassage, Seelenoperationen und Seelentransplantationen. Ich kann dem Göttlichen gar nicht genug danken für all den Segen, den diese Gaben der Menschheit gebracht haben.

Mir wurde vom Göttlichen auch die Aufgabe übertragen, göttliche Heiler auszubilden und in die Welt zu schicken, die in der Lage sind, durch eine besondere Übertragung göttlicher Heilkraft Heilungen anzubieten. Von den etwa tausend Schülern, die sich darum beworben haben, göttliche Heiler zu werden, haben dreihundert die spezielle Übertragung der Heilkraft erhalten. Sie setzen diesen dauerhaften göttlichen Heilungssegen jetzt ein, um der Menschheit mit göttlichen Heilungen und Segnungen zu dienen.

Am 3. August 2006 habe ich wie gesagt am Morgen eine Inspiration erhalten, diesen Text fließen zu lassen. Den ganzen Tag lang konnte ich in diesem Seminar nichts anderes tun, als den Text durchfließen zu lassen. Das Göttliche hat mich gebeten, die Inhalte schnell zu veröffentlichen, damit Millionen von Menschen die heilige Seelenheilung des Seelentappings erlernen können. Die Menschheit und Mutter Erde brauchen möglichst viele Menschen, die diese fortgeschrittene Seelenweisheit erlernen.

Ich hoffe, dass Sie inzwischen bereits begonnen haben, anderen durch Seelentapping großzügig und bedingungslos zu dienen. Wie gesagt werden Sie gemäß Ihrem Seelenrang und Ihren Seelenfähigkeiten dienen können. Um der Menschheit noch besser zu dienen, hat mich das Göttliche heute gebeten, jenen Schülern Seelentapping-Kraft zu übermitteln, die daran Interesse haben und dafür bereit sind. Ich werde weltweit göttliche Seelentapping-Meisterheiler ausbilden, die eine göttliche Übertragung erhalten, durch die sie dauerhafte göttliche Segnungen und Heilungen anbieten können. Dann sind es nicht mehr Sie selbst, der das Seelentapping durchführt, sondern der göttliche Heilungssegen. Ihr Seelentapping und das göttliche Seelentapping unterscheiden sich völlig voneinander.

Ich hoffe, dass Ihnen dieser Text zum Wohl dient. Lesen Sie ihn immer und immer wieder. Wenden Sie die beschriebenen Techniken an. Läutern Sie Ihre Seele, um besser zu dienen. Erlangen Sie Seelenerleuchtung. Erheben Sie Ihre Seele. Wenn Sie bereit sind, können Sie erwägen, aus Ihrem Seelentapping göttliches Seelentapping werden zu lassen. Damit dienen Sie dann noch besser. Lassen Sie mich weiterhin Ihr reiner Diener sein. Lassen Sie sich weiterhin auf Ihrer spirituellen Reise helfen. Lassen Sie uns unsere Seelen und Herzen verbinden, um das Seelentapping weltweit zu verbreiten.

Die Menschen brauchen Heilung. Sie müssen Krankheiten vorbeugen; sie brauchen Verjüngung, die Verlängerung ihrer Lebenserwartung und Transformation ihres Lebens. Lassen Sie uns zusammen reine, universale Diener werden. Lassen Sie uns gemeinsam der Menschheit und Mutter Erde helfen, die schwierige Übergangszeit zu durchleben.

»Ich liebe mein Herz und meine Seele.
Ich liebe die ganze Menschheit.
Vereint Herzen und Seelen miteinander.
Liebe, Frieden und Harmonie,
Liebe, Frieden und Harmonie.«

Danke, Göttliches, für deine Segnungen, Lehren, Weisheiten

und Techniken. Danke an alle Teilnehmer jenes Seminars, da dieser Text durchfließen durfte. Es ist mir eine große Ehre. Danke. Danke. Danke.

5. Teil

Seelentanz

Die Seelenfreude in Aktion

22

Seelentanz – was ist das?

Seelentanz ist ein einzigartiges und spezielles Geschenk des Göttlichen in dieser Zeit. Für diese Gesellschaft ist er besonders wichtig, da sich so viele Menschen mit einer gewissen Steifheit durchs Leben bewegen. Vielen Menschen ist es peinlich, den Tanz in ihren Seelen zum Ausdruck kommen zu lassen. Insofern können die Energie und das Licht schwerlich gleichmäßig durch den Körper fließen. Die Steifheit und das Gefühl der Peinlichkeit loszuwerden ist eines der großen Geschenke des Seelentanzes.

Der Seelentanz wird ganz von der Seele gesteuert. Ihre Seele lässt Ihren Körper wissen, welche Bewegungen er machen soll. Sie lässt Ihren Körper auch das angemessene Tempo und den Rhythmus spüren. Die Bewegungen, das Tempo und der Rhythmus können sich von Tanz zu Tanz und auch innerhalb eines Tanzes ständig verändern. Ihr Seelentanz wird Ihr Seelenlied auch dann begleiten, wenn Sie körperlich nicht in der Lage sind, zu tanzen. Wenn Sie Ihren Seelengesang öffnen, wird auch Ihr Seelentanz geöffnet.

Die Bedeutung des Seelentanzes

Seelentanz stellt eine Verbindung zu einem machtvollen Aspekt des Göttlichen und der ganzen Seelenwelt dar. Seelentanz findet sowohl in der Seelenwelt als auch in der physischen Welt statt. Er offenbart die Gegenwart des Göttlichen. Die kraftvollste und mit dem meisten Licht erfüllte Bewegung ist Ausdruck und Manifestation des göttlichen Tanzes und des Tanzes der Seelenwelt.

Gott tanzt! Die höchsten Heiligen und alle in der Seelenwelt tanzen! Wenn Sie Ihren Seelentanz tanzen, verbinden Sie sich mit ihnen allen. Sie werden eine tief greifende Transformation erleben. Die Verbindung, die durch das Seelentanzen entsteht, ist kristallklar und rein – eine hohe Kommunikationsebene. Ihr Seelentanz kann auch ein Zeichen der Dankbarkeit, des Gehorsams, der Liebe und der Hingabe gegenüber dem Göttlichen und der Seelenwelt sein. Ihr Seelentanz findet im gesamten Körper statt. Jeder Aspekt Ihres Seins nimmt an dem Tanz auf seine eigene Weise teil.

Für manche mag die Vorstellung, dass Gott, die höchsten Heiligen und die ganze Seelenwelt tanzen, schockierend sein. Anderen ist diese Idee vielleicht durchaus vertraut. Vielleicht ist es auch ein neuer Gedanke für Sie, fühlt sich aber trotzdem vertraut an. Durch Seelentanz bringt das Göttliche Botschaften und Lehren zum Ausdruck und enthüllt alte Weisheiten. All dies vermittelt der Seelentanz in einer sehr hohen Qualität. Die Botschaften, Lehren und Weisheiten wurden noch nie so offenbart. Der Seelentanz ist ein kraftvoller Bote, der den Beginn des Zeitalters des Seelenlichts verkündet.

Das Seelentanzen wird vielen die Chance bieten, in Aspekte vom Zeitalter des Seelenlichts einzutreten, die sonst schwer zu erreichen wären. Durch den Seelentanz können sich immer mehr Menschen auf die Bedeutung des Zeitalters des Seelenlichts vorbereiten. Das ist möglich, weil der Seelentanz eine so einzigartige Verknüpfung mit dem Göttlichen und der Seelenwelt darstellt. Die Verbindung ist rein und nicht durch logisches Denken verbaut. Dieses besondere Geschenk wird auch sehr zur Läuterung und Transformation von Mutter Erde beitragen.

Die Verbindung mit dem Göttlichen durch den Seelentanz wird vielen auf Mutter Erde helfen, in einem Zustand der Dankbarkeit zu bleiben. Der Seelentanz wird auch die Lehren hervorbringen, die während der Zeit der Läuterung wichtig sind. Überall auf der Welt werden Menschen den Seelentanz ausdrücken.

Natürlich tanzen die Menschen schon seit Jahrtausenden. Seelentanzen ist jedoch etwas Spezielles, weil das Tanzen von der eigenen Seele und von der Seele des Tanzes gesteuert wird. Dieses Geschenk wird zu diesem Zeitpunkt der Geschichte von Mutter Erde Hunderten, Tausenden, ja Millionen von Menschen gegeben.

Im Seelentanz bewegt sich Ihr ganzer Körper auf eine Weise, die Ihrer Seelenreise entspricht. Ihr Seelentanz ist eine Botschaft Ihrer Seele im Augenblick des Tanzes. Die Botschaft wird in einer Art Körper- oder Zeichensprache übermittelt statt in Worten. In diesem Augenblick manifestiert Ihr ganzer Körper die Botschaft Ihrer Seele.

Wenn Sie tanzen, kann es sein, dass Ihr Körper den Seelentanz jedes Mal sehr ähnlich ausdrückt. Das ist vollkommen in Ordnung. Es bedeutet einfach, dass Ihnen dieser spezielle Tanz für diesen Abschnitt Ihrer Seelenreise gegeben wurde. Betrachten Sie ihn als Ihr persönliches Markenzeichen. Ihr Tanz ist die Botschaft, die Ihnen das Göttliche gegeben hat, um sie zum Ausdruck zu bringen.

Weil der Seelentanz eine Art Sprache ist, werden ihn die Zuschauer verschieden interpretieren: Bei einer verbalen Sprache entspräche das verschiedenen Übersetzungen. Es kann hilfreich sein, wenn Sie sich die Reaktionen anderer auf Ihren Tanz als deren Übersetzungen vorstellen. Jeder wird Ihren Tanz anders verstehen und eine andere Botschaft erhalten, weil die Botschaft etwas mit der spirituellen Reise und dem Seelenrang der jeweiligen Person zu tun hat.

Inzwischen verstehen Sie vielleicht, dass es beim Seelentanzen um viel mehr geht, als dass Sie sich lediglich rhythmisch zu Ihrem Seelengesang oder dem Seelengesang von anderen bewegen. Seelentanz ist eine spezielle Form der Seelenkommunikation. Die Bewegungen Ihres Körpers und Ihrer Hände bringen die Botschaft zum Ausdruck, die Ihre Seele in diesem Augenblick empfängt. Dazu sind keine Worte nötig. Weil die Kommunikation durch Körperbewegungen und ohne »normale« Worte geschieht, ist sie sehr rein; kein logisches Denken ist daran beteiligt.

Es ist wichtig, dabei die Neigung zu vermeiden, logisches Denken in Ihren Seelentanz einfließen zu lassen. Lassen Sie es zu, dass sich Ihr Körper und Ihre Hände so bewegen, wie sie wollen. Wenn Sie anfangen, zu denken, wird Ihr Tanz unterbrochen oder sogar beendet. Gedanken wie »Ich fühle mich so lächerlich dabei« oder »Hoffentlich sieht mich keiner« oder »Ich habe Angst, mich dabei zu verletzen« werden den Seelentanz unterbrechen oder gar beenden.

In den Kapiteln über Seelensprache und Seelengesang habe ich betont, wie wichtig es ist, die Worte und das Lied einfach fließen zu lassen. Das gilt genauso für das Seelentanzen: Sie sollten weder bei der Seelensprache und beim Seelengesang beurteilen, was Ihnen über die Lippen kommt, noch sollten Sie die Bewegungen zensieren, die Ihr Körper vollführen will. Bitte beachten Sie dies, dann wird sich Ihr Seelentanz frei entfalten und die Botschaft manifestieren, die Sie empfangen.

Manche von Ihnen machen sich vielleicht Sorgen, dass Sie sich dabei verletzen könnten. Ich versichere Ihnen, dass Sie diese Alternative nicht einmal erwägen müssen. Wenn Sie wirklich mit Ihrem Seelentanz verbunden sind, werden Sie sich nur so bewegen, wie es Ihrem Körper möglich ist, ohne sich zu verletzen. Sie brauchen sich wirklich nur mit Ihrem Seelentanz zu verbinden und Ihrem Körper zu erlauben, die Botschaft, die er erhält, zum Ausdruck zu bringen. Dann kann sich Ihr Körper eventuell sogar mehr strecken und dehnen als gewöhnlich. Das ist prima. Behindern Sie die natürliche, unangestrengte, leicht fließende Bewegung des Körpers nicht. Aber erzwingen Sie auch nichts. Wenn Sie das bemerken, sagen Sie einfach Danke. Vermeiden Sie auf jeden Fall Gedanken wie »Jetzt hole ich mir gleich eine Zerrung« oder auch »Klasse, jetzt strecke ich mich mal so richtig weit«. Der erste Gedanke wird Ihre Bewegungen einschränken, der zweite könnte dazu führen, dass Sie sich doch wehtun. Beide Gedanken erlauben es Ihrem logischen Denken, sich einzumischen, was bedeutet, dass Sie nicht mehr mit Ihrem Seelentanz verbunden sind.

Bei einem authentischen Seelentanz wird sich Ihr Körper so angemessen bewegen, dass die Botschaft Ihres Seelengesangs (oder des Seelengesangs von jemand anderem) zum Ausdruck kommt. Vielleicht bewegt sich Ihr Körper beim Seelentanz auf eine Weise, wie er es sonst nicht tut. Das ist ganz in Ordnung. Falls Sie das bemerken, müssen Sie nicht daraus schließen, dass Sie etwa die Bewegungen beeinflussen. Die bloße Wahrnehmung beeinträchtigt den Seelentanz nicht. Gewahrsein ist ein Teil des Prozesses. Sie sollten nur vermeiden, dass aus dieser Wahrnehmung eine Beurteilung wird.

Inzwischen dürfte Ihnen bewusst sein, dass Ihr Seelentanz sehr viel mehr ist als Bewegung. Er ist eine bestimmte Botschaft des Göttlichen. Wer über die Gabe verfügt, Seelensprache und Seelengesänge zu übersetzen, kann auch Seelentänze übersetzen. Manche von Ihnen werden das Übersetzen von Seelentänzen als besondere Gabe erhalten.

Genießen Sie die Erfahrung, wenn Sie Ihren Seelentanz tanzen! Falls Sie ihn dabei selbst übersetzen können – wunderbar! Wenn nicht, warten Sie das Ende des Tanzes ab und versuchen Sie dann, ihn zu übersetzen. Sie werden bestimmte Botschaften, Weisheiten und Lehren des Göttlichen erhalten. Seelentanzen ist eine besonders angenehme Art, Botschaften zu empfangen. Diese Botschaften werden Mutter Erde in dieser Zeit der Läuterung und Transformation sehr helfen. Nicht zufällig hat das Göttliche der Menschheit dieses Geschenk gerade jetzt gegeben.

Vorzüge und Nutzen des Seelentanzes

Der Seelentanz bringt große Wohltat – das werden Sie bemerken, sobald Sie Ihren Tanz zum Ausdruck bringen. Je mehr Sie tanzen, desto wacher wird Ihr Gespür dafür. Ich werde jetzt verschiedene Vorteile erläutern.

Zuerst einmal geschieht durch den Ausdruck Ihres Seelentanzes Heilung. Die Bewegungen Ihres Körpers und Ihrer Hände sind eine Antwort auf das Seelenlied. Die Bewegungen unterscheiden sich von jenen, die Sie normalerweise kennen. Sie verleihen Ihrem Körper eine neue Flexibilität. Die Beweglichkeit wird einige Blockaden entfernen, die Teil Ihres physischen Seins waren. Je öfter Sie den Seelentanz praktizieren, desto mehr Blockaden werden entfernt.

Der Seelentanz hat auch die Fähigkeit, Ihre Energie anzukurbeln. Die Bewegungen, mit denen Ihre Energie angeregt wird, sind anders als jene, durch die Blockaden aufgelöst werden. Der Seelentanz zur Entfernung von Blockaden gestaltet sich langsamer und sanfter. Manchmal fühlt er sich auch wie ein Schütteln an. Alle diese Formen des Seelentanzens fördern die gleichmäßigere und freiere Bewegung von Energie und Licht in Ihrem Körper.

Die Bewegungen des Seelentanzes, der Ihre Energie anregt, ähneln zuweilen denen, die ich in verschiedenen Meditationen gelehrt habe. Vielleicht konzentrieren sich Ihre Hände auf das *Untere Dan Tien* oder den Schneeberg-Bereich. Das stärkt die Energie in diesen beiden Zentren. Wenn die Energie in Ihrer Milz oder Leber angeregt werden muss, bewegen sich Ihren Hände vielleicht an diese Stellen.

Ich möchte Sie hier davor warnen, zu eng zu denken oder das Geschehen zu analysieren. Es reicht, einfach wahrzunehmen, dass sich Ihr Körper auf gewisse Art bewegt, um Blockaden aufzulösen, und auf andere Art, um die Energie anzuregen. Sie sollten vermeiden, Ihren Körper auf irgendeine Weise beeinflussen zu wollen. Lassen Sie den Tanz frei fließen. Er wird das tun, was für den Heilungsprozess des Körpers nötig ist. Während sich Ihr Körper bewegt, sind auch alle anderen Teile von Ihnen am Tanz beteiligt. Auch Ihre Systeme, Organe, Zellen und Zwischenräume tanzen mit. Licht und Energie fließen durch Ihr ganzes Wesen: Es erfährt in diesem Augenblick die Bewegung nicht nur auf der physischen Ebene, sondern auch auf der mentalen, emotionalen und spirituellen Ebene. Seelentanz kann Ihren Heilungsprozess sehr unterstützen. Die Veränderungen in Ihrer körperlichen Gesundheit können ganz erstaunlich sein.

Es ist besonders großzügig vom Göttlichen, uns diese Form der Heilung in dieser Zeit auf Mutter Erde zu schenken. All die Transformationsprozesse müssen dringend beschleunigt werden. Seelentanzen ist eine besonders genussvolle Art, den körperlichen Heilungsprozess zu fördern. Wie erstaunlich, dass etwas so Angenehmes so nützlich sein kann! Menschen, die sich auf der spirituellen Reise befinden, sind oft sehr ernst; sie halten Tanzen dann für etwas Frivoles, vielleicht sogar für etwas, das man vermeiden sollte, weil es nur ablenkt. Für gewöhnliches Tanzen mögen solche Gedanken zutreffend sein, aber sie gelten nicht für Seelentänze.

Wer seine Seelenreise als eine sehr ernste Angelegenheit betrachtet, findet es vielleicht zunächst schwer, den Unterschied zwischen gewöhnlichem Tanzen und Seelentanzen zu erkennen. Doch für jene, die sich wirklich nach Transformation und besonders nach einer Beschleunigung ihres Transformationsprozesses sehnen, ist es wichtig, für das Seelentanzen offen zu sein. Bei manchen kann die Öffnung für den Seelentanz an sehr alte Geisteshaltungen und Überzeugungen rühren. Manche werden einen starken Widerstand dagegen verspüren, aufzustehen und den Seelentanz zu tanzen. Doch die Geisteshaltungen und Überzeugungen, die dabei aufgelöst werden, gehören zu den am schwersten erreichbaren. Für manche mag das Seelentanzen der einzige Weg sein, anzufangen, diese Dinge loszulassen und die Beweglichkeit zu gewinnen, die für das weitere Fortschreiten auf der Seelenreise nötig ist. Wer an bestimmten Geisteshaltungen und Überzeugungen festhält, sorgt für eine Erstarrung des Denkens – und dies wiederum führt zu einer Steifheit des Körpers.

Viele, die sich auf der spirituellen Reise befinden, lassen ungern los, was sie für heilige Überzeugungen und Ideen halten. Der Seelentanz als Werkzeug, den Prozess des Loslassens zu beschleunigen ... Welch ein wundervolles Beispiel für den göttlichen Humor! Man kann ihn auf vielen verschiedenen Ebenen erfahren: Wenn jene, die einen Widerstand verspüren, nun beginnen, ihren Seelentanz zu tanzen, werden sie eine Art von göttlichem Humor erleben, der ihnen bislang unbekannt war. Das wird ihnen sehr helfen, den Prozess der Transformation und der Heilung auf der physischen, mentalen, emotionalen und spirituellen Ebene zu beschleunigen. Sie werden merken, dass sich ihre Sicht auf die Welt und das Leben wandelt. Dadurch können sie Aspekte der göttlichen Gegenwart manifestieren, die ihnen vorher nicht möglich waren. Je offener sie dafür werden, ihren Seelentanz frei fließen zu lassen, desto mehr werden sie dessen Vorzüge schätzen. Seelentanzen ist für jeden geeignet, egal wo man auf seiner Seelenreise ist. Manchen wird es leichter fallen als anderen. Wie schwer es Ihnen auch erscheinen mag: Die Befreiung Ihres Seelentanzes zu diesem Zeitpunkt der Geschichte von Mutter Erde ist von höchster Wichtigkeit.

Ein weiterer Vorzug des Seelentanzes besteht in der bewussten Verbindung, die er mit der Schwingung des Göttlichen, den höchsten Heiligen und der gesamten Schöpfung herstellt. Diese Schwingung bildet einen Aspekt der Manifestation des Seelentanzes. Manchmal befindet sich alles in Ihnen in »einfacher« Schwingung. Zu anderen Zeiten hat Ihre Schwingung ihren eigenen, besonderen Rhythmus und ihre eigene, besondere Bewegung und ist alles andere als »einfach«.

Jedes System, jedes Organ, jede Zelle und jede DNS hat ihre eigene Schwingung und ihren eigenen Tanz. Erinnern Sie sich an Tanzszenen, die Sie vielleicht aus Filmen oder von der Bühne kennen. Manchmal halten sich die Tänzer im Hintergrund auf und tanzen alle im gleichen Schritt. Zwischendurch streben einzelne Tänzer in den Vordergrund und tanzen ein Solo. Alle Tänzer wirken zusammen und sind auf dieselbe Musik eingestimmt. Aber sie tanzen unterschiedliche Schritte. Sie führen manchmal völlig unterschiedliche Bewegungen aus. Beim Seelentanz, der in Ihnen stattfindet, ist es ganz ähnlich: Die Seele eines Organs kann ein Solotänzer im Vordergrund sein, während die einzelnen Zellen im Hintergrund tanzen. Zu anderen Zeiten tanzen vielleicht alle Organe und Zellen genau den gleichen Seelentanz. Was auch immer geschieht, es ist für den jeweiligen Augenblick genau das Richtige.

Der Seelentanz verändert sich je nach Ihrem Energieniveau und Ihrem Seelenrang. Er wandelt sich auch im Lauf des Tages. Die Muster und Rhythmen des Seelentanzes befinden sich in ständiger Transformation. Deswegen ist die Wirkung auch jedes Mal anders. Durch den Seelentanz kann der Heilungsprozess auf allen Ebenen kraftvoll beschleunigt werden. Wenn Sie sich des Geschenks des Seelentanzens bewusst sind, können Sie sich damit verbinden und den Heilungsprozess noch mehr beschleunigen – was zu außergewöhnlichen Heilungen führen kann.

Manchmal sind Sie sich der Wirkung des Seelentanzens vielleicht sofort bewusst, manchmal müssen Sie ein wenig abwarten, bis sich die Heilung vollzogen hat. Im Seelentanz sind Sie in der Lage, die Wirkungen zu steigern, wenn Sie sich dessen bewusst sind, dass auf einer höheren Ebene alles in Ihnen in einer besseren Lichtqualität schwingt und tanzt. Der Seelentanz führt zu einer erstaunlichen Zunahme des Lichts.

Mit diesem Bewusstsein werden Sie in der Lage sein, auf kraftvolle Art mit den Seelentänzen des Göttlichen, der höchsten Heiligen und der ganzen Seelenwelt Kontakt aufzunehmen. Dieses Gewahrsein wird Ihr Leben sehr verändern. Wenn Sie den Seelentanz praktizieren, nehmen Sie auf besondere Weise am göttlichen Tanz teil. Sie werden zur physischen Präsenz dieses Tanzes. Weil es unzählige Möglichkeiten gibt, wie dieser göttliche Tanz präsent sein kann, wird sich Ihr Tanz von den Tänzen anderer unterscheiden; er hängt auch von den Erfahrungen ab, die Sie gerade machen. Was auch immer geschieht: Es ist ein Ausdruck, eine Manifestation, die Ihnen in dem Augenblick des Seelentanzens anvertraut wird. Die große Vielfalt, in welcher der Seelentanz zum Ausdruck kommen kann, ist ein Teil des Segens und der Vorzüge dieses Geschenks. Sie macht es noch erfreulicher und angenehmer.

Seelentanzen Sie im Lauf des Tages, sooft Sie können! Das wird für Sie selbst, für Mutter Erde und darüber hinaus eine große Wohltat sein. Das Licht, dessen Sie teilhaftig werden und zu dessen Verstärkung Sie beitragen, ist von sehr hoher Qualität. Es wird in der Zeit der Läuterung von Mutter Erde dringend benötigt. Dieses Licht in die Welt zu bringen und zu verstärken ist ein ganz besonderer Dienst, der Ihnen und anderen viel Transformation bringt.

Ein weiterer Vorzug des Seelentanzens besteht in der Möglichkeit, mehr Fluss und Koordination in Ihr Lebensumfeld zu bringen. Wenn Sie seelentanzen, wird das, was sich dabei für Sie ereignet, auch auf andere ausstrahlen. Andere können harmonischer mit Ihnen umgehen oder – um in der Sprache des Tanzes zu bleiben – besser mit Ihnen Schritt halten. Dadurch verändert sich Ihr Umfeld. Die Schwingungen unter Ihren Mitarbeitern und Familienangehörigen erhöhen sich und werden synchroner – als gäbe es einen unsichtbaren Choreografen, der alle Tänzer in Ihrem Lebensumfeld mehr in Einklang bringt. Wenn Sie seelentanzen, wird alles um Sie herum im Einklang mit Ihrem Tanz zu schwingen beginnen. Manche Menschen, mit denen Sie leben oder arbeiten, bemerken diesen Unterschied: Sie können vielleicht nicht genau sagen, was sich verändert hat, aber sie spüren die bessere Koordination. Manche werden verstehen, was passiert, und andere werden nur die Verbesserung feststellen.

Das wird für viele Menschen von großem Vorteil sein. Der größere Einklang mit Ihrer Familie und Ihren Mitarbeitern ist eine der Wohltaten des Seelentanzes. Und wie Sie bereits wissen, werden diese Vorzüge in Hülle und Fülle verschenkt.

Besondere Segnungen des Seelentanzes

Eine der besonderen Segnungen des Seelentanzens stellt die Verbesserung von Beziehungen dar. Wenn der Umgang mit Ihren Familienangehörigen oder Kollegen verbesserungswürdig ist, strömt der Seelentanz einen besonderen Segen aus. Sobald Sie tanzen, erkennen das die Seelen der anderen und können mittanzen. Sie freuen sich über diese Gelegenheit. Viele Seelen haben schon darauf gewartet und steigen begeistert ein. So kann der Seelentanz auf wundervolle Weise zur erhöhten Qualität von Beziehungen beitragen. Auch Beziehungen, die bereits sehr gut sind, können durch den Seelentanz noch erfreulicher werden.

Manche Beziehungen lassen sich allerdings nur schwer verändern. Die gewöhnlichen Ansätze mögen wirksam sein, aber sie dauern oft lange und bedürfen eines großen beiderseitigen Einsatzes. Wenn Sie Ihre Aufmerksamkeit immer mehr auf den Seelentanz lenken, erzielen Sie erstaunliche Ergebnisse. Bei vielen wird die Transformation der Beziehungen durch das Seelentanzen mühelos vor sich gehen. Viele werden es genießen. Viele werden auch den Humor erleben, der mit dem Seelentanz verbunden ist.

Auch Ihre Angehörigen und Mitarbeiter werden diese Qualitäten erfahren. Sie wissen vielleicht nicht genau, warum sie sich anders fühlen oder warum sich ihre Einstellung ändert. Das ist in Ordnung. Wichtig ist, sich auf den Prozess des göttlichen Tanzes einzulassen und ihm im Lauf des Tages Zeit und Raum zu geben. Eine bewusste Verbindung mit Ihrem Seelentanz wird Transformationen bewirken – welcher Beschäftigung Sie auch immer nachgehen mögen. Durch das Seelentanzen können Sie eine höhere Qualität von Licht, Harmonie und Frieden manifestieren.

Zu den Gaben des Seelentanzes gehört auch der finanzielle Segen. Sprechen Sie mit der Seele des Geldsegens, während Sie tanzen. Bitten Sie sie um einen speziellen Segen, damit sich Ihre finanzielle Situation verbessert. Visualisieren Sie, wie diese Segnungen zu Ihnen kommen sollen. Und beginnen Sie dann den Seelentanz. Während Sie dies tun und direkt mit der Seele des Geldsegens sprechen, stellen Sie eine besondere Verbindung her. Wenden Sie sich direkt an die Seele des Geldsegens, den Sie sich wünschen, dann ist die Wahrscheinlichkeit, dass Sie sich mit diesem Geldsegen verbinden, sehr viel größer. Noch vorteilhafter ist es, wenn Sie den Namen des Geldsegens, um den Sie bitten, benennen können: Sie kennen eventuell ein bestimmtes Geschäft, das Ihnen den erwünschten Geldsegen bringen könnte. Wenn Sie die Seele dieses Geschäfts beim Namen nennen, wird alles noch bewusster.

Das ist ähnlich wie die Ansprache des gesundheitlichen Problems vor einer Heilung. Nennen Sie die Seele des speziellen Heilungssegens, der benötigt wird, beim Namen, dann reagiert die Seele dieses Segens darauf. Auch andere Seelen werden Ihrem Ruf antworten und das Licht und die Schwingung erhöhen.

Wenn Sie die Seele eines bestimmten Geldsegens ansprechen, ermöglicht das ebenfalls eine stärkere Antwort. Die angesprochene Seele und Ihre eigene Seele können eine kraftvolle Verbindung eingehen. Es wird in gewisser Weise »persönlicher«.

Eine allgemeine Bitte um Geldsegen unterscheidet sich stark von einer konkreten, fokussierten Anfrage. Eine spezifische Bitte entspricht quasi der namentlichen Anrede eines Freundes: Diese persönliche Verbindung stärkt die Koordination und die Teilnahme am Seelentanz. Dies ist eine der vielen Segnungen, um die Sie mit dem Seelentanz bitten können. Ebenso können Sie um Heilungssegen für sich selbst, für andere und für bestimmte Situationen bitten. Ich könnte noch eine lange Liste aufzählen.

Sie können zum Beispiel auch um einen Segen für Ihre eigene Seelenreise oder für jene von anderen Menschen bitten: Dann entsteht eine sehr kraftvolle Verbindung mit dem Göttlichen und der gesamten Seelenwelt. Die Transformationen, die daraus erfolgen, geschehen auf einer sehr hohen Ebene. Ihre eigene Seelenreise und die Seelenreisen anderer werden davon sehr profitieren.

Diese Beispiele sollen Ihnen eine Ahnung davon geben, welchen Segen der Seelentanz bringt. Es gibt noch viele andere Segnungen. Den Möglichkeiten sind keine Grenzen gesetzt.

23

Die Himmel genießen den Seelentanz

Alle Ebenen der Himmel, von *Jiu Tian* über *Tian Wai Tian* und darüber hinaus, genießen den Seelentanz auf ganz besondere Art. Die Lehren dieses Buches beziehen sich auf *Jiu Tian,* weil die meisten Menschen, die zurzeit auf der Erde leben, mit diesem Bereich verbunden sind. Wenn ich über die Freude der Himmel am Seelentanzen schreibe, teile ich etwas über Aspekte des Himmels mit, über die viele Menschen vielleicht noch nicht nachgedacht haben.

Die Seelen im Himmel nehmen an einem göttlichen Rhythmus und an göttlichen Bewegungen teil. Jede Ebene und jeder Bereich hat seinen eigenen, besonderen Tanz. Auch innerhalb der verschiedenen Ebenen und Bereiche gibt es einzigartige Tänze.

Denken Sie zum Beispiel an die höchsten Heiligen in *Jiu Tian:* Manche kennen Sie vielleicht; andere sind Ihnen fremd – das spielt keine Rolle. Zu ihnen gehören Jesus, Mutter Maria, Shi Jia Mo Ni Fuo (Shakyamuni Buddha), Ling Hui Sheng Shi (die Göttin des Mitgefühls, früher Kuan Yin genannt), Tao Te Tian Zun, Ling Tong Tian Zun, Yuan Shi Tian Zun. Das sind nur ein paar der höchsten Heiligen. Es gibt noch viel mehr. Jeder hat seinen eigenen Tanz. Wenn Sie sich mit ihnen im Einzelnen verbinden, werden Sie bemerken, dass sich Ihr Körper auf unterschiedliche Weise bewegt. Vielleicht fühlt sich Ihr Körper sogar unterschiedlich an.

Wenn jeder dieser höchsten Heiligen und andere am göttlichen Tanz teilhaben, ist die Qualität der Freude und des Lichts einzigartig. Es erzeugt eine Transformationskraft, die in anderen Segnungen und Heilungen nicht zu finden ist. Es berührt die tiefsten Ebenen Ihres Seins. Es durchstrahlt Ihr ganzes Sein. Die Freude, die durch das

Seelentanzen gegenwärtig wird, durchdringt alles und wird zu einem Teil von Ihnen. Wenn Sie sich mit den einzelnen Heiligen verbinden, holen Sie auch alle Qualitäten von deren eigenen Tänzen in Ihr Leben. Dies ist ein großartiges Geschenk und ein großer Segen.

Himmel und Erde verbinden

Anhand meiner Ausführungen haben Sie sicher verstanden, dass der Seelentanz eine besondere Art der Verbindung von Himmel und Erde bildet. Die Schwingung, die durch den Seelentanz gegenwärtig wird, erzeugt bestimmte Lichtbänder, Lichtströme oder Lichtbrücken. Diese Bilder helfen Ihnen dabei, sich die unzähligen Verbindungen vor Augen zu halten, die kreiert werden, wenn Sie am Seelentanz teilhaben.

Ihr Körper verfügt über viele Organe und Systeme. Allein Ihr Gehirn enthält ungefähr fünfzehn Milliarden Zellen. Jede Zelle besteht aus verschiedenen Teilen, zu denen auch die DNS gehört. Jetzt malen Sie sich aus, wie viele Zellen es in Ihrem gesamten Körper gibt. Die Anzahl ist unvorstellbar, und die Anzahl der Zellbestandteile erst recht. Das gibt Ihnen eine kleine Vorstellung von der Anzahl der Verbindungen zwischen Himmel und Erde, die beim Seelentanz entstehen.

Und das sind nur die Verknüpfungen einer einzelnen Person. Jetzt multiplizieren Sie das mit den Hunderten, Tausenden und vielleicht irgendwann Millionen von Menschen, die den Seelentanz praktizieren. Und nicht nur Menschen sind zum Seelentanzen fähig. Die ganze Schöpfung kann am Seelentanz teilhaben. Darauf werde ich im nächsten Kapitel weiter eingehen. Die Verbindungen sind nicht auf Menschen und nicht auf die Himmel beschränkt. Es gibt auch kraftvolle Lichtbänder, Lichtströme und Lichtbrücken zwischen den Bereichen der Himmel und der ganzen Erde.

In all diesen Verbindungen fließt das Licht und der Segen der Transformation. Wenn die Verbindungen hergestellt sind, entsteht eine außergewöhnliche Veränderung in der Materie und im Raum all jener, die am Seelentanz teilnehmen. Seelentanz ist ein kraftvoller Weg, um den Raum zu klären. Er lockert buchstäblich die Blockaden; sobald sie gelöst sind, können sie umgewandelt und in die Präsenz des göttlichen Lichts verwandelt werden.

Zu den Verbindungen zwischen Himmel und Erde gehören auch die einzigartigen Verbindungen der höchsten Heiligen. Wenn Sie einen bestimmten Heiligen um Segen bitten, werden alle Fähigkeiten, Gaben, Weisheiten und Lehren dieses Heiligen gegenwärtig; seine Bewegungen und Schwingungen werden in Ihrem Seelentanz präsent. So werden Sie bei diesem Seelentanz zur körperlichen Vergegenwärtigung all dessen, was den Heiligen auszeichnet. Das ist ein höchst außergewöhnlicher Segen.

Bedenken Sie nur, was das bedeutet: Ihr Seelentanz verbindet Sie mit all den Qualitäten der Heiligen, die Sie um Segen gebeten haben! Wenn Sie seelentanzen, versetzen Sie sich also in den Zustand dieses Heiligen. Das wird Ihrem Tanz eine ganz andere Qualität verleihen. Die Segnungen dieses Heiligen sind dann auf sehr kraftvolle Weise präsent. Sie können seine Präsenz überall um sich herum ausstrahlen. Sie können das sogar tun, wenn Sie nicht körperlich tanzen. Vielleicht befinden Sie sich an einem öffentlichen Ort. Möglicherweise sind Sie an Ihrem Arbeitsplatz. Eventuell können Sie sich nicht bewegen, weil Sie krank sind. Vielleicht können Sie nicht einmal das Bett verlassen. Doch das bedeutet nicht, dass Sie nicht seelentanzen können. Falls Sie in irgendeiner Weise körperlich eingeschränkt sind, bitten Sie Ihre Seele, den Seelentanz zu tanzen. Auch das ist sehr kraftvoll.

Es ist wichtig, den Seelentanz täglich zu praktizieren. Üben Sie ihn im Lauf des Tages möglichst oft. Warum? Das sollte aus dem bereits Gesagten klar hervorgehen. Wenn Sie die Verbindungen zwischen Himmel und Erde herstellen, entstehen sehr kraftvolle Segnungen und Transformationen. Sie unterstützen Mutter Erde in ihrer Zeit der Läuterung und Transformation. Die Hilfe ist sowohl kraftvoll als auch sanft und fröhlich. Kinder würden sagen: »Es macht Spaß, an diesen außergewöhnlichen Segnungen teilzunehmen.« Eine freudvolle Angelegenheit, die so dringend benötigte Transformation zuwege zu bringen!

Welch ein besonderes Geschenk des Göttlichen, all dies durch

Seelentanz tun zu können. Es hilft der Menschheit, Mutter Erde und den Wesen über sie hinaus in dieser Zeit der Transformation. Der Seelentanz hilft Ihnen auch, geerdet und zentriert zu bleiben. Für viele ist es der wirkungsvollste Weg der Erdung und Zentrierung. Diese beiden Qualitäten sind sehr wichtig und werden noch wichtiger, wenn Mutter Erde ihren Läuterungsprozess fortsetzt. Es ist überaus freundlich, mitfühlend und liebevoll vom Göttlichen, uns dieses Geschenk zu dieser Zeit zu geben.

Seelentanz und Schöpfung

Was über den Seelentanz des Einzelnen gesagt wurde, gilt auch für die ganze Schöpfung. Die verschiedenen Ebenen der Schöpfung nehmen auf ihre Weise teil. Jeder Aspekt der Schöpfung hat seinen eigenen Tanz; bei manchen von ihnen kann man sich leicht vorstellen, dass ein Seelentanz stattfindet, bei anderen ist es schwieriger. Doch der Seelentanz ist allem möglich, was existiert. Das Licht und die sich ereignende Transformation sind außergewöhnlich.

Die Teile der Schöpfung, die sich in Bewegung befinden, haben ihre eigene Art von Seelentanz. Der Rhythmus der Meereswellen ist zum Beispiel ein Ausdruck des Seelentanzens, ebenso die Rotation der Planeten um die Sonne. Jene Teile der Schöpfung, die fest und dauerhaft zu stehen scheinen, wie zum Beispiel Berge, haben auch ihren eigenen Seelentanz. Wer mit seinem dritten Auge sehen kann, wird diesen Tanz erkennen.

Die Bewegung, der Tanz der Schöpfung, existiert seit Urzeiten. Doch im Zeitalter des Seelenlichts tritt der Seelentanz der Schöpfung auf eine bewusste Ebene. Er wird mit dem Seelentanz jedes einzelnen Wesens verbunden. Wenn Sie Ihren Seelentanz tanzen, können Sie verschiedene Aspekte der Schöpfung einladen, mitzutanzen. Sie können sie darum bitten, ihr Licht und ihre Schwingung zum Tanz beizutragen oder andere Aspekte der Schöpfung zu unterstützen. Indem man den Seelentanz der Schöpfung auf eine bewusste Ebene holt, stärkt man seine Kraft, sein Licht und seine Transformationsfähigkeit.

Es ist sicher eine außergewöhnliche Idee, die gesamte Schöpfung zu seinem Seelentanz einzuladen. Wenn Sie das tun, sollten Sie jedoch immer die Bedingung hinzufügen: »... wenn es angemessen ist.« Sie könnten zum Beispiel sagen: »Ich lade alle Teile der Schöpfung ein, für die es angemessen ist, an meinem Seelentanz teilzunehmen.« Oder: »Wenn es angemessen ist, lade ich die Schöpfung ein, an meinem Seelentanz teilzunehmen.« Es ist sehr wichtig, etwas dergleichen zu sagen; ja es ist sogar notwendig. Manche Aspekte der Schöpfung befinden sich vielleicht zum Zeitpunkt Ihres Seelentanzes im Umbruch. Vermutlich entspräche es nicht Ihrer Absicht, einen Wirbelsturm einzuladen; Sie sind nicht stark genug, um ihn zu transformieren, deshalb ist es nicht angemessen, es zu versuchen. Seien Sie sich dieser Lehre bewusst, wenn Sie die Schöpfung zu Ihrem Tanz einladen. Falls Sie in Versuchung geraten und meinen, es wäre doch wundervoll, einen Wirbelsturm zu besänftigen, wiederhole ich nochmals: Sie sind nicht stark genug dafür. Es bedarf sehr großer spiritueller Verdienste, für die man seit vielen Hunderten von Leben einen sehr hohen spirituellen Rang haben muss. Ohne diese Verdienste verfügen Sie nicht über die nötige Kraft.

Bedenken Sie auch, dass dies die Zeit der Läuterung von Mutter Erde ist. Tun Sie nichts, was diesen Läuterungsprozess unterbrechen könnte. Verwenden Sie immer den Zusatz: »... wenn es angemessen ist« oder: »... wie es angemessen ist«, sobald Sie die Schöpfung zu Ihrem Seelentanz einladen. Viele Teile der Schöpfung werden daran teilnehmen und daraus Gewinn ziehen können. Der Segen, der für die gesamte Schöpfung entsteht, wird genau das sein, was zu diesem Zeitpunkt nötig ist. Er wird in Harmonie mit der göttlichen Weisheit und dem göttlichen Mitgefühl sein. Bleiben Sie sich dessen bewusst, damit Sie das Ereignis ehren sowie die göttliche Weisheit und das göttliche Mitgefühl respektieren können.

Die Segnungen, die Sie empfangen, wenn Sie diese Lehren befolgen, sind außergewöhnlich und werden Sie kraftvoll transformieren. Sie helfen Ihnen, vorgefasste Meinungen, Geisteshaltungen und Überzeugungen loszulassen. Manche Einstellungen können auf keine andere Weise aufgelöst werden; es ist fast so, als hätten sie auf diese Gelegenheit gewartet. Doch andere werden versuchen, Widerstand zu leisten. Allerdings ist es notwendig, diese Überzeugungen und Einstellungen loszulassen, damit Sie auf Ihrer Seelenreise Fortschritte machen. Einige davon tragen Sie seit vielen Leben mit sich herum. Die Lektionen, die Sie beim Loslassen lernen werden, können Ihnen Zugang zu Weisheiten verschaffen, auf die Sie seit vielen Leben gewartet haben: wunderschöne alte Weisheiten, voller tiefschürfender Lehren, großer Segnungen und Heilung. Es ist unmöglich, die daraus hervorgehende Transformation in Worte zu fassen. Sie werden sich so frei und leicht fühlen, wie Sie es nie für möglich gehalten haben.

Die Wirkung des Loslassens reicht weit über Sie hinaus. Wer direkt mit Ihnen zu tun hat, wird reichen Segen empfangen, weil Sie eine höhere Lichtqualität ausstrahlen. Ihre Schwingung wird sich verändern. Dies ist ein großes Geschenk für Sie und es umfasst nicht nur Sie, sondern die ganze Erde und über sie hinaus. Die gesamte Schöpfung wird von Ihrer Bereitschaft, diesen Lehren zu folgen, profitieren. Ihr Herzenswunsch, helfen zu können, wird auf großzügige Weise erfüllt.

Der Tanz der Schöpfung wird zur Auflösung Ihrer Geisteshaltungen und Überzeugungen beitragen. Die gesamte Schöpfung wird daran teilnehmen. So wie Sie dabei vielleicht gewisse Widerstände und Schwierigkeiten verspüren, werden auch Teile der Schöpfung gewisse Widerstände und Schwierigkeiten durchmachen. Wenn Sie sie dann loslassen, nimmt die ganze Schöpfung an diesem Segen teil. Das hilft Mutter Erde in ihrem Läuterungsprozess – ein wundervolles Geschenk für die Schöpfung, ein Geschenk, das sich beim Geben vervielfältigt.

Die ganze Menschheit und die gesamte Schöpfung werden von Ihrer Bereitschaft, die inneren Hemmnisse loszulassen, profitieren. Es mag erstaunlich erscheinen, dass Ihre Bereitschaft, loszulassen, so weitreichende Konsequenzen hat, aber das ist nur ein weiteres Beispiel für die Großzügigkeit des Göttlichen. Der Seelentanz der Schöpfung geht ständig weiter. Sind die Verbindungen einmal hergestellt, dauern sie den ganzen Tag an. Auch die Wirkungen und Segnungen sind anhaltend. Egal welche Uhrzeit es bei Ihnen ist: Irgendwo auf der

Welt tanzt die Schöpfung gerade diesen erlesenen Tanz. Manche Teile der Schöpfung tun dies naturgemäß Tag und Nacht, wie zum Beispiel die Meereswellen an der Küste, deren Segen Tag und Nacht strömt.

Ob Sie bewusst am Seelentanz teilnehmen oder nicht: Sie sind auf jeden Fall in der Lage, an der Wirkung dessen teilzuhaben, was in der ganzen Schöpfung geschieht. Das ist ein kraftvolles und besonderes Geschenk. Sobald Sie einmal dem begeisterten Spiel eines Welpen zuschauen oder dem sanften Wiegen des Laubs oder dem sich rhythmisch im Wind biegenden Gras, können Sie sich bewusst machen, dass Sie einen Aspekt des Seelentanzes betrachten. Wenn Sie alles als einen Ausdruck des Seelentanzes erkennen, werden Sie von Freude und Entzücken umgeben sein.

Die Bewegung der Blätter oder des Grases kann durchaus heftig sein, voll starker Energie. Betrachtet man sie als Seelentanz, rückt man sie in ein anderes Licht. Sie können diese Aspekte der Schöpfung – und Sie können das mit jeder Facette der Schöpfung tun – als eine Erinnerung auffassen, Ihren eigenen Seelentanz zu praktizieren. Jetzt können Sie alles um sich herum anders betrachten. Selbst Ihr Tagesplan kann anders aussehen. Die Seele Ihres Tagesplans hat ihren eigenen Tanz: Vielleicht entdecken Sie darin einen Rhythmus, eine Bewegung. Viele von Ihnen halten ihren Tagesplan für sehr voll, doch wenn Sie ihn als einen Ausdruck des Seelentanzes betrachten, wählen Sie eine andere Perspektive. Sie lernen den Rhythmus Ihres Tagesplans besser schätzen. Der Tanz Ihres Tagesplans und Sie selbst werden besser zentriert und geerdet sein.

Statt Ihren Tagesplan von vielen einzelnen Teilen überschüttet zu sehen, können Sie ihn dann als einheitliche Form mit eigenem Rhythmus und mit eigener Bewegung betrachten. Ihr ganzer Tag wird dadurch anders aussehen. Sie werden die Verbindungen zwischen den einzelnen Teilen schätzen lernen. Wenn Sie den Tanz Ihres Tagesplans lieber anders hätten, bitten Sie die Seele Ihres Tagesplans darum. Machen Sie einen Seelentanz und bitten Sie die Seele Ihres Tagesplans, mitzutanzen. Bitten Sie die Seelenwelt, Sie dabei mit Ruhe, Gelassenheit und Frieden zu unterstützen. Sie werden großen Nutzen daraus ziehen.

Dies ist ein weiterer Aspekt der Schöpfung. Alle Beispiele zeigen, wie die Schöpfung am Seelentanz teilnimmt. Wenn Sie Ihren Seelentanz praktizieren, werden Sie immer Möglichkeiten für den Tanz, seinen Segen und sein Licht erkennen. Sie sind sehr gesegnet.

Seelentanz und die Ehrung des Göttlichen

Schon in alten Zeiten haben die Menschen ihre Achtung und ihre Hingabe gegenüber dem Göttlichen durch Bewegungen und Tanz zum Ausdruck gebracht. Vielleicht stellte der Tanz sogar die erste Form dar, wie der Mensch dem Göttlichen seine Hingabe und seine Ehrerbietung zeigen wollte. Mit Sicherheit entstand der Tanz vor den Worten. Als sich die Menschheit durch Bewegungen auszudrücken begann, war es nur natürlich, dass sie auch ihrem Dank an das Göttliche durch Bewegung Ausdruck verlieh.

Fassen Sie den Tanz als einen Ausdruck des Heiligen auf – als eine Äußerung der Dankbarkeit, des Gehorsams, der Treue und der Hingabe. Das kann Ihren Seelentanz sehr bereichern. In manchen Traditionen würde man ihn ein Gebet nennen, in anderen ein Ritual. Es spielt keine Rolle, wie man ihn bezeichnet. Wichtig ist die Erkenntnis, dass man dem Göttlichen durch den Seelentanz seine Hingabe offenbaren kann.

Indem Sie Ihre Hingabe durch den Seelentanz zum Ausdruck bringen, fügen Sie Ihrem Seelentanz eine besondere Qualität hinzu. Dadurch werden auch gewisse Einschränkungen beseitigt, mit denen manche Menschen die Äußerungen der Hingabe an das Göttliche belegen. Solche Menschen sind in ihren Ansichten, was angemessen sei oder nicht, oft etwas streng. Ihrem Ausdruck fehlt die Vielfalt. Gerade für diese Menschen ist die Hingabe durch Seelentanz besonders wichtig. Sie werden anfangen, tiefsitzende Einstellungen und Geisteshaltungen aufzugeben.

Wenn der Seelentanz zur Ehre des Göttlichen durchgeführt wird, manifestieren die Bewegungen und Rhythmen viel Respekt, Wertschätzung und Dankbarkeit. Man braucht sich keine Gedanken zu machen, ob der Seelentanz auch angemessen sei. Wenn Sie es sich bewusst wünschen, dass dieser spezielle Seelentanz das Göttliche ehren soll, wird der Tanz in der ihm innewohnenden Weisheit genau das tun. Sie brauchen sich bei gar keinem Ihrer Seelentänze Gedanken zu machen, ob er auch angemessen sei. Ihr Seelentanz weiß, was angemessen ist. Er weiß, wie er Dankbarkeit und Hingabe äußern sowie das Heilige zum Ausdruck bringen kann. Er weiß, wie eine Verbindung mit dem Göttlichen herzustellen ist.

Wenn Sie mit Ihrem Seelentanz das Göttliche ehren, tanzen die himmlischen Reiche mit Ihnen. Die höchsten Heiligen tanzen mit, ebenso zahlreiche andere Teile der Schöpfung. Ihr Ausdruck wird dadurch sehr verstärkt. Es ist ein besonderes Geschenk, das Göttliche auf diese Weise würdigen zu können. Seelentanz macht Spaß. Es ist sehr wichtig, Spaß und Freude beizumischen, wenn man das Göttliche ehrt. Viele Menschen sind sich der Aspekte der Ehrung bewusst; allerdings zählen sie Spaß und Freude nicht dazu. Führen Sie Ihren Seelentanz zur Ehrung des Göttlichen durch und vergegenwärtigen Sie bewusst die Aspekte des Spaßes und der Freude! Diese Art, das Göttliche zu ehren, ist sehr viel vollständiger, ausgeglichener, besser geerdet und zentriert.

Diese Art, Ihre Hingabe an das Göttliche zum Ausdruck zu bringen, dient auch als ein Signal für andere, es Ihnen gleichzutun. Diese Form, das Göttliche zu ehren, verändert Ihre Einstellungen und Überzeugungen, sodass auch andere, die eine ähnliche Haltung haben, davon profitieren. Je mehr Sie das Göttliche auf diese Weise ehren, desto mehr helfen Sie jenen, die diesen Ansatz schwierig finden.

Wenn Sie durch Ihren Seelentanz das Göttliche ehren wollen, bauen Sie eine ganz besondere Verbindung mit dem Göttlichen auf. Sie sind buchstäblich in Harmonie mit dem Göttlichen. Ihre Schwingung wird erhöht und nähert sich damit mehr der Schwingung des Göttlichen an. So ehren Sie nicht nur das Göttliche, sondern werden auch zur physischen Gegenwart des göttlichen Tanzes. Das ist ein weiteres Beispiel für die göttliche Großzügigkeit.

Ihr Sehnen und Ihre Bemühungen, das Göttliche zu ehren, fließen auf vielfache Weise zu Ihnen zurück. Auf allen Ebenen werden Sie tief greifende Veränderungen bemerken. Die Transformation wird stark und sanft sein. Ihre spirituellen Kanäle werden sich immer weiter öffnen. Ist Ihr drittes Auge empfänglich, werden sich seine Kompetenzen verbessern. Ihre Fähigkeit, lang anhaltende Überzeugungen aufzugeben, wird zunehmen. Ihre körperliche Gesundheit wird sich stabilisieren.

All dies ist möglich, weil Sie mit Ihrem Seelentanz das Göttliche ehren. Er bringt der Schöpfung ein besonderes Geschenk dar, denn wenn Sie Ihren Seelentanz zur Ehrung des Göttlichen einsetzen, kann die Schöpfung ihren eigenen Seelentanz auf die gleiche Weise nutzen. Denken Sie einen Augenblick lang darüber nach: Wenn Sie Ihren Seelentanz dazu verwenden, das Göttliche zu ehren, und die angemessenen Aspekte der Schöpfung einladen, daran teilzuhaben, erfahren sie ebenfalls unglaubliche Segnungen.

Wenn Sie das Göttliche im Seelentanz ehren, tanzen alle höchsten Heiligen mit. Sie tanzen dann in einem ganz besonderen Ensemble, das eine außergewöhnliche Fülle von Dankbarkeit, Gehorsam, Treue und Hingabe freisetzt. Ihr Seelentanz wird dadurch Teil einer sehr hohen Form der Ehrerbietung. Sie können sich mit dem Heiligen auf sehr hohen Ebenen verbinden. Es ist ein außergewöhnliches Privileg und Geschenk, zu erkennen, dass die höchsten Heiligen bei Ihrem Seelentanz mittanzen. Dies geschieht auf einzigartige Weise, wenn Sie Ihren Seelentanz zur Ehrung des Göttlichen einsetzen.

Es wäre eine Untertreibung, zu sagen, dass das Licht verstärkt wird. Doch menschliche Worte können nicht angemessen ausdrücken, was geschieht, wenn die höchsten Heiligen gemeinsam mit Ihnen diese Art des Seelentanzes tanzen. Es ist ein Tanz, an dem die Seelenwelt ständig teilnimmt. Wenn Sie das Göttliche mithilfe Ihres Seelentanzes ehren, wird Ihr Tanz zu einem Teil von etwas, das bereits existiert. Sie sind buchstäblich eingeladen, am Tanz der Heiligen teilzunehmen. Das ist mit großen Segnungen verbunden – ein kraftvoller Weg der Transformation. Die Wirkung erstreckt sich weit über Sie hinaus. Mutter Erde und die gesamte Schöpfung profitieren davon. Die Wohltaten gehen sogar über Mutter Erde hinaus.

Der Transformationsprozess, der durch die Teilnahme am Seelentanz entsteht, wird über jedes Vorstellungsvermögen hinaus erhöht und beschleunigt, wenn Sie Ihren Seelentanz zur Ehrung des Göttlichen einsetzen. Das Göttliche durch Ihren Seelentanz zu ehren – das ist ein herausragender Dienst. Sie können dienen – und zugleich erfahren Sie selbst und andere reichen Segen. Nutzen Sie Ihren Seelentanz im Lauf des Tages möglichst oft auf diese Weise. Achten Sie auf alle Veränderungen, die sich einstellen. Je intensiver Ihre Wahrnehmung wird, desto mehr werden Sie an immer höheren Ebenen teilhaben. Auch Ihr Seelentanz wird weiter transformiert. Sie sind sehr gesegnet.

24

Seelentanz als Manifestation des Göttlichen

Der Seelentanz ist eine einzigartige Manifestation des Göttlichen. Wenn Sie seelentanzen, werden Sie zu einer speziellen Gegenwart des Göttlichen. Sie könnten wahrscheinlich lange Listen davon aufstellen, wie sich das Göttliche vergegenwärtigt, aber ich glaube, auf den wenigsten dieser Listen stünde etwas vom Tanzen, zumindest bevor Sie dieses Buch gelesen hatten. Ich meine damit natürlich nicht irgendeine Art des Tanzes. Es muss *Seelen*tanz sein. Der Seelentanz gehört unbedingt mit auf diese Liste, denn er bringt eine Leichtigkeit in diese Zeit, die dringend benötigt wird. Wenn Seelentanz und Seelengesang zusammen manifestiert werden, vergegenwärtigt sich das Göttliche auf eine besondere Art, die sonst nicht erreicht wird. Das Göttliche durch den Seelentanz zu manifestieren – welch ein wundervolles Geschenk, nicht nur für Sie, sondern auch für alle um Sie herum und darüber hinaus!

Die Leichtigkeit und das Vergnügen, die mit dem Seelentanz einhergehen, werden dringend benötigt. Wenn wir wissen, dass uns das Göttliche dieses Geschenk gerade jetzt gegeben hat, können wir die Großzügigkeit und das Erbarmen des Göttlichen anders hochschätzen. Das Göttliche bemüht sich stets, sich uns zu vergegenwärtigen, damit unsere Verbindung immer stärker wird. Das Göttliche möchte, dass wir mehr und mehr zur reinen Gegenwart des Göttlichen auf Erden werden. Dies geschieht auf vielerlei Weise – auch in der Zukunft. Zum jetzigen Zeitpunkt ist der Seelentanz ein außergewöhnlich kraftvoller Weg, das Göttliche hier auf Erden zu vergegenwärtigen.

Seelentanz und Freude

Viele Qualitäten halten wir für einen Teil der Essenz des Göttlichen oder für einen Ausdruck des Göttlichen. Dabei wird oft die Freude übersehen. Indem sich viele Menschen ihrer Seelenreise widmen, sind sie sich eher der damit verbundenen Schwierigkeiten, der Lektionen und des Loslassens bewusst. Manchmal wird übersehen, dass auch die Freude zur Essenz dieser Reise gehört. Freude ist unbedingt ein Ausdruck der Essenz des Göttlichen.

Doch es ist nicht besonders sinnvoll, jemandem, der gerade in Schwierigkeiten steckt, zu sagen, er müsse sich mit der göttlichen Freude verbinden. Man muss den Menschen erlauben, Schritt für Schritt durch ihren Prozess zu gehen. Im Lauf der Entwicklung wird sich die Freude dann von alleine einstellen. Man muss auf seiner Seelenreise bereits eine gewisse Stufe erreicht haben, um die göttliche Freude wirklich wertschätzen zu können. Das heißt allerdings nicht, dass es am Anfang oder in schwierigen Abschnitten der Reise keine Freude gäbe. Es bedeutet nur, dass mit fortschreitender Seelenreise die Freude zunehmen wird.

Ihre Wahrnehmung der Freude wird in dem Maß wachsen, wie Ihre Teilhabe am göttlichen Licht zunimmt. Wenn Sie Ihren Seelentanz tanzen, gehen Sie mehr in die Fülle der göttlichen Freude ein. Das wird Ihre Seelenreise beschleunigen und Ihren Seelenrang erhöhen. Es bringt viel Segen und Heilung, an diesem Aspekt des Göttlichen teilzuhaben. Zu diesen Segnungen gehört, dass man schneller Überzeugungen, Geisteshaltungen und innere Einstellungen loslassen kann. Das ist sehr kostbar, weil es bei Ihrer Seelenreise große Veränderungen bewirkt: Ihr Seelenrang wird dadurch reiner. Außerdem wird es die Heilung und Läuterung aller anderen Ebenen Ihres Seins beschleunigen.

Dies ist nur ein Beispiel für die Segnungen und Heilungen, die Ihnen durch die Teilhabe an diesem Aspekt des Göttlichen zur Verfügung stehen. Sie können vom Seelentanz in erstaunlicher Weise profitieren. Seelentanzen ist so einfach. Es macht so viel Freude. Vielleicht denken Sie, das sei zu schön, um wahr zu sein. Es ist wirklich zu schön – aber es ist wahr. Je öfter Sie seelentanzen, desto mehr werden Sie erkennen, dass meine Worte wahr sind. Sie werden erleben, dass es wirklich so einfach ist, dass es schön ist und wahr.

Sich im Seelentanz auszudrücken und damit die göttliche Freude zu manifestieren ist eine besondere Form des Dienens. Vielen Menschen, Orten und Situationen fehlt die Freude. Statt Freude herrschen Niedergeschlagenheit, Traurigkeit, Kummer und oft Ärger. Es ist eine Ehre und ein Privileg, diesen Menschen Freude zu bringen. Wenn Sie Ihren Seelentanz tanzen, können Sie darum bitten, dass die darin enthaltene Freude zu den Menschen, Orten und Situationen gelangt, für die sie angemessen ist. Es ist eine große Ehre, diese Segnungen an Menschen weiterzugeben, die ihrer dringend bedürfen, weil sie etwa verzweifelt sind. Durch den Seelentanz gelingt dies ganz leicht und zugleich sehr kraftvoll. So können Sie dazu beitragen, göttliche Freude auf die Erde zu bringen.

Sie können zu einer Manifestation dieses Aspekts des Göttlichen werden. Sie können diesen Aspekt darum bitten, alle Menschen und Orte zu berühren, für die es im Augenblick angemessen ist. Sie können Depressionen wegtanzen. Sie können Kummer wegtanzen. Sie können Ärger und Zorn wegtanzen. Im Seelentanz können Sie alle diese Emotionen durch Licht, Liebe, Vergebung, Frieden, Heilung und Segen ersetzen. Das ist wirklich etwas Besonderes. Das ist wirklich ein Privileg. Und während Sie das tun, erleben Sie selbst immer tiefere Freude.

Je intensiver Sie an Ihrem eigenen Transformationsprozess teilhaben und je mehr Sie zu einem Lichtwesen werden, desto mehr können Sie göttliche Freude manifestieren. Je besser Sie in der Lage sind, göttliche Freude zu manifestieren, desto leichter können Sie sich mit diesem Aspekt des Göttlichen verbinden. Die göttliche Freude wird immer schneller in Ihnen wachsen. Während Sie seelentanzen, bemerken Sie immer mehr, dass Sie sich mit diesem kostbaren Aspekt der göttlichen Essenz verbinden, der in dieser Zeit auf Mutter Erde so dringend benötigt wird. Es ist ein besonderes Geschenk, dazu in der Lage zu sein.

Der allererste Seelentanz

Schon vor dem Anfang aller Zeiten gab es Schwingungen, die mit dem Göttlichen zusammenhingen. Sie waren die Quelle von allem, was es gibt. Sie waren die Quelle der Nahrung. Sie wurden durch Bewegung und Schwingung zum Ausdruck gebracht. Sie waren die früheste und reinste Form des göttlichen Tanzes. Als sich die Schöpfung manifestierte, ging dieser ursprüngliche Seelentanz weiter. Er vergegenwärtigte sich in allem, was in die Existenz trat.

In vielen Aspekten der Schöpfung blieb der ursprüngliche Seelentanz in seiner reinen Form erhalten. In manchen Bereichen der Schöpfung war er jedoch durch Widerstände eingeschränkt. Und in anderen passte sich der ursprüngliche Seelentanz an und änderte seine Fähigkeit, sich zu manifestieren, weil jene Aspekte versuchten, ihn zu kontrollieren: Statt das zuzulassen, veränderte sich der ursprüngliche Seelentanz lieber hinsichtlich seiner Manifestation; er behielt seine ursprüngliche Kraft und Reinheit, doch er manifestierte sich anders. Der Seelentanz aus der Urzeit behielt eine ganz besondere Verbindung mit dem Göttlichen und der Essenz des Lebens bei. Er vergegenwärtigte sie zu allen Zeiten. Man könnte sagen, der ursprüngliche Seelentanz hat vieles gleichzeitig bewerkstelligt: Er ist rein geblieben, er hat sich in seiner Manifestation angepasst, er hat weiterbestanden und sich in der gesamten Schöpfung vergegenwärtigt. Er ist mit uns und stellt sich in dieser Zeit auf ganz besondere Weise dar.

In diesem Zeitalter wird der ursprüngliche Seelentanz wieder zu vollem Ausdruck finden. Ich werde im nächsten Abschnitt darüber sprechen. Es ist wichtig zu wissen, dass der Seelentanz schon seit Urzeiten existiert und auch in Zukunft bleiben wird. Wenn wir mit seiner ursprünglichen Form Kontakt aufnehmen, verbinden wir uns mit einer ganz besonderen Präsenz des göttlichen Tanzes. Um das tun zu können, müssen wir eine Verbindung von Seele zu Seele eingehen. Nur sehr wenige, die zurzeit auf der Erde leben, haben diese Verbindung hergestellt. Doch je mehr Menschen am Seelentanz teilnehmen, desto mehr Menschen werden die Möglichkeit haben, sich mit dem ursprünglichen Seelentanz zu verbinden. Wenn sich mehr Menschen auf den Transformationsprozess des

Seelentanzes einlassen, wird es wahrscheinlicher, dass sie auch eine Verbindung zu dem wundervollen Tanz aus der Urzeit aufnehmen. Man kann sich gar nicht vorstellen, welche Möglichkeiten sich daraus ergeben würden. Denken Sie nur an den kleinen Teil der Schöpfung, der Ihnen bekannt ist. Allein darin finden sich eine so große Vielfalt und so viele Möglichkeiten. Jetzt multiplizieren Sie dies mit der gesamten Schöpfung auf Mutter Erde, und dann multiplizieren Sie es mit der gesamten Schöpfung jenseits von Mutter Erde. So erhalten Sie eine Ahnung, was ich meine, wenn ich sage: »Die Möglichkeiten sind unvorstellbar groß.«

Eine Seelenverbindung mit dem Tanz, der seit Urzeiten existiert, ruft die reichsten Segnungen hervor. Er vergegenwärtigt die außergewöhnlichsten Lehren, Fähigkeiten, Weisheiten und Gaben. Wie gesagt, zurzeit leben auf der Erde nur sehr wenige Menschen, die auf einer so hohen Stufe sind, dass sie diese Seelenverbindung herstellen können. Doch je weiter wir das Zeitalter des Seelenlichts durchdringen, desto mehr Menschen werden diese Verbindung erfahren und die verschiedenen Aspekte des ursprünglichen Seelentanzes manifestieren können.

Es ist ein außerordentliches Privileg, auch nur einen einzigen Aspekt dieses ursprünglichen Tanzes manifestieren zu können. Es führt zu sehr kraftvollen Transformationen und stellt einen ganz außergewöhnlichen Dienst dar. Jeder einzelne Aspekt des ursprünglichen Seelentanzes enthält so viel Kraft und Fähigkeiten, dass ein großer Heilungssegen daraus hervorgeht: Ihn anderen anbieten und für sie manifestieren zu können – das dient unzähligen Seelen auf Mutter Erde und über sie hinaus zur Transformation und zum Segen.

Der ursprüngliche Seelentanz ist immer präsent, wenn ein Seelentanz stattfindet. Doch im Augenblick können sich nur wenige mit seiner Gegenwart verbinden und ihn manifestieren. Alle anderen müssen auf ihren Seelenreisen und in ihrer Transformation fortfahren. Auf diese Weise kann sich jeder darauf vorbereiten, diesen außergewöhnlichen Seelentanz zu manifestieren. Aber übereilen Sie nichts. Erwarten oder ersehnen Sie diese Verbindung nicht. Gehen

Sie einfach Ihre Seelenreise Schritt für Schritt weiter. Setzen Sie Ihren Transformationsprozess fort. Was auch immer zu Ihrem Prozess und Ihrer Reise gehört, ist richtig, denn das Göttliche hat es so entschieden und gesteuert. Seien Sie vollkommen dankbar für die Geschenke, die Sie erhalten, und für die Geschenke, für die Sie noch nicht bereit sind.

Der ursprüngliche Seelentanz ist in der Seele jedes Seelentanzes enthalten. Man könnte sagen, die aktuellen Seelentänze sind eine Art Tarnung für den ursprünglichen Seelentanz: Er würde sich gerne manifestieren, aber ihm ist bewusst, dass der Zeitpunkt noch nicht reif ist. Er möchte der Menschheit und der Erde in ihrem Läuterungsprozess helfen. Deswegen versteckt er sich sozusagen in manchen der Seelentänze, die zurzeit auf der Erde stattfinden.

Natürlich ist nicht jeder Seelentanz ein getarnter ursprünglicher Seelentanz. Aber denken Sie nicht darüber nach, ob Ihr Seelentanz hierzu gehört oder nicht. Versuchen Sie, überhaupt nicht darüber nachzudenken, welche es sein könnten. Entwickeln Sie keine Erwartungen, persönlichen Bindungen im Sinne von Verwicklungen oder Vorstellungen. Sie verfallen damit nur ins logische Denken – was nicht funktioniert. Sobald Sie logisch denken, erzeugen Sie oft sogar große Hindernisse für Ihre Seelenreise und Ihren Transformationsprozess. Lassen Sie alle Überlegungen beiseite, die sich damit befassen, welche Seelentänze wohl ein getarnter ursprünglicher Seelentanz sein könnten und welche nicht.

Wichtig ist vor allem, dass Sie sich ganz Ihrem Transformationsprozess hingeben. Wenn Sie das tun, werden Sie eines Tages in der Lage sein, mit dem ursprünglichen Seelentanz eine Seelenverbindung einzugehen. Konzentrieren Sie sich darauf, Ihre Transformation voranzutreiben, dann erweisen Sie sich damit einen guten Dienst: Sie verstärken Ihre Offenheit für das göttliche Licht; sie helfen sich selbst dabei, ein Lichtwesen zu werden.

Der ursprüngliche Seelentanz birgt eine ganz besondere Botschaft. Er ist eine ganz besondere Seele. Ständig beeinflusst er alles, was existiert. Vor allem beeinflusst er die Präsenz des Seelentanzes in dieser Zeit. Er wird diesen Dienst immer weiter leisten. Es ist ein großer

Segen, dass dieser ursprüngliche Seelentanz in der Seele des Seelentanzes präsent ist. Wir sind sehr gesegnet. Wir sind sehr geehrt.

Seelentanz und das Zeitalter des Seelenlichts

In dieser Ära wird sich der ursprüngliche Seelentanz stärker manifestieren. Alles, was zu diesem Tanz gehört, wird sich in Fülle offenbaren. In den Anfangszeiten dieses Zeitalters besteht die Möglichkeit, sich mit Teilen der Seelenwelt zu verbinden, die sich zuvor noch nicht manifestiert haben. Ich verwende manchmal den Begriff »Jahrhundert des Seelenlichts«, weil wir sowohl am Anfang des Jahrhunderts als auch am Anfang dieses Zeitalters stehen. Doch alles, was ich über das Jahrhundert des Seelenlichts sage, gilt auch für das Zeitalter des Seelenlichts.

Inzwischen wissen Sie um die Kraft und die Macht des Seelentanzes. Sie erkennen, dass es ein besonderes Geschenk ist, der Menschheit in diesen Zeiten der Läuterung und Transformation von Mutter Erde zu helfen. Wenn der Läuterungsprozess den Zustand erreicht, in dem es eine breite Aufmerksamkeit für die Notwendigkeit großer Veränderungen und Transformationen gibt, werden die Kraft und die Macht des Seelentanzes immer offensichtlicher. Die Präsenz des Lichts wird ganz außerordentlich sein, während Mutter Erde und ihre Bewohner durch den Läuterungs- und Transformationsprozess gehen. Die Menschen werden ein außergewöhnliches Bewusstsein und Empfinden entwickeln. Die Gedanken und das Verhalten werden sehr viel klarer werden.

Der Prozess der Läuterung wird einen bestimmten Punkt erreichen, den man den Höhepunkt oder die »Zeit größter Intensität« nennen könnte. Wenn dieser Gipfel erreicht ist, wird für Tausende von Menschen zugleich die Möglichkeit bestehen, göttliche Heilung, göttliches Licht und göttliche Transformation zu manifestieren. Diese gleichzeitigen Manifestationen werden immer globaler. Dabei wird auch die Bedeutung des Seelentanzes offensichtlicher, weil er sich dann auf mannigfaltige Weise manifestiert.

Das Jahrhundert des Seelenlichts ist selbst wie eine Einführung in alles, was ich hier über das Seelentanzen geschrieben habe. Seelentanzen ist nicht nur die Vorbereitung für das, was auf uns zukommt; es beschleunigt auch das Kommende. Das ist höchst erstaunlich. Besondere Gaben sind oft entweder Teil des Prozesses oder Teil der Vorbereitung. Sehr selten sind besondere Gaben und Fähigkeiten sowohl Teil des Prozesses als auch der Vorbereitung. Man kann sagen: Das Jahrhundert des Seelenlichts wird in eine vollere Manifestation getanzt. Es ist zwar nicht der einzige Weg, wie das Jahrhundert des Seelenlichts präsenter wird, aber ein wichtiger Teil davon. Die Erkenntnis, dass etwas so Fröhliches und Angenehmes wie das Seelentanzen der ganzen Menschheit, Mutter Erde und darüber hinaus so kraftvoll helfen kann, ist wundervoll.

Der Seelentanz wird Mutter Erde auf vielfache Weise in ihrem Läuterungs- und Transformationsprozess helfen. Er wird der Menschheit, Mutter Erde und all ihren Bewohnern helfen, den Prozess zu durchlaufen und das andere Ufer zu erreichen. Besonders in schwierigen Zeiten unterstützt Sie das Seelentanzen auf eine unbeschreibliche Art. Es wird Sie auf die andere Seite der Läuterung und der Transformation von Mutter Erde bringen. Die Lichtströme und Lichtbrücken, die ich zuvor erwähnt habe, existieren für die Zeit der Läuterung und der Transformation. Das Seelentanzen hilft Ihnen, sich mit den Lichtströmen und Lichtbrücken zu verbinden. Es hilft Ihnen und anderen, die Zeit der Läuterung durchzustehen. Das ist ein sehr kraftvoller Aspekt des Seelentanzes.

Seelentanzen stellt einen wundervollen Weg dar, die Großzügigkeit, das Mitgefühl und die Güte des Göttlichen besser zu verstehen. Nutzen Sie das Geschenk des Seelentanzes, sooft Sie können. Nutzen Sie es vor allem, wenn Sie in Schwierigkeiten sind. Es hilft Ihnen, auf die andere Seite zu kommen, wo es viel mehr Licht und eine viel höhere Schwingung gibt.

Es übersteigt unser Vorstellungsvermögen, wie die andere Seite dieses Läuterungsprozesses der Erde aussehen wird. Im Augenblick reicht es, zu wissen, dass es außergewöhnlich sein wird. Es wäre nicht sinnvoll, Ihre Zeit und Energie darauf zu verwenden, sich auszumalen, wie es wohl sein könnte. Das wäre gerade so, als wollten Sie das morgige Werk schon heute erledigen. Seien Sie achtsam im Hinblick auf die derzeitigen Ereignisse. Seien Sie sich einfach bewusst, dass es große Veränderungen geben wird und dass es Veränderungen des Lichts und der göttlichen Gegenwart sein werden. Wie das aussehen und wie es erfahren wird, hat sich noch nicht manifestiert. Wir erfahren jetzt genau das, was im Augenblick wichtig ist.

Wenn Sie sich auf das Kommende konzentrieren, vermeiden oder vernachlässigen Sie Ihre Aufmerksamkeit für das, was gerade geschieht. Es ist unbedingt notwendig, dass Sie sich auf den gegenwärtigen Prozess, das Jetzt konzentrieren. Ich habe über das Zukünftige geschrieben, um Ihnen einen Halt zu geben, falls Sie sich durch den Läuterungsprozess der Erde überfordert oder gestresst fühlen. Das Seelentanzen bietet eine wundervolle Gabe, um solche Gefühle der Überforderung oder des Stresses zu transformieren. Es ist auch ein wundervolles Geschenk, um Freude, Dankbarkeit und Hingabe zum Ausdruck zu bringen.

Im Jahrhundert des Seelenlichts und im Zeitalter des Seelenlichts wird das Seelentanzen viele verschiedene Ausdrucksformen finden. Die Verbindung mit den höchsten Heiligen und deren Sphären wird tief und machtvoll sein. Das Seelentanzen wird auch helfen, auf Mutter Erde eine neue Schöpfung hervorzubringen. Es wird Sie unterstützen, wenn diese neue Schöpfung entsteht. Im Zusammenhang mit dem Seelentanz und seinen Gaben eröffnen sich viele Möglichkeiten. Wenn Sie Ihren Seelentanz erfahren, lernen Sie auch manche dieser Möglichkeiten besser schätzen. Das Seelentanzen ist ein besonderer Segen für die Menschheit, für Mutter Erde und über sie hinaus – ein Zeichen der besonderen Güte des Göttlichen, dass es uns dieses Geschenk zu dieser Zeit verleiht. Wir sind sehr gesegnet.

Fazit

Aufgrund aller Lehren dieses Buches ist es sicher nicht schwer, im Seelentanzen ein besonderes Geschenk und ein kraftvolles Werkzeug der Transformation zu erkennen. Der Seelentanz bildet sowohl einen wichtigen Bestandteil vom Heilungsprozess jedes Einzelnen als auch vom Transformationsprozess der Erde. Man kann die Läuterung und Transformation der Erde ebenfalls als einen Heilungsprozess begreifen. Beim Seelentanz hat man auf eine besondere Weise an diesem Prozess teil und trägt zu ihm bei. Als Seelentänzer helfen Sie, das Geschehen zu beschleunigen; zugleich haben Sie teil an Aspekten des Göttlichen, der höchsten Heiligen und der höchsten Reiche, die auf andere Art nicht zugänglich sind.

Das Seelentanzen ist ein herausragendes Geschenk, ein einzigartiger Schlüssel zu Schätzen, die in dieser Zeit besonders benötigt werden. Diese Schätze sind auf andere Art und Weise nicht erreichbar. Ich möchte Sie ermuntern, das Geschenk des Seelentanzes möglichst oft zu nutzen. Ich möchte Sie auch ermutigen, darum zu bitten, dass Ihr Seelentanz selbstständig weitergehen möge, wenn Sie Ihren alltäglichen Beschäftigungen nachgehen.

In seiner großen Güte hat das Göttliche dieses Geschenk selbst jenen zugänglich gemacht, die sich nicht frei bewegen können. So kann jeder zum Transformationsprozess der Erde einen außerordentlichen Beitrag leisten. Jeder kann den großen Dienst leisten, der durch den Seelentanz möglich ist.

Sie dürfen also sämtliche Vorzüge des Seelentanzes genießen, egal in welcher körperlichen Verfassung Sie sich befinden. Die Freude, das Vergnügen, die größere Beweglichkeit, die Fähigkeit, eingefahrene Geisteshaltungen, Vorstellungen und Überzeugungen loszulassen, sowie die sich erhöhende Schwingung des göttlichen Lichts stehen allen zur Verfügung.

Alle diese Geschenke erwarten Sie. Das Einzige, was Sie tun müssen, ist, sich dafür zu öffnen, die Geschenke zu empfangen. Wenn Sie das tun, verändern sich Ihr Transformationsprozess und Ihre Seelenreise tief greifend.

Der Dienst, den Sie dadurch Mutter Erde, all ihren Geschöpfen und allem, was existiert, erweisen, ist außerordentlich. Es war mir eine große Ehre, diese Lehren und die damit verbundenen Segnungen anzubieten. Es ist mir eine große Ehre, Ihnen und der Menschheit und darüber hinaus auf diese Weise zu dienen.

Nachwort

Göttliche Lehren der Himmlischen Bibliothek

Das Leben ist da, um zu dienen. Ich bin ein universaler Diener. Sie sind ein universaler Diener. Jeder und alles ist ein universaler Diener. Ein universaler Diener bietet universalen Dienst an, zu dem universale Liebe, Vergebung, Frieden, Heilung, Segen, Harmonie und Erleuchtung gehören. Meine Lebensaufgabe besteht darin, das Bewusstsein der Menschheit und der Seelen des Universums zu transformieren, um alle Seelen zu vereinen und eine friedvolle, harmonische Welt sowie ein friedvolles, harmonisches Universum zu schaffen. Diese Lebensaufgabe umfasst drei »Ermächtigungen«:

Meine erste Ermächtigung bezieht sich darauf, universalen Dienst zu lehren und die Menschen zu befähigen, in den universalen Dienst zu treten. Die Botschaft des universalen Dienstes lautet:

»Ich bin ein universaler Diener.
Ihr seid universale Diener.
Jeder und alles ist ein universaler Diener.
Ein universaler Diener bietet bedingungslos seinen universalen
Dienst an, zu dem universale Liebe, Vergebung, Frieden, Hei-
lung, Segen, Harmonie und Erleuchtung gehören.
Ich diene der Menschheit und den Seelen des Universums
bedingungslos.
Ihr dient der Menschheit und den Seelen des Universums
bedingungslos.
Gemeinsam dienen wir der Menschheit und den Seelen des
Universums bedingungslos.«

Meine zweite Lebensaufgabe besteht darin, das Heilen zu lehren und die Menschen zu befähigen, sich selbst und andere zu heilen. Die Botschaft der Heilung lautet:

»Ich habe die Kraft, mich selbst zu heilen.

Ihr habt die Kraft, euch selbst zu heilen.
Gemeinsam haben wir die Kraft, die Welt zu heilen.«

Meine dritte Lebensaufgabe heißt, Seelenweisheit zu lehren sowie die Menschen zu befähigen, ihr Leben zu transformieren und ihre Seelen, ihren Geist und ihre Körper zu erleuchten. Die Botschaft der Seelenweisheit lautet:

> *»Ich habe die Kraft, mein Leben zu transformieren und meine*
> *Seele, meinen Geist und meinen Körper zu erleuchten.*
> *Ihr habt die Kraft, euer Leben zu transformieren und eure*
> *Seele, euren Geist und euren Körper zu erleuchten.*
> *Gemeinsam haben wir die Kraft, die Welt zu transformieren*
> *und die Menschheit und alle Seelen zu erleuchten.«*

Der Anfang des 21. Jahrhunderts markiert gleichzeitig den Übergang von Mutter Erde in das *Zeitalter des Seelenlichts.* Naturkatastrophen, Tsunamis, Wirbelstürme, Erdbeben, Überschwemmungen, Dürren, Temperaturextreme, Hungersnöte, Seuchen, politische und religiöse Kriege, Terrorismus und andere Umbrüche dieser Art sind Teil dieses Übergangs. Millionen von Erdenbürgern kämpfen mit Depressionen, Angst, Wut und Sorgen. Sie leiden unter Schmerzen, chronischen Beschwerden und lebensbedrohlichen Krankheiten. Die Menschheit braucht Hilfe. Das Bewusstsein der Menschheit muss sich ändern. Das Leiden der Menschheit muss beendet werden.

Zurzeit besteht eines der dringendsten Bedürfnisse der Menschheit und der Seelen darin, Zugang zur göttlichen Weisheit und all ihren Gaben des Wissens, der Erkenntnis, der Liebe, der Vergebung, des Mitgefühls und des Friedens zu finden. Seit Urzeiten werden in heiligen Schriften himmlische Weisheiten und himmlisches Wissen an all jene weitergegeben, die offen sind, die Botschaften zu empfangen und zu verbreiten. Die wahren Schriften, die wahren Weisheiten und das wahre heilige Wissen wurden in der Vergangenheit jedoch oft verzerrt und verwässert, um sie den kulturellen Gegebenheiten, politischen Strukturen und religiösen Institutionen ihrer Zeit anzupassen.

Heute fließt wieder viel heiliges Wissen zu Mutter Erde, um das Bewusstsein der Menschheit und aller Seelen anzuheben. In dieser historisch bedeutsamen Zeit wurde durch göttliche Führung die *Himmlische Bibliothek* zur Unterstützung dieses Prozesses gebildet. Darin werden eine Reihe göttlicher Unterweisungen angeboten, die praktische göttliche Instrumente und Kostbarkeiten enthalten: Mit ihrer Hilfe können sich die Menschen heilen, erleuchten und jeden Aspekt ihres Lebens transformieren, um eine harmonische und erleuchtete Welt und ein harmonisches und erleuchtetes Universum zu erschaffen.

Im Jahr 2003 wurde ich als göttlicher Diener, als Werkzeug und Kanal erwählt, um der Menschheit und den Seelen des Universums göttlichen Heilungssegen und beständige Segensschätze zu übermitteln. Diese Heilungen und Segnungen können physischer, emotionaler, mentaler oder spiritueller Art sein. Sie umfassen alle Aspekte des Lebens, auch Beziehungen und Geldangelegenheiten.

Das Göttliche hat mich dazu angeleitet, Einzelnen besondere Fähigkeiten zu übertragen, um göttliche Autoren für die *Himmlische Bibliothek* hervorzubringen. Sie werden auch *»Göttliche Schreibkanäle von Zhi Gang Sha«* genannt. Jeder von ihnen hat eine Reihe bestimmter Bücher der *Himmlischen Bibliothek* übertragen bekommen, die in meiner Stimme durch ihn hindurchfließen werden. Die Titel stammen vom Göttlichen. Die Bücher umfassen viele Aspekte des Lebens – alte Weisheiten, Weisheiten der Naturvölker, Anleitungen zu den Entwicklungsphasen von Kindern, Jugendlichen und Erwachsenen, Musik, Yoga, Wirtschaft, Technologie und mehr. Das Hauptaugenmerk liegt darauf, Seelenweisheit zu vermitteln. Dazu zählen auch göttliche Liebe, Vergebung, Mitgefühl, Intelligenz, Wissen und die Anwendung all dieser Themen.

Ich habe den göttlichen Autoren beständige göttliche Schätze übermittelt, um ihre Schreibkanäle zu öffnen und die göttlichen Bücher in ihre Seelen zu laden. Sobald sie sich zum Schreiben niedersetzen, rufen sie diese Gaben in sich wach und lassen mein Buch durch sich fließen. Das heißt, die göttlichen Schreibkanäle »überlassen mir Hand und Mund«, um die Lehren über alle Aspekte des Lebens aufzuschreiben. Sie tun dies ohne ihr logisches Denken.

Sie überlegen nicht, was oder wie sie schreiben sollen. Sie erwecken die Gaben in sich und schreiben auf, was sie innerlich hören. Wir haben auch göttliche Lektoren, die besondere göttliche Gaben erhalten haben, um diese Bücher zu lektorieren. Ich selbst überprüfe die Bücher schließlich noch einmal und genehmige sie. So werden die göttlichen Bücher der *Himmlischen Bibliothek* produziert.

Die Reihe der göttlichen Lehren, die in der *Himmlischen Bibliothek* veröffentlicht werden, sind vollkommen ihrem universalen Dienst verpflichtet. Öffnen Sie Ihr Herz und Ihre Seele, wenn Sie dieses Buch lesen. Wenden Sie die Weisheit, das Wissen und die Übungen dieses Buches an, um Ihr Leben zu heilen, zu transformieren und zu erleuchten. Die *Himmlische Bibliothek* möchte der ganzen Menschheit und allen Seelen des Universums ehrerbietig verkünden, dass in ihren Veröffentlichungen göttliche Lehren, göttliche Weisheit, göttliches Wissen und göttliche Übungen für alle Aspekte des Lebens offenbart werden.

Verdauen Sie sie. Nehmen Sie sie in sich auf. Wenden Sie sie an. Und genießen Sie die Ergebnisse.

> *»Ich liebe mein Herz und meine Seele.*
> *Ich liebe die ganze Menschheit.*
> *Verbindet Herzen und Seelen miteinander.*
> *Liebe, Frieden und Harmonie,*
> *Liebe, Frieden und Harmonie.«*

Diese göttlichen Lehren werden Ihnen immer dienen.
In Liebe und Segen,

Meister Zhi Gang Sha.

Danksagung

Ich kann meinem geliebten Lehrer und spirituellen Vater Meister Zhi Chen Guo gar nicht genug danken. Ohne seinen Segen und seine Unterweisungen wäre ich nicht in der Lage, diese Lehren an Sie weiterzugeben. Er war ein außerordentliches Geschenk des Göttlichen. Und er ist noch viel mehr. Es ist unmöglich, in kurzen Sätzen zu beschreiben, wie außergewöhnlich er ist und welch ein Privileg es für mich bedeutet, sein Schüler und der Hüter seiner Tradition zu sein.

Ich bin für alles, was ich von ihm erhalten habe und weiterhin erhalte, zutiefst dankbar. Er ist immer bei mir. Ich profitiere ständig von seinen Segnungen und seinen Lehren. Da ich weitergebe, was ich empfange, haben auch Sie mehr Nutzen und Wohl aus den Lehren und Segnungen meines lieben Vaters und Meisters gezogen, als Sie sich vorstellen können.

Ich bin dem Göttlichen zutiefst dankbar. Es gibt keine Worte, um meine Dankbarkeit zum Ausdruck zu bringen. Es ist ein besonderes Geschenk und ein reicher Segen, als direkter Kanal erwählt zu sein. Es ist mir eine große Ehre, die Befugnis erhalten zu haben, viele der Gaben, die mir vom Göttlichen zuteil wurden, an Sie weiterzugeben. Durch dieses Buch habe ich Ihnen meine Gaben der Seelensprache, des Seelengesangs, der Seelenbewegung, des Seelentappings und des Seelentanzes übergeben. Das Göttliche lehrt und segnet mich ständig weiter. Ich kann meiner Dankbarkeit und Ehrerbietung nicht genug Ausdruck verleihen. Ich kann dem Göttlichen gar nicht genug danken.

Auch meine Shi Fus sind ständig gegenwärtig und lehren und segnen mich. Ich danke ihnen allen, insbesondere meinem ersten Shi Fu, Yun Zhong Zi, über alle Maßen. Ihre Lehren, ihr Segen und ihre Hilfe sind sehr kraftvoll. Ich bin sehr dankbar. Ich kann sie gar nicht genug ehren.

Ich danke auch allen meinen geliebten Schülern und Assistenten. Voller Hingabe sind sie meinen Lehren und den vorgeschlagenen Übungen verpflichtet und leben in vollständiger Dankbarkeit, Treue, Hingabe und im Gehorsam gegenüber dem Göttlichen. Viele von ihnen haben zutiefst berührende Geschichten über ihre Lebenstransformationen zu berichten; manche davon sind auf meiner Webseite dargestellt. Ich bin dankbar, dass sie diesen Dienst leisten und dem Göttlichen so hingebungsvoll dienen.

Ich bedanke mich auch sehr bei meinen lieben Eltern, meiner lieben Frau und meinen Kindern. Ihre Liebe und Unterstützung helfen mir sehr, meine Mission weiterzutragen.

Ich bin zutiefst dankbar für die Möglichkeit, ein göttlicher, bedingungsloser, universaler Lehrer, Heiler und Diener zu sein. Es ist mir die größte Ehre, Ihnen dienen zu dürfen.

Danke. Danke. Danke.

Dr. Zhi Gang Sha
Seele Geist Körper Medizin

Eine Anleitung zur Selbstheilung durch Seelenkraft
gebunden, 384 Seiten
€[D] 17,95
ISBN 978-3-86728-010-5

Immer wieder gibt es Fälle von wundersamer Heilung. Worin besteht das
Geheimnis? Der international angesehene Mediziner Dr. Zhi Gang Sha hat
eine Antwort auf diese Frage: Heile zuerst die Seele, die Heilung von Geist
und Körper wird dann folgen. Dieses Buch sagt nicht nur, dass Liebe und
Vergebung die Schlüssel zur Seelenheilung sind, es präsentiert auch revolu-
tionäre Heiltechniken. Dr. Sha erklärt Heilmethoden für allgemein verbrei-
tete Krankheiten wie Erkältungen oder Rückenschmerzen. Des Weiteren
stellt er Übungsprogramme dar, die bei schweren Krankheitsfällen helfen
oder einfach zur allgemeinen Verbesserung der Gesundheit beitragen. Dr.
Sha gehört mit diesem Buch zu den New York Times Bestsellerautoren.